法大诉讼法学博士文库

总主编　卞建林

程序法视野下的非犯罪化研究

李　晶　著

中国人民公安大学出版社
·北　京·

图书在版编目（CIP）数据
程序法视野下的非犯罪化研究/李晶著 . —北京：中国人民公安大学出版社，2016. 11
（法大诉讼法学博士文库/卞建林主编）
ISBN 978-7-5653-2807-7
Ⅰ. ①程…　Ⅱ. ①李…　Ⅲ. ①行政处罚—研究—中国
Ⅳ. ①D922. 114
中国版本图书馆 CIP 数据核字（2016）第 283472 号

程序法视野下的非犯罪化研究
李　晶　著

出版发行：中国人民公安大学出版社
地　　址：北京市西城区木樨地南里
邮政编码：100038
经　　销：新华书店
印　　刷：北京兴华昌盛印刷有限公司

版　　次：2016 年 11 月第 1 版
印　　次：2016 年 11 月第 1 次
印　　张：7. 875
开　　本：880 毫米×1230 毫米　1/32
字　　数：212 千字

书　　号：ISBN 978-7-5653-2807-7
定　　价：30. 00 元

网　　址：www. cppsup. com. cn　www. porclub. com. cn
电子邮箱：zbs@ cppsup. com　zbs@ cppsu. edu. cn

营销中心电话：010-83903254
读者服务部电话（门市）：010-83903257
警官读者俱乐部电话（网购、邮购）：010-83903253
法律图书分社电话：010-83905745

法大诉讼法学博士文库

编　委　会

总　　序

21 世纪的中国诉讼法学将向何处去？这是每一位诉讼法学者都应当关心的重要问题。历史是昭示未来的一面镜子。我们不妨先从历史的角度来考察一下我国诉讼法学发展的轨迹和趋势。

我国近代诉讼法学肇始于一百多年前的清末修律。1906 年，清政府创办了京师法律学堂，由沈家本亲自制定的法律学堂章程将刑事诉讼法与民事诉讼法均列为主要课程，这标志着诉讼法学作为一门新兴的学科开始独立存在。之后，夏勤、陈瑾昆、蔡枢衡、熊元襄、石志泉、邵勋、邵锋等学者在翻译和介绍日本、德国等国诉讼法律与诉讼理论方面都作出了杰出贡献，并在此基础上对诉讼法学基本原理进行了可贵的探索。至 20 世纪 40 年代，旧中国的诉讼法学理论体系得以初步形成。

新中国成立以后，随着旧中国的“六法全书”被废除，原有的诉讼法学理论体系和研究成果也被抛弃。受当时的政治环境影响，中国的法学理论工作者开始将目光转向苏联。在 20 世纪 50 年代，伴随着苏联法学教授来华授课，一批苏联的诉讼法学著作被翻译推介到我国。我国学者开始在学习苏联诉讼法律制度与法学理论的同时，结合中国无产阶级专政的实际经验与需要，尝试创建我国的诉讼法学理论体系。然而，不久后的“反右”运动和“文化大革命”动乱，法律虚无主义甚嚣尘上，诉讼法学研究长期陷入停滞。这种状况一直持续到 20 世纪 70 年代末期。

1978 年改革开放以来的 30 余年，是我国诉讼法学的恢复和迅速发展时期。随着1979年中国第一部刑事诉讼法的颁布实施，我国诉讼法学开始全面“复苏”。在“解放思想、实事求是”方针的指引下，诉讼法学的学术研究变得活跃起来，关于刑事诉讼、民事诉讼、证据理论、司法制度方面的多本专著先后问世。特别是20世纪80年代初、中期，国家统一组织编写刑事诉讼法学、民事诉讼法学、证据法学教材。这些统编教材，发行量大，适用面广，读者群众，影响力巨，基本确立了诉讼法学与证据学的理论框架与教学体系。诚然，此时的诉讼法学仍不够成熟，大多停留在注释法学的阶段，教学和研究的目的主要是解释法律、宣讲法律，先进的诉讼理念尚未确立。至20世纪90年代，此种状况得到很大改善。“刑事诉讼法学的研究登上了一个新的台阶……在理论方面，对刑事诉讼基础理论的研究开始起步并初有成就。”① 其标志性成果是一系列有关诉讼目的、诉讼构造、起诉制度、审判原理等基本理论问题的学术专著陆续出版。随着我国政治、经济、社会、文化等各个方面日新月异的发展与进步，随着“依法治国，建立社会主义法治国家”基本治国方略的确立与实施，我国社会主义民主与法治建设取得巨大成就。在此大背景下诉讼立法进程加快，诉讼制度日臻完善，诉讼法学理论研究也在不断深入。“程序正义”、“人权保障”等先进的诉讼价值观念得到大力弘扬和广泛传播，公平、正义、人权、自由、秩序、效率等价值观不仅是诉讼理论界热衷探讨的命题，并逐步得到立法和司法实务部门的理解和认同，甚至成为普通百姓耳熟能详的大众话语。进入21世纪以来，诉讼法学研究方面最显著的进展莫过于研究方法的转型。不仅实证研究方法受到重视，多元化、跨学科的研究方法也得到了提倡，哲学、社会学、逻辑学、经济学等多学科的研究方法被广泛地应用于诉讼法学和证据法学研究。甚至文理汇聚、社会科学与自然科学交融的现象

① 陈光中、卞建林：《刑事诉讼法学研究现状与发展趋势》，载《法学家》1996年第2期。

也已出现，国家自然科学实验基地中国政法大学证据科学研究院的成立就是明证。通过研究方法上跨学科、多学科的融通交汇，我国诉讼法学研究的广度和深度得到进一步拓展。

不同于单纯的理论法学研究，诉讼法学研究还具有时代性和实践性的鲜明特点，在研究基础理论的同时，应当及时反映司法现实、回应社会关切。随着“全面建成小康社会、全面深化改革、全面依法治国、全面从严治党”战略布局的提出与落实，政治、经济、社会、文化、军事等各个领域的全面改革成为我国现代化进程中的主旋律。司法体制改革是全面深化改革的重要一环，是全面推进依法治国的主要抓手。一系列司法改革重大举措的制定并落地，推进中国特色社会主义诉讼制度和司法体系日趋成熟完善。在此背景下，我国诉讼法学研究也愈加关注司法体制改革与社会现实问题，探求司法规律，彰显中国特色，研究成果更加务实、更加中肯、更具实际参考和应用转化价值。

回顾历史，笔者在为我国诉讼法学发展历程的艰难曲折而感叹的同时，也为当前诉讼法学研究所取得的巨大成就感到欢欣鼓舞。然而，值得注意的是，从历史上看，我国诉讼法学的成长始终伴随着对外来法律文化的学习：从萌芽与初创阶段对日、德等国诉讼理论的借鉴，到重建与停滞阶段对苏联诉讼理论的模仿，再到恢复与提升阶段对美、英等国诉讼理论的引入。达马斯卡曾经告诫我们：“与私法领域相比，程序法的意义和效果更加依赖于外部环境——尤其是直接依赖于所在国家司法制度运行的制度背景。”① 诉讼法对其制度背景的依赖使得这门学科较之其他学科具有更强的地域性特征。所以，我们需要思考的一个问题是：我们仿效外国经验而建构起来的理论，我们从西方国家那里所引入的理念以及我们参考国外做法而采用的研究方法，是否真的适合于我国？即使这些理论、

① ［美］米尔吉安·R. 达马斯卡著：《比较法视野中的证据制度》，吴宏耀等译，中国人民公安大学出版社 2006 年版，第 231~232 页。

理念和方法能够适合于我国，中国学者对人类法治文明的独特贡献又何在?

笔者认为，21 世纪的中国诉讼法学应当以创建中国特色、中国风格的诉讼法学理论体系为努力方向。回首过去的一个多世纪，中国诉讼法学在对国外诉讼理论持续不断的“效仿”过程中渐渐迷失了自我，始终未能确立起自身的独立品格。因此，我国学者应当从中国实际出发，在了解和借鉴他国诉讼理论的同时，着力构建具有中国特色、中国风格的诉讼法学理论。这是一项艰巨而长期的历史任务。其艰巨性在于，曾经在世界法制发展史上占有一席之地的中华法系早已风光不再，一百多年来我国所进行的各项法制改革大多是跟在西方国家后面亦步亦趋，我国法学理论缺乏自主发展的传统。其长期性在于，我国民众存在着根深蒂固的“重实体、轻程序”观念，而观念的转变绝非一朝一夕可以实现的。昂格尔就曾经针对我国古代法律评论道，与其他非欧洲的法相比较，中国法是离“法治”(rule of law) 理念最为遥远的一极。[①] 当然，伴随着我国全面推进依法治国和大力深化司法体制改革，我国诉讼法学研究已经开始摆脱西方话语体系、西方逻辑的研究“窠臼”，逐步走向自醒自觉，探索建立符合中国国情和司法规律二元目标的社会主义诉讼法学理论体系已经起步。同时也要认识到，建成体现中国特色、中国风格的具有独立思维和独立话语体系的社会主义诉讼法学理论体系非一时之功，可能需要几代学人的共同努力。

历史的经验告诉我们，对于任何事业来讲，人才都是关键。从我国京师法律学堂的创办与诉讼法学的诞生可以看出，诉讼法学学科的发展与诉讼法学人才的培养是分不开的。因此，针对我国诉讼法学研究任务的艰巨性和长期性，我们应当进一步加大对青年诉讼法学高级人才，尤其是对诉讼法学博士生的培养力度。法学博士生

---

① [日] 滋贺秀三:《中国法文化的考察——以诉讼的形态为素材》，载《明清时期的民事审判与民间契约》，王亚新等编译，法律出版社 1998 年版，第 3 页。

群体是一支重要的科研力量。博士生们大多风华正茂，正处于人生创造力最为旺盛的时期，有可能提出富有原创性的学术观点；博士生们思维活跃，较少受到成见的束缚，有利于发掘新思维、新视角，不断推陈出新；博士生们拥有最有利的学习环境和条件，有足够的时间和精力就某些专门问题深入钻研。也正是基于这些原因，有人认为，博士学位论文常常能够代表学者一生的最高学术成就。

中国政法大学是全国最早获得诉讼法学博士学位授予资格的高等学府，由于师资队伍、培养模式、图书资料、学术交流等诸多方面的优势，法大培养的诉讼法学博士人数众多，质量上乘，为我国诉讼法学的学科发展作出过重要贡献。早在 20 世纪 80 年代末期，中国政法大学前校长、诉讼法学学科带头人陈光中先生就呼吁学界进一步加强对刑事诉讼法学基本理论的研究和创新，并引进自然科学和其他社会科学中的相关学科的成果，开拓刑事诉讼法学研究的新领域。① 在法大导师们的指引下，一批优秀的法大诉讼法学博士生开始对诉讼法学基础理论进行了大胆探索，取得了很多填补空白的开拓性研究成果。我国诉讼法学界在 20 世纪 90 年代出版的具有代表性的基础理论著作大多是在他们的博士学位论文基础上完成的。曾经取得的辉煌成就使中国政法大学的诉讼法学学科在全国享有盛誉。1999 年，中国政法大学诉讼法学研究中心（2006 年更名为中国政法大学诉讼法学研究院）成立，这是诉讼法学专业唯一入选全国普通高等学校人文社会科学百所重点研究基地的研究实体。2013 年，由中国政法大学牵头，以中国政法大学诉讼法学研究院和证据科学研究院为科研依托平台，联合吉林大学理论法学研究中心（教育部人文社会科学重点研究基地）和武汉大学环境法研究所（教育部人文社会科学重点研究基地）申报的司法文明协同创新中心顺利通过教育部和财政部的认定，成为全国首批 14 家“2011 计划”协同创新中心之一。自此，中国政法大学在诉讼法学

① 陈光中：《中国刑事诉讼法学四十年（下）》，载《政法论坛》1989 年第 5 期。

学科建设和人才培养方面掀开了新的一页。

"法大诉讼法学博士文库"是中国政法大学诉讼法学研究院主持编选并组织出版中国政法大学诉讼法学专业（含刑事诉讼法学、民事诉讼法学、行政诉讼法学、证据法学）博士学位论文的系列丛书。这套丛书旨在搭建学术平台，推出诉讼法学新人新作，营造百家争鸣的学术氛围。此外，由于博士学位论文不仅能够反映博士生个人的勤奋和智慧，还常常凝聚了博士生导师们的辛劳和心血。因此，这套丛书的出版也是对法大诉讼法学教学成果的集中展示。我们希望能够通过丛书的出版，进一步培养和造就高素质的诉讼法学博士生，推动诉讼法学年轻学者之间的互动和交流，促进我国诉讼法学的繁荣和发展。

中国政法大学诉讼法学研究院院长　卞建林

2016 年 11 月 16 日于北京

目 录

序

李晶博士的专著《程序法视野下的非犯罪化研究》即将出版，首先表示祝贺。李晶在中国政法大学攻读法学多年，师从卞建林教授。卞教授是我国刑事诉讼法专业领域的学科带头人，也是我的学长。他对学生指导有方，督导甚严。李晶是他的优秀学生之一。我和李晶相识多年，他在政法大学研读期间，我们经常一起探讨有关学术问题。

法学界对程序法视野下的非犯罪化之系统研究很少，但并不意味着这个问题无关紧要，而是因为其甚为复杂。英国法学家培根指出：“在刑事案件中，法官应当小心毋使意外警戒的法律变成严酷的苛政，所以刑法之中已不用或不适用于当时的条款，贤明的法官就应当限制施行，法官的职责，不仅限于审理案件的事实，还要审查案件的具体环境。”商鞅时代的秦律非常严苛，试以诉讼规范为例，秦律规定：“令民什伍而相收司连坐，不告奸者腰斩……”意思是说：让老百姓邻里之间相互连坐，共同承担法律责任，只要不举报邻里的违法行为就要受到腰斩的处罚。秦祚不久，天下纷乱，其原因与法律严苛有很大关系。在群雄逐鹿过程中，刘邦甫入关中即召集诸县父老豪杰说：“父老苦苛法久矣，诽谤者族，偶语者弃市。吾与诸侯约，先入关者王之，吾当王关中。与父老约法三章耳：杀人者死，伤人及盗抵罪。余悉除去秦法。”秦人大喜，争持牛羊酒食献飨军士。汉初接受秦之教训，实行与民休息政策，汉文帝时代法制清明，曾经达到过“刑措不用”的境况，但这种状况并没有持续下去。到汉武帝时，汉朝的律令已有三百五十九章，达到文书盈于几阁、典者不能尽睹的程度，这与秦朝相比也相差无儿，善良的中国老百姓在约法三章之后又在封建法律的压迫和禁锢下活了两千多年。非犯罪化不可能在专制社会得到真正实现，唯有在政治清明的和谐社会中才有条件实现和研究。

非犯罪化一般是指在刑事立法或者刑事司法过程中，将迄今为止作为犯罪加以处罚的行为不再视为犯罪或者不作为犯罪处理，其体现着一国在限制刑法干预对象、收缩犯罪圈涵盖范围方面所作的努力和尝试，代表着刑事法治走向谦抑、宽和与人道的发展趋势。长期以来，我国对于非犯罪化的研究还主要集中在刑事实体法领域，但本书却另辟蹊径，从程序法视角对非犯罪化进行了系统而深入的研究。全书立意新颖，观点独到，理论和实践价值突出。无论是整体框架设计，还是具体内容论述，都有相当难度，能够完成此书体现了作者深厚的理论水平、扎实的写作功底和敏锐的实践认知。具体而言，本书的主要创新和学术价值体现在如下三个方面：

第一，实现非犯罪化研究视野的二元化转变。当前我国对于非犯罪化的理论研究主要在刑事实体法领域进行，较为集中表现的就是通过刑事实体法律规范的增删修改来收缩犯罪圈的调整范围。本书在借鉴国际非犯罪化研究最新成果的基础上，认为非犯罪化存在法律上非犯罪化和事实上非犯罪化之分，进而提出非犯罪化具备双重实现路径——实体法实现和程序法实现。在此基础之上，基于我国刑法结构转向以及犯罪圈适度扩张的趋势考量，认为法律上非犯罪化在今后一段时期内将呈现出式微之势，难以成为我国刑事法治发展的主流所向，但事实上非犯罪化却具有相当的发展空间，且具备深厚的正当性基础，能够对实体法领域的犯罪化形成有效事后制约，并对刑事司法实践的诸多困境与问题予以有效回应。

第二，注重非犯罪化研究的本土化和实践性取向。试图以西方非犯罪化路径作为我国非犯罪化路径的应然蓝本，固然有助于缩短我国司法改革摸索的历程，因为很多司法规律具有一定的普遍性，但是非犯罪化这一问题因涉及面广，更大程度上需要立足本土、面向实际，否则难以为司法人员以及社会大众所理解和支持。我国在犯罪认定方面与西方国家存在不小差异，在刑事政策和诉讼价值方面也存在着自身特色和需求，这都要求我国非犯罪化的实现必须充分考虑到现实国情，而非一味搬抄和照用西方经验。基于此，本书在研究过程中着力对我国司法实践中藉由程序法实现非犯罪化可能存在的障碍进行了厘清，提出了一系列具有创新性的意见和建议。

第三，突出非犯罪化制度研究的系统性与整体性。目前研究非犯罪化程序法实现机制的论述较为分散，缺乏体系。非犯罪化的程序法实现是一项系统工程，虽然制度的具体研究可以分阶段逐步进行，但在实务操作上任何一项制度都是一系列相互关联的整体。本书的亮点之一就在于从整体和系统的高度研究非犯罪化程序法实现的内在规律、实现路径以及风险防范，为深化司法改革、完善诉讼机制提供更为清晰和全面的理论指导。在非犯罪化的制度构建方面，本书提出罪分三类的观点，将轻罪和微罪作为非犯罪化的主要对象，建议赋予侦查机关以微罪处理权，拓宽检察机关进行起诉裁量的空间，完善撤回公诉制度，建立免诉判决制度等，并提出注重被追诉人品格证据的运用、保障被害人利益实现的多元以及规范刑事司法裁量权的行使等多项措施以强化非犯罪化的风险控制，这些对于当前深入推进以审判为中心的诉讼制度改革都具有较强的借鉴意义和参考价值。

作者李晶在攻读博士期间刻苦钻研，成果颇丰，其博士论文被评为“中国政法大学优秀博士论文”。本书正是作者在博士论文的基础之上，结合当前司法体制和工作机制改革的最新成果，反复修改完善而成。我作为他博士论文答辩委员会主席，看到本书付梓出版，内心甚慰，欣然作序，也期待作者在今后的工作和科研中取得更大的进步！

是为序。

杨宇冠

中国政法大学教授

二〇一六年十一月

引 言

在我国，除却交由司法机关认定和处理的犯罪以外，绝大多数轻微违法行为都是交由行政机关（主要是公安机关）通过行政法律规范进行处理的，而处理的主要手段之一就是剥夺和限制公民人身自由，这就造成了实践中一系列问题与困境的产生。对于行政机关能够直接决定的剥夺或限制人身自由的措施，本书择其要者介绍如下几种：（1）收容教养。收容教养仅适用于未成年人，适用期限一般为一年至三年，最长可延至四年，由公安机关直接作出决定。《刑法》第 17 条第 4 款规定："因不满十六周岁不予刑事处罚的，责令他的家长或者监护人加以管教；在必要的时候，也可以由政府收容教养。"《公安部关于少年犯管教所收押、收容范围的通知》规定："对确有必要由政府收容教养的犯罪少年，应当由地区行政公署公安处或省辖市公安局审批。"当然，为了体现对收容教养的从严控制以及对未成年人的有力保护，《公安机关办理未成年人违法犯罪案件的规定》第 28 条要求，"未成年人违法犯罪需要送劳动教养、收容教养的，应当从严控制，凡是可以由其家长负责管教的，一律不送"。(2) 收容教育。收容教育主要针对卖淫嫖娼人员。1991 年，第七届全国人大常委会通过《关于严禁卖淫嫖娼的决定》，其中第 4 条第 2 款规定："对卖淫、嫖娼的，可以由公安机关会同有关部门强制集中进行法律、道德教育和生产劳动，使之改掉恶习。期限为六个月至二年。具体办法由国务院规定。"根据这一规定，国务院 1993 年制定了《卖淫嫖娼人员收容教育办法》，将收容教育定位于"对卖淫、嫖娼人员集中进行法律教育和道德教育、组织参加生产劳动以及进行性病检查、治疗的行政强制教育措施”，由县级公安机关决定，期限为六个月至两年。①（3）治安管理处罚。我国《治安管理处罚法》第2条规定：“扰乱公共秩序，妨害公共安全，侵犯人身权利、财产权利，妨害社会管理，具有社会危害性，依照《中华人民共和国刑法》的规定构成犯罪的，依法追究刑事责任；尚不够刑事处罚的，由公安机关依照本法给予治安管理处罚。”治安管理处罚中涉及限制人身自由的措施主要是行政拘留，期限一般为十五日以下，合并执行不超过二十日。（4）劳动教养。劳动教养制度系根据1957年通过的《全国人民代表大会常务委员会批准国务院关于劳动教养问题的决定的决议》以及《国务院关于劳动教养问题的决定》所设置，其后历经1979年通过的《全国人民代表大会常务委员会批准国务院关于劳动教养的补充规定的决议》、《国务院关于劳动教养的补充规定》以及1982年通过的《劳动教养试行办法》等相关法律、法规进一步完善。劳动教养的适用对象较为繁杂，该制度设立之初的四种对象现已发展为二十余种，涵盖了许多不够刑事处罚但是需要予以教育改造的轻微违法情形，如存在卖淫嫖娼、盗窃、诈骗以及吸食、注射毒品等违法行为又屡教不改的，存在聚众斗殴、寻衅滋事、煽动闹事等扰乱社会治安行为但尚不够刑事处分的，扰乱生产秩序、工作秩序、教学科研秩序和生活秩序、妨碍公务且不听劝告和制止

① 有观点认为，国务院《卖淫嫖娼人员收容教育办法》是根据全国人大常委会《关于严禁卖淫嫖娼的决定》加以制定的，即属于授权立法现象。就卖淫嫖娼人员同一惩罚对象而言，全国人大常委会新修改的《治安管理处罚法》已经对其予以调整，应当按照“后法优于前法”的基本法理，对卖淫嫖娼行为按照《治安管理处罚法》的规定加以处理，而《治安管理处罚法》的处理方式并不包括收容教育，因此从理论上可以得出“收容教育已经被依法废止”的结论。但至今为止，收容教育依旧在各地被广泛使用。

的，等等。[①] 劳动教养的领导和管理机构是劳动教养管理委员会，但从实际操作上来看，劳动教养的审批机关设在公安机关，即公安机关受劳动教养管理委员会的委托审查批准需要劳动教养的人，劳动教养的期限一般为一年至三年，必要时还可以延长一年。

虽然我国理论界对于上述各种措施的性质界定尚存争议，或者认为是行政处罚，或者认为是行政强制，抑或认为是保安处分，但上述措施的共通点就是仅仅经由行政机关即可决定对公民人身自由进行剥夺或者限制。特别是诸如收容教育和劳动教养等措施的实施，可以长时间剥夺或者限制公民的人身自由（收容教育最长可至两年、劳动教养最长可至四年），虽然其并不具有刑罚的性质，不会给相对人留下犯罪印记，且相较刑罚而言，改造教育手段更为人性化，但此类措施的直接后果毕竟都是造成公民在长时间内失去人身自由，其实质上的惩罚效果甚至会比一般刑罚措施（如管制、拘役、缓刑等）更重。因此，对于某一违法行为，如果放弃适用刑罚转而适用收容教育、劳动教养等措施，在司法实践中难免会导致形式上从轻但实质上从重、形式上合理但实质上失当的偏颇惩罚效果，这显然有悖于法理和情理。并且，如果某一具有行政性质的

---

① 1982年公安部制定、国务院批准的《劳动教养试行办法》第10条规定："对下列几种人收容劳动教养：（一）罪行轻微，不够刑事处分的反革命分子、反党反社会主义分子；（二）结伙杀人、抢劫、强奸、放火等犯罪团伙中，不够刑事处分的；（三）有流氓、卖淫、盗窃、诈骗等违法犯罪行为，屡教不改，不够刑事处分的；（四）聚众斗殴、寻衅滋事、煽动闹事等扰乱社会治安，不够刑事处分的；（五）有工作岗位，长期拒绝劳动，破坏劳动纪律，而又不断无理取闹，扰乱生产秩序、工作秩序、教学科研秩序和生活秩序，妨碍公务，不听劝告和制止的；（六）教唆他人违法犯罪，不够刑事处分的。"1990年12月28日通过的《全国人民代表大会常务委员会关于禁毒的决定》第8条规定："吸食、注射毒品的，由公安机关处十五日以下拘留，可以单处或者并处二千元以下罚款，并没收毒品和吸食、注射器具。吸食、注射毒品成瘾的，除依照前款规定处罚外，予以强制戒除，进行治疗、教育。强制戒除后又吸食、注射毒品的，可以实行劳动教养，并在劳动教养中强制戒除。"1991年通过的《全国人民代表大会常务委员会关于严禁卖淫嫖娼的决定》第4条第3款规定："因卖淫、嫖娼被公安机关处理后又卖淫、嫖娼的，实行劳动教养，并由公安机关处五千元以下罚款。"

惩罚措施其实际效果比刑罚更为严厉的话，那么刑罚的最后性显然是无法体现的，这就从根本上违背了刑法的立意。现举一例予以说明：

2003 年 4 月 15 日，张某伙同宗某、李某等五人在南城县客车上故意将一枚一元硬币扔到一女子脚边，然后假装寻找硬币，趁女子不注意将其所戴的金项链剪断，盗得项链一根（价值 683 元）。同年 4 月 16 日，张某再次与同伙采用同样的方法，在南城县客车上盗得一根金项链（价值 729 元）。事发后，张某一直潜逃在外。2006 年 12 月 19 日，经群众举报，南昌市公安局直属分局将张某抓获，同日张某被刑事拘留。2007 年 1 月 18 日，南昌市劳教委作出《劳动教养决定书》，决定对张某收容教养一年（从 2006 年 12 月 19 日起至 2007 年 12 月 18 日止）。对于劳动教养的决定，张某不服，并认为，南昌市劳教委作出的劳动教养决定属于适用法律错误，其偷的两根项链的价值总计为 1412 元，按照相关法律确定的盗窃数额的标准，他的盗窃行为应当追究刑事责任而非劳动教养。于是，张某将南昌市劳教委告上法庭，要求撤销南昌市劳教委作出的劳动教养决定。南昌市东湖区法院经开庭审理后认为，根据《劳动教养试行办法》的规定，“有流氓、卖淫、盗窃、诈骗等违法犯罪行为，屡教不改，不够刑事处分的”，才能收容劳动教养。张某 1983 年因盗窃被劳动教养两年，2002 年 9 月因盗窃罪被判拘役两个月，属于有前科且屡教不改的情形，依据张某盗窃项链两根总价值为 1412 元的事实，张某已经涉嫌盗窃犯罪。最后，东湖区法院作出判决，南昌市劳教委对张某作出劳动教养的决定属适用法规错误，应予撤销。①

对于前述案件，暂且不对张某行为的法律性质予以判定，仅就

① 参见《不想被劳教反要求究刑责　小偷为坐牢打官司胜诉》，资料地址：http：//www. china. com. cn/law/txt/2007-08/23/content_ 8733164. htm，最后访问日期：2016 年 5 月 1 日。

其不愿被劳动教养而主动要求追究自己刑事责任的做法而言，恐怕很多人都会觉得荒唐可笑。但事实是，张某对照其先前两次盗窃所受的处罚以及劳动教养处罚决定后发现，就实际惩罚效果而言，刑罚比劳动教养对自己更为有利。这种公民朴素的利害抉择——不愿劳动教养而愿意承受刑罚，何尝不是劳动教养制度适用弊端的深切体现？对此，司法部司法研究所原所长王公义曾指出，劳动教养制度主要存在两大问题：一是从 2000 年《立法法》颁布以后，劳教就开始处于违法状态，因为《立法法》规定限制人身自由必须由法律予以规定，行政机关没有限制人身自由的权力；二是劳教决定没有经过司法化，即其没有经过法院的审判，而是由公安机关决定，劳教委员会亦没有发挥作用，易导致借由劳教关押上访人员、打击报复等情形的出现。[①] 在实践中，以任建宇、彭洪、谢苏明、黄成城、戴月权、方洪为代表的重庆系列劳教案，湖南永州唐慧劳教案，辽宁营口刘春山劳教案，更是以惨痛的教训为劳动教养的混乱和无序添加了注脚。2013 年 11 月，《中共中央关于全面深化改革若干重大问题的决定》第九部分“推进法治中国建设”中明确提出，“废止劳动教养制度，完善对违法犯罪行为的惩治和矫正法律，健全社区矫正制度”。同年 12 月，全国人大常委会通过《关于废止有关劳动教养法律规定的决定》，从法律上宣告将业已实施了 50 多年的劳教制度正式废止，同时规定，劳教废止前依法作出的劳教决定有效，劳教废止后对正在被依法执行劳动教养的人员解除劳动教养且剩余期限不再执行。

除却劳动教养之外，现行的治安管理处罚、收容教育等措施相互之间以及一定条件下与刑罚之间的区分界限依然存在并不清晰之处，进而造成了在行政和司法过程中法律适用的混乱。例如，对于卖淫嫖娼行为，同是治安管理处罚和收容教育的适用对象，虽然从

① 参见陈小沉：《劳教制度“高墙”倒塌前前后后》，载《新民周刊》2013 年第 110 期。

相关法律规定来看，是根据情节轻重进而依序适用，但情节轻重的具体把握尺度实在太过模糊，而法律又缺乏明确规定，以致选择何种措施较为合理实在难以清晰界定。法律规定的错乱必然造成法律执行的模糊，其结果就是执法的不协调、不统一甚至是不公正，进而给公民的正当权利尤其是人身自由造成不必要的侵害。再举一例予以说明：

2006年10月，位于深圳市N区的发廊老板李某（女），实施了容留妇女卖淫的行为，16天后被抓获。N区人民法院根据《刑法》第359条的规定，以容留妇女卖淫罪判处被告李某有期徒刑5年。被告不服遂提出上诉，深圳市中级人民法院作出了维持原判的裁定。同年12月，位于深圳市L区的另一发廊老板姜某（女）同样实施了容留妇女卖淫的行为，18天后被抓获。L区公安分局根据《治安管理处罚法》第67条的规定，对姜某处以15日拘留、5000元罚款的行政处罚。[①] 我们不禁要问，为何对于基本性质完全相同的行为，会在处罚结果上出现如此巨大的差异？其根源还在于法律规范的混乱。《治安管理处罚法》第67条规定："引诱、容留、介绍他人卖淫的，处十日以上十五日以下拘留，可以并处五千元以下罚款；情节较轻的，处五日以下拘留或者五百元以下罚款。"《刑法》第359条规定："引诱、容留、介绍他人卖淫的，处五年以下有期徒刑、拘役或者管制，并处罚金；情节严重的，处五年以上有期徒刑，并处罚金。引诱不满十四周岁的幼女卖淫的，处五年以上有期徒刑，并处罚金。"可以看出，虽然刑罚和治安管理处罚二者的实体惩罚效果堪为天壤之别，但是《刑法》和《治安管理处罚法》对于"引诱、容留、介绍他人卖淫"这一行为的认定和处罚标准却并不存在明确差异，这难免造成执法人员在执法过程中进行"选择性执法"。

---

① 参见刘仁文：《关于调整我国刑法结构的思考》，载《法商研究》2007年第5期。

之所以一再出现上述的种种执法困境与尴尬，主要缘由还在于我国对于违法行为的认定和处理过于分散，呈现出“九龙治水”的局面，无论是法律层面还是制度层面都缺乏系统性和明确性。概括而言，我国当前对于违法行为“九龙治水”的主要弊端集中体现在如下两个方面：其一，大量违法行为都需要通过以警察权为主的行政权的运行以及行政法律规范的适用来加以处理，否则正常的社会秩序便难以维护。如果警察权得不到有效控制，将会给公民的合法权利造成危害。其二，对于同一违法行为存在数种行政法律规范加以调整，甚至有时行政法律规范的调整范围与刑法的调整范围相重合（如前述的引诱、容留、介绍他人卖淫），这一方面造成了执法人员在适用法律时的混乱，另一方面也为执法人员进行“选择性执法”留下了可能。这要么会导致执法的不平衡和不公正，要么为权力寻租和执法腐败提供了滋生空间。

如何有效改善前述违法行为中多重治理的混乱局面，如何妥善应对劳动教养已然废除、收容教育废除呼声日益高涨的现实困境，自然成为当前理论和实务研究的重要课题。客观来看，劳动教养、收容教育等制度实行至今已有数十年，这些制度固然在法理和实践中存在诸多不合理之处，但是其对社会秩序的维护功能特别是对刑法无法调整的违法行为的惩治功能还是不容忽视的，“切肿瘤式”的废除主张固然能够一解反对者的愤恨，但是这对于当下的中国而言果真是一劳永逸之举么？劳动教养、收容教育虽然存在严重的弊端，但是其对于社会秩序的维护不可谓毫无价值，实践中确实也存在不少通过刑法无法规制但是又确实需要加以处罚的行为。论及法律制度的存废与否，如若不考虑功利性和现实性，显然是不妥当的。正是基于这一认识，更为妥善和适宜的处理方式当为对由劳动教养、收容教育等予以调整的违法行为进行一定规模的刑罚化和司法化处理，也就是说，将符合这些处遇措施的行为作为一种轻微犯罪纳入刑法之中，通过司法程序予以解决。例如，有论者即提出了如下设计：将劳动教养改为“强制教养”并纳入刑罚体系，作为对轻微犯罪者适用的一种轻刑。强制教养在刑罚结构中介于管制和拘役之间，是一种半剥夺人身自由的刑罚方法。强制教养的适用应当与其他刑罚方法一样，由人民法院在刑事诉讼过程中经由简易程序依法裁量适用，被告人或者检察机关认为强制教养处分不当的，可以进行上诉或者提起抗诉。①

但是，将劳动教养、收容教育等措施予以轻刑化改革，必然会导致我国犯罪圈的范围越发庞杂，受到刑法消极评价的人越来越多。反观当前的刑事司法实践，公安司法机关本就由于案件数量的陡增而压力重重，如果再行扩大犯罪圈范围从而使得大量案件进入刑事司法程序，那么这种做法将会使公安司法机关不堪重负。更为重要的是，在当下的中国，“犯罪”的耻辱标签是难以彻底消除的，即使对于未成年人来说也只是犯罪记录封存而非消灭，而社会对于犯罪的认知和宽容又极为有限，升学、就业、参军等都会受到不利影响，甚至在邻里之间都难以自处，一旦被贴上犯罪标签对于行为人来说可能就意味着永久的负面评价。对于这些伴随着劳动教养、收容教育等措施轻刑化改革产生的不可避免的弊端，能否以及如何加以妥善解决自然是关系制度改革成败的核心问题。困惑之际，“非犯罪化”一词映入笔者的眼帘。非犯罪化，作为限缩犯罪圈的一种重要手段，其对犯罪化的反向张力无疑为上述问题的有效解决提供了一种理论和实践的可能。在刑事司法过程中扩大非犯罪化的实践，应该是消除劳动教养、收容教育等措施轻刑化改革所带来弊端的有益之举。秉持着这一立场和思路，本书基于程序法视野对非犯罪化的研究正式开始。

---

① 参见梁根林：《刑事制裁：方式与选择》，法律出版社 2006 年版，第 309~311 页。

第一章　非犯罪化的理性解读

美国学者尤劳曾言："困难始于界说。如若我们认真地想一想，就知道界说含有束缚和拘束的作用。界说一方面指使它的使用者，另一方面显现出使用者的取向。界说埋藏在它的使用者的观念与他的理论化的工作之中。"① 研究非犯罪化，首要前提自然是要尝试对其进行基本的概念界定，并以此作为理性构建对话语境的始端，否则再为精辟的论述也难以为他人所理解，甚至无法自圆其说。然而，国内外学者对于非犯罪化的认识尚见仁见智，本就困难的概念界定具体到非犯罪化更加让人莫衷一是，比较取巧的办法无疑是从前人的既有研究成果继续下去。

一、非犯罪化的语义争鸣

（一）古代法律的词源

从词源来看，非犯罪化在我国古代并无直接的法律术语相对应，而与其现代含义接近的"出罪"一词倒是尚能依古籍可循。

《汉书》记载："新畤侯赵弟：'四月丁巳封，七年，太始三年，坐为太常鞠狱不实，入钱百万赎死，而完为城旦。'如淳曰：'鞠者以其辞决罪也。'晋灼曰：'律说出罪为故纵，入罪为故不直。'"②《唐律疏议》载："其出罪者，谓增减情状之徒，足以动事之类。或从重出轻，依所减之罪科断，从死出至徒、流，从徒、

① ［美］尤劳.《政治行为论》，台湾商务印书馆 1978 年版，第 22 页；转引自梁根林：《刑事政策：立场与范畴》，法律出版社 2005 年版，第 3 页。

② （东汉）班固：《汉书》（简体字本），（唐）颜师古注，中华书局 1999 年版，第 549 页。

流出至笞、杖，各同出全罪之法，故云‘出罪者，各如之’。”① 从以上古籍记载可以看出，此处所谓的“出罪”，是指违背事实和法律要义，将有罪定为无罪、重罪定为轻罪、重刑定为轻刑等错误裁判行为。

此外，《唐律·名例》第50条“断罪无正条”规定：“诸断罪而无正条，其应出罪者，则举重以明轻；其应入罪者，则举轻以明重。”至于何谓“举重明轻”，《唐律疏议》对此进行了详细说明：“议曰：断罪无正条者，一部律内，犯无罪名。‘其应出罪者’，依贼盗律：‘夜无故入人家，主人登时杀者，勿论。’假有折伤，灼然不坐。又条：‘盗缌麻以上财物，节级减凡盗之罪。’若犯诈欺及坐赃之类，在律虽无减文，盗罪尚得减科，余犯明从减法。此并‘举重明轻’之类。”② 显然，此处的“出罪”并非指代司法官的错误裁判行为，而是司法官通过类比逻辑将法无明文规定的行为认定为无罪的裁判结果。亦即，对于法律没有明确规定的行为，不能裁断其是否构成犯罪的，如果较其性质更为严重的行为都不认为是犯罪，自然该行为亦不应当被认定为犯罪。

可以看出，“出罪”一词在古代法中大致存在两种适用情形：第一，用于指代罔顾事实、曲解法律进而将犯罪者从轻或者免除处罚的错误裁判行为，包括有罪变无罪、重罪变轻罪以及重刑变轻刑等；第二，则是用于指代不将某一行为视为犯罪或者作为犯罪处理，这显然与现代语义中非犯罪化的含义较为相似。

（二）国外学者的界定

日本学者森下忠指出，非犯罪化可从狭义和广义的层面分别予以理解：狭义的非犯罪化是指不只放弃刑罚而且不以行政处罚罚之，即完全成为合法行为；广义的非犯罪化则是指对于原来科处刑

① （唐）长孙无忌等编纂：《唐律疏议》，刘俊文点校，中华书局1983年版，第566页。

② （唐）长孙无忌等编纂：《唐律疏议》，刘俊文点校，中华书局1983年版，第134页。

罚的犯罪行为，放弃刑罚而不再视为犯罪，改以行政处罚处罚之。①

日本学者大谷实认为，非犯罪化是指将迄今为止作为犯罪加以处罚的行为不作为犯罪，停止对其处罚，包括变更从来都是作为犯罪科处刑罚的现状，而代之以罚款等行政措施加以处罚的情况。非犯罪化可区分为“取缔上的非犯罪化”、“审判上的非犯罪化”以及“立法上的非犯罪化”三种类型。取缔上的非犯罪化是指刑罚法规虽然存在，但因调查以及取缔机关不适用该刑罚法规，事实上几乎不作为犯罪处理的情况，又称为事实上的非犯罪化。造成取缔上的非犯罪化的原因主要有：（1）该刑罚法规和国民感情严重背离；（2）由于社会变动，处罚的必要性已经消失，但法律尚未被废止；（3）因取缔体制的弱化，对一部分违反者处罚的话，会引起差别对待。审判上的非犯罪化是指通过刑事审判而进行的非犯罪化，也称为司法上的非犯罪化，以通过变更判例、变更刑罚法规的解释和适用进而将从来均被处罚的行为今后不再处罚为内容。立法上的非犯罪化则是指通过变更或者废止法律而使过去被当作犯罪的情况不再是犯罪。②

法国学者马蒂认为，非犯罪化的概念应当从最为广泛的意义上来予以理解，其不仅包含了刑法制度的消失，而且意味着所有替代性反应的不复存在。非犯罪化既可能源于法律上的实现，也可能源于某种一般司法实践即事实上的实现，而事实上非犯罪化正是法律上非犯罪化的酝酿。不论是法律上的非犯罪化还是事实上的非犯罪化，都是基于两种不同的战略：容忍的政策和放弃的政策。具体而言，如果非犯罪化是社会真正期盼的，那么这种非犯罪化的实现就是容忍的政策；如果非犯罪化是一种需要加以承受的失败，表明刑

---

① 参见［日］森下忠：《刑事政策各论》（改订版），成文堂 1994 年版，第 230 页。转引自梁根林著：《刑事法网：扩张与限缩》，法律出版社 2005 年版，第 223 页。

② 参见［日］大谷实：《刑事政策学》，黎宏译，中国人民大学出版社 2009 年版，第 96~102 页。

事干预的无能为力，那么这种实现就是放弃的政策。[①]

（三）我国学者的界定

台湾学者林山田认为，非犯罪化（其称之为“去犯罪化”）是指“针对现行刑事实体法所规定的犯罪行为，通过刑事实体法的修正，将其删除，使其从形式制裁体系中除籍，而不再是刑事实体法所要加以处罚的犯罪行为；或者仍旧保留为犯罪行为，但却舍弃其刑罚的执行或为附条件的附件，而使行为人不致受到刑罚的制裁，或者增设追诉要件，或者在刑事程序法上规定不予追诉等”[②]。概括而言，林山田教授所指称的非犯罪化主要包括除罪化、除刑化、缓刑、增设追诉要件以及不予追诉等五个方面的内容：一是除罪化，即指通过刑事立法的手段，将刑事实体法明确规定的犯罪行为从刑法规范中予以删除。除罪化具体可分为单纯的除罪化、改成民事不法的除罪化以及改成行政不法的除罪化。单纯的除罪化不另设替代性的制裁，将原本认为是犯罪的行为通过立法获得法律的正面评价，进而从法律制裁体系中消失。改成民事不法的除罪化是以民事制裁代替原先的刑事制裁，即对于微罪以惩罚性赔偿代替刑事法律后果，将刑事不法行为改变为民事不法行为。改成行政不法的除罪化则是以行政制裁代替原先的刑事制裁，将刑事不法行为改变为行政不法行为从而规定于秩序违反法之中，赋予其秩序罚的法律效果。二是除刑化，即指通过刑事立法手段，将刑事实体法明确规定的犯罪行为规定为可以免除刑罚，使违反该罪行的人虽然仍成立犯罪并被宣示刑责但却免受刑罚。除刑化具体包括三种情形：(1) 因犯罪行为的轻微性而免除刑罚；(2) 因中止犯罪或者因后悔而防止损害发生而免除刑罚；(3) 对于过失行为情节不是特别重大的过失犯免除刑罚。三是缓刑，包括暂缓刑罚的宣告和暂缓宣

---

① 参见［法］马蒂：《刑事政策的主要体系》，卢建平译，法律出版社 2000 年版，第 254 页。

② 林山田：《刑法的革新》，台湾学林文化事业有限公司 2001 年版，第 127 页。

告刑罚的执行。四是增设追诉要件，即指对于本属非告诉乃论的特定犯罪，因其行为轻微而通过刑事立法来明确规定必须告诉乃论。五是不予追诉，具体包括舍弃追诉或者停止程序和暂时舍弃追诉与暂停程序，前者是指对于仅有轻微罪责的轻罪，如果追诉不符合公共利益的考量，则可适用便宜原则来舍弃追诉或者停止程序；后者则是对于轻微案件的被告，可以通过颁发指令或者设定负担而暂时舍弃追诉或者暂停程序，如果被告能够遵守指令或者履行负担，则不再对其行为予以追诉。①

大陆学者对于非犯罪化的理解亦莫衷一是。有论者认为，非犯罪化是指立法者将原本由法律规定为犯罪的行为从法律中剔除，使其正当化或者行政违法化。② 对于这一界定，有论者提出了质疑，其认为，“将现有的犯罪行为除罪化，并不意味着只有将这一行为正当化一途，可以针对不同性质的行为实行不同程度的非犯罪化。比如，对现行规定的犯罪转处为行政违法给予行政处罚或者其他处置手段也是非犯罪化的重要内容”。③ 该论者认为非犯罪化有狭义和广义之分，狭义的非犯罪化是指将原本规定为犯罪的行为完全合法化的情形，广义的非犯罪化还包括对于虽然不再以犯罪论处但是给以行政处罚的情形和作为行政违法行为但不加以行政处罚的情形。④ 另有论者对非犯罪化进行了较为广义的解释，认为非犯罪化是指将迄今为止作为犯罪处理的行为，不再以犯罪论处，既可能表现为完全的合法化，也可能表现为虽不定罪量刑但给予行政处罚或者其他法律制裁。非犯罪化包括立法和司法两个方面，立法上的非

① 参见林山田：《刑法的革新》，台湾学林文化事业有限公司 2001 年版，第 133~141 页。

② 参见马克昌、李希慧：《完善刑法典两个问题的思考》，载马克昌、丁慕英主编：《刑法的修改与完善》，人民法院出版社 1995 年版，第 36 页。

③ 张军：《非犯罪化思潮与我国刑事政策路径选择》，载《江苏警官学院学报》2005 年第 5 期。

④ 张军：《非犯罪化思潮与我国刑事政策路径选择》，载《江苏警官学院学报》2005 年第 5 期。

犯罪化是指通过修改、修订或重新制定刑法来实现非犯罪化；司法上的非犯罪化则是指在规定犯罪的刑法条文没有变化的情况下，司法机关基于某种原因，将原本属于刑法规定的犯罪行为，不以犯罪行为论处。司法上的非犯罪化包括审判上的非犯罪化与取缔上的非犯罪化。所谓审判上的非犯罪化，是指通过刑事审判而进行的非犯罪化，主要表现为通过变更判例、变更司法解释，将以往作为犯罪处罚的行为不再作为犯罪处理。所谓取缔上的非犯罪化，是指刑罚法规虽然存在，但因调查以及取缔机关不适用该刑罚法规，事实上几乎不作为犯罪处理，又称为事实上的非犯罪化。① 还有论者将非犯罪化解读为立法机关或者司法机关将一些对社会危害不大、没有必要予以刑事惩罚但又被现时法律规定为犯罪的行为，通过立法不再作为犯罪或者通过司法不予认定为犯罪，从而对它们不再适用刑罚。②

（四）语义争鸣的初步总结

概括上述有关非犯罪化的不同界定可以看出，除古语中的“出罪”与现代意义上的“非犯罪化”在内涵与外延中相去甚远之外，其他关于非犯罪化的界定，在“将原本作为犯罪加以处罚的行为不作为犯罪处理”这一基本含义的理解上也具有较为一致的意见，而概念界定方面存在的争议主要集中在如下几个方面：(1) 非犯罪化是只能通过刑事立法的单一路径予以实现还是能够同时通过刑事立法和刑事司法两种路径予以同时实现？(2) 非犯罪化产生的实体效果是完全的合法化还是包括行政违法化、民事违法化以及国家中立等处置手段中的一种或者多种？(3) 通过刑事司法路径实现非犯罪化是只能通过变更判例、变更司法解释等方式还是亦能通过暂停追诉、停止追诉等方式予以进行？(4) 宣告犯

① 参见张明楷：《司法上的犯罪化与非犯罪化》，载《法学家》2008 年第 4 期。

② 参见王勇：《轻刑化：中国刑法发展之路》，载赵秉志主编：《中国刑法的运用与完善》，法律出版社 1989 年版，第 323 页。

罪但免除刑罚以及宣告犯罪但暂缓刑罚执行是否属于非犯罪化的范围？

恰如李心鉴博士所言："概念是研究的结果，而非研究的开始。"① 这种逻辑思维方式对于存在理论争议甚至是观念相左的法律术语的概念界定而言，无疑具有另辟蹊径之妙效。欲要厘清非犯罪化的基本概念，把握非犯罪化的准确内涵，不妨首先对非犯罪化的形成历史、现实背景以及理论依据等一系列基础知识予以全面了解和掌握，进而在此基础上尝试进行一个理性的概括与总结，而非孤立地从语义学的角度强行对其加以字面解读或者从比较研究的角度生硬概括某几种观点以求得概念之间的逻辑共识。

二、非犯罪化在西方的兴起与发展

非犯罪化作为刑事法网收缩与调整的重要手段可谓从古至今一直存在，因为那些被认为可惩罚的人类行为不可能永远维持稳定不变或者持续增长。但是，非犯罪化真正作为一种国家收缩犯罪圈和调整干预范围的刑事政策取向，以至于成为刑事改良运动的重要方向以及国际刑事司法改革的主要内容，却是肇始于第二次世界大战之后的西方国家。同其他社会思潮一样，非犯罪化的兴起与发展绝非偶然现象或者概率事件，而是有着深刻的社会、文化以及科学背景。揭示非犯罪化的产生背景，厘清非犯罪化的发展历程，对于更好地理解和把握非犯罪化进而准确地解读其既有内涵可谓大有裨益。

（一）非犯罪化的产生背景

启蒙运动时期，法学家们试图按照理想中的"法治国"模式和严格的罪刑法定原则来构建法制大厦，以避免国家权力行使的恣意与专横，特别是司法权行使的不确定与不规范。与此同时，为了建立与自由资本主义社会发展相适应的社会秩序，又在"轻罪"、

① 李心鉴：《刑事诉讼构造论》，中国政法大学出版社 1992 年版，第 1 页。

"违警罪"等名目之下竭力把一些在封建社会本由行政当局处理的案件即一些轻微的违法行为纳入刑法干预的范围之内，出现了"司法管辖化"倾向。这种以严格罪刑法定原则建立起来的法制制度，确实避免了司法的擅断，促进了自由资本主义的发展与繁荣，但同时亦存在着刑法过分涉足社会生活的弊端，导致了司法的过度僵化并难以与时代发展相适应，而这恰恰给其后非犯罪化的兴起与发展留下了充足的空间和现实的可能。①

首先，随着资本主义的加速发展，社会物质财富极大丰富，各种新兴事物层出不穷，人们对传统道德和伦理文明的恪守也逐渐发生动摇甚至产生质疑，再加上两次世界大战带给人们的灾难性影响，个人主义、享乐主义在西方国家迅速流行，直接导致了抢劫、强奸等传统犯罪以及吸毒、堕胎等新兴犯罪的逐步增多，这无疑对西方国家的司法系统提出了巨大挑战。一方面，由于既有刑法罪名的庞大和复杂导致大量案件进入刑事司法系统，需要通过刑法进行干预和制裁；另一方面，各种新兴犯罪相继进入刑法的调整范围，导致了既有犯罪体系的进一步扩张。但是，刑事司法资源无疑是有限的，现实社会中突然出现的犯罪膨胀必然使得案件大量积压、监狱人满为患、司法机关疲于应付。有鉴于此，限缩刑法的干预范围，调整犯罪圈的作用对象，使得一些较为轻微的犯罪行为不再受到刑法制裁甚至无须进入刑事司法系统，无疑是解决司法困境的一种理性选择。

其次，继社会法学派之后兴起的批判法学派对法律的合法性危机提出了尖锐的批评。批判法学派论者认为，法律并不是万能的，在社会调整机制中，除却法律这一正式调整机制以外，同样存在着许多非正式的法律之外的社会控制手段，这些非法律手段的地位与作用应当得到重视，并由此提出了著名的"非法律化"倾向。非

① 参见游伟、谢锡美:《非犯罪化思想的现实背景和理论基础》，载《犯罪研究》2002年第3期。

法律化倾向是在过分强调国家法律控制的总体背景之下，力图使社会生活的一些领域摆脱法律的桎梏，转而以法律之外的其他社会规范予以调整，“软化”法律规则的僵硬，补充法律规则的不足，使这些领域从法律形态向非法律化的形态发展。① 与非法律化倾向相伴而生的就是“刑罚辅助性”原则。意大利学者帕多瓦尼指出：“鉴于许多现代国家（特别是意大利）的法律制度中，都存在立法者滥用立法权的现象，最新的刑事政策倾向于认为，为了能理性地防止在刑法方面滥用立法权，必须对实际上是否有必要规定刑事制裁进行评估，或者说必须坚持人们所说的‘（刑法）辅助性原则’。”②

最后，随着科学的不断发展，特别是研究方法的科学化，人们对于犯罪的认识和研究逐步走向理性与深入，这就为非犯罪化的实现提供了必要的方法论支持。长期以来，由于科学研究手段的缺乏，人们对犯罪的认识和理解都局限于犯罪学的既有学科之内，往往是在一些固化理论的基础之上进行抽象演绎。但是随着自然科学领域中实证研究的异军突起，定性、定量等科学分析方法逐步被引入社会科学之中，实证犯罪学应运而生。在此背景之下，法学研究者们亦开始尝试通过心理学、统计学等多学科的方法论来对现实社会中的犯罪现象进行实证研究，以准确揭示犯罪行为背后所隐藏的社会因素和个人因素。与过去单纯强调刑罚与制裁不同的是，人们开始认识到犯罪不仅关乎社会秩序的破坏以及受保护法益的侵害，而且犯罪行为往往与犯罪者的成长环境、人格缺陷、心理状态等多种因素相关联。这种更为理性的犯罪认识使得包括立法者和司法者在内的整个社会对于犯罪行为，特别是特殊群体的犯罪行为，能够采取更为宽容和更加开放的心态，并开始探讨在法律范围之内，甚

---

① 参见黎宏、王龙：《论非犯罪化》，载《中南政法学院学报》1991年第2期。

② ［意］杜里奥·帕多瓦尼：《意大利刑法学原理》，陈忠林译，法律出版社1998年版，第4页。

至在法律手段之外如何能够更好地实现对犯罪人的改造和转化以便于其更好地回归社会，非犯罪化的兴起也就显得水到渠成。

（二）非犯罪化的发展历程

1957年，英国议员沃尔芬登领导的“同性恋与卖淫委员会”发表了著名的《沃尔芬登报告》（*Wolfenden Report*）。该报告在评鉴有关同性恋以及娼妓的法律之后，认为同性恋如果是当事人在相互同意的情况下发生的私人间行为，则建议不应对此科处刑罚。该报告确认了刑法干预个人行为的目的和界限：“维护公共秩序和公共尊严，保护公民免受非法侵害，为公民特别是那些特殊易受伤害的公民提供足够的保护，防止他们堕落和腐化。超出实现上述目的之外干预公民的私人生活或者试图强制推行任何特定的生活方式，并不是刑法的任务所在。”[①] 据此，刑事法律唯有在符合上述特定目的的情形之下才能对公民行为予以干预，纯粹道德与否等实属私人领域的问题，则并不属于刑事法律调整的应然范围。《沃尔芬登报告》在英国引起了激烈的争论。反对这一报告的代表人物之一——英国高等法院法官德夫林（Patrick Devlin）基于法律道德的立场指出，刑法的基础在于道德原理，刑法的机能在于强化道德约束，刑法规则唯有在反映公众普遍接受的道德原则时才能最好地发挥其功效。[②] 德沃金亦认为，一个社会如果对政治、道德和伦理等不存在共同的理想和目标，这个社会就会因为过于松散而变得分崩离析，即共同道德是社会维系其生存必须要付出的代价。[③] 而赞成这一报告的法哲学家哈特则指出，不道德行为本身并不能成为犯罪，法律禁止私人之间相互同意的同性恋行为，实则是过于强行介入公民的个人自由和私人领域。莫里斯和霍金斯亦指出，刑事法的目的在于保障个人的人身自由和财产安全，而非干预或者侵犯个人

---

① ［英］J. C. 史密斯、B. 霍根：《英国刑法》，李贵方等译，法律出版社2000年版，第23页。

② P. Devlin, *The Enforcement of Morals*, London 1965, p. 114.

③ Dworkin, Lord Delvin and the Enforcement of Morals, 75 Yale L J. 986, 1966.

的道德生活。将非道德的行为加以犯罪化的结果只能是导致这些行为转入地下活动，这不但增加了社会不同团体之间的对立，事实上也为执法机构带来了较大的困扰，要么成为“道德主义者”从而在轻微犯罪上浪费时间，要么宽恕非道德行为从而应对败坏社会风气的指责。[①] 1967 年，英国《性犯罪法》的制定对上述争论表达了官方立场，其围绕《沃尔芬登报告》，建议将 21 岁以上的男子私下进行的同性恋行为予以非犯罪化。[②]

《沃尔芬登报告》的提出同样对美国刑事司法造成了较大影响。1962 年，美国《模范刑法典》即从刑法去伦理化的角度出发，主张将同性恋、卖淫以及通奸行为予以非犯罪化处理。与此同时，“标签理论”（Labeling Theory）在美国开始盛行，对美国刑事立法与司法的许多不公之处提出了严厉批评。标签理论者认为，美国刑事司法当局所处理的许多所谓犯罪行为，本质上并不当然构成犯罪，而是立法机关和执法当局基于私利和偏见加以人为标定的结果。迫于上述批评的压力，再加上司法机关超负荷运转以及监所机关人满为患的司法现状，美国于 20 世纪 60 年代开始推行“不干涉主义”的刑事政策，以缓解刑法过于伦理化和道德化以及司法执行过于严苛所造成的现实困扰。不干涉主义刑事政策的推行为非犯罪化刑事政策的实施奠定了坚实的基础，但真正导致非犯罪化运动在全美风靡的当属美国总统“执法与司法委员会”于 1967 年提出的《自由社会中犯罪之挑战》（*The Challenge of Crime in a Free Society*）报告。该报告将非犯罪化与少年审判制度相结合，建议对少年犯罪采取非正式手段的“转向处分”，实行“审前处理”（Pre-judicial Disposition）的刑事司法制度。“执法与司法委员会”认为，之所以推崇转向处分主要是基于以下考虑：（1）缓和刑法的严厉性以

① 转引自许春金：《犯罪学》，台湾警察大学印行 2003 年版，第 642 页。

② 参见［英］J. C. 史密斯、B. 霍根：《英国刑法》，李贵方等译，法律出版社 2000 年版，第 21 页。

使其更加人性化；（2）从成本效益的角度分析，转向处分相较传统刑罚而言更加节省费用；（3）减轻刑事司法机关过重的负担。[①]在该报告的影响之下，美国联邦以及一些州的立法机关陆续修改法律或者法令，将卖淫、公然酗酒、堕胎等无被害人的犯罪行为予以非犯罪化处理，并放松了对大麻药物犯罪的刑事干预。

随着非犯罪化运动在美国的兴起与发展，欧洲大陆的刑事法学者亦开始反思道德伦理与法律干预的界限设定以及关系配置，提出应当将危害不大的道德违反行为排除出犯罪圈，并以“非犯罪化”和“非刑罚化”为主题展开了一系列解决刑法基础危机的改革。例如，丹麦于1967年从刑法中废除猥亵文书罪，瑞典废除轻微财产盗窃罪的刑罚规定等。最能代表欧洲大陆非犯罪化运动发展的当属德国于1973年对刑法进行的第四次大幅修正。关于修正的政府提案理由书在序言中即已陈明，刑法的任务只是保护社会外部秩序，而当今社会关于婚姻、家庭以及性等价值观却又具有极大的多元性，进而导致这些领域中人们的态度、动机以及行为呈现出极大的个别化性质，难以对其作出正确的判断，故而刑事立法对此唯有表现出谦抑的精神。[②] 当然，非犯罪化的实践不仅发生在西方资本主义国家之中，社会主义国家同样存在着非犯罪化的努力。在苏联，1958年公布的《苏联和各加盟共和国刑事立法纲要》中明确提出要贯彻明确性原则、刑罚不可避免性原则、刑罚个别化原则、罪刑相适应原则和少用刑罚等原则。以此为基础，苏联各加盟共和国都纷纷制定了新的刑法典，废除了一些过时的旧罪名。东欧其他

---

① 其后，美国总统“猥亵与色情委员会”于1970年发表的一份调查报告建议废除对成年人非公然性猥亵罪，认为并不能证明猥亵文书与诱发性犯罪有所关联，只需规范对于不想观看者以及未成年人的贩卖行为即可。但是对此报告，其中三名委员会委员持反对意见，而时任美国总统尼克松亦认为建议内容会导致“道德的破产”并全面拒绝报告内容，参议院同样以压倒性多数拒绝接受该报告。参见许福生：《刑事政策学》，中国民主法制出版社2006年版，第75~76页。

② 参见许福生：《刑事政策学》，中国民主法制出版社2006年版，第76页。

社会主义国家也竞相效尤，进行了非犯罪化和非犯罪化的立法改革。[①]

除上述有关非犯罪化的立法进步之外，非犯罪化思想对于刑事司法的运行方式同样存在着较大影响。其一，刑事诉讼程序和方式得到了变通，起诉便宜主义的诉讼解决方式得到认可，检察官可以根据案件事实和具体问题在权衡公共利益以及刑事政策的基础上自主作出起诉或者不起诉的决定。作为对传统的有罪必诉、有罪必罚原则的否定，英国、美国、德国、日本等许多国家都采用这一方式作为实施非犯罪化的途径。起诉便宜主义的司法适用一般分为如下两种情形：一是对犯罪情节轻微者可直接宣告不予追诉；二是对犯罪情节达不到直接不起诉标准但又不适宜起诉的，对其暂时不予起诉并附加一系列条件或者义务，如果条件成就或者义务履行则不再起诉。其二，采取缓期宣告制度。缓期宣告包括缓期宣告犯罪和缓期宣告刑罚两种形式，前者是指法院对于符合犯罪构成要件的行为暂不宣告其为犯罪，而是对其附加一定的考验期限，如果考验期限内被告人遵守相关规定则不再宣告其犯罪；后者则是指法院对于被告人宣告其有罪但是暂不对其宣告刑罚，而是对其附加一定的考验期限，如果被告人在考验期限之内遵守相关规定，则考验期届满之后不再对其宣告刑罚。德国、法国、英国、加拿大、瑞典等国家都存在缓期宣告制度。此外，波兰等一些原社会主义国家对社会危害轻微的行为则直接免予进行刑事诉讼。[②]

非犯罪化发展历史上最具有标志性和里程碑意义的事件莫过于欧洲犯罪问题委员会（European Committee on Crime Problems）于1980年发表的《非犯罪化报告》（*Report on Decriminalisation*）。来自奥地利、丹麦、法国、联邦德国、意大利、荷兰和瑞典的专家所

---

① 参见游伟、谢锡美：《非犯罪化思想的现实背景和理论基础》，载《犯罪研究》2002年第3期。

② 参见游伟、谢锡美：《非犯罪化思想及其借鉴》，载《江苏警官学院学报》2003年第2期。

组成的委员会，经过历时八年的共同研究和广泛论证之后，最终完成这一报告并将其作为欧洲共同体（现为欧洲联盟）的政策性文件。报告全面分析了非犯罪化的概念及其与非刑罚化、转处之间的区别与联系，阐述了非犯罪化的基本原则、推动和妨碍非犯罪化的各种因素以及非犯罪化以后各种可能的替代方案或者选择，并在一般性论述非犯罪化的原则和原理的基础上，详细研究了各成员国非犯罪化可能涉及的各种具体问题，对于所有欧洲共同体国家的刑事政策的发展尤其是非犯罪化刑事政策的发展具有重要的指导意义。①

三、非犯罪化的理论立基

（一）自由主义思想

虽然普遍认为自由主义思想早在古希腊、古罗马时代就已萌芽，但其真正发扬光大却是近代以后的事情。随着近代资产阶级的兴起，自由主义者不但在经济领域基于“个人方为自身利益的最佳理解和判断者”的论断提出社会应当允许个人自主选择其生活道路并自主安排其个人事务，更是在政治和伦理领域对自由与法律、道德的相互关系等进行了详细阐述。洛克认为，“法律按其真正的含义而言与其说是限制还不如说是指导一个自由而有智慧的人去追求他的正当利益，它并不在受这法律约束的人们的一般福利范围之外作出规定……法律的目的不是废除或者限制自由，而是保护和扩大自由……但是自由，正如人们告诉我们的，并非人人爱怎样就可怎样的那种自由，而是在他所受约束的法律许可范围内，随心所欲地处置或安排他的人身、行动、财富和他的全部财产的那种自由，在这个范围内他不受另一个人的任意意志的支配，而是可以自

① 参见梁根林：《刑事法网：扩张与限缩》，法律出版社2005年版，第221~222页。

由地遵循他自己的意志”。[①] 早期，个人自由与社会秩序相比尚处于较为弱势的地位，特别是19世纪末资本主义经济危机爆发，社会政治问题丛生，强调国家利益、社会秩序高于个人自由成为掩盖和平息社会危险的最佳选择，个人自由的发展思潮相对低落。但是随着两次世界大战的相继爆发，人们逐渐开始重新审视个人自由与国家利益以及社会秩序之间的相互关系，意识到个人自由一味让步于国家利益和社会秩序是一种较为危险的行为，易于使得个人自由借由合法化的外衣受到不当侵害，并开始尝试重新划分和界定国家权力的范围以及法律干预的范围，以保证个人自由具备充足的实现和发展空间。

自由主义思想的发展，特别是对个人自由与社会秩序各自范围界定的反思，为非犯罪化的产生奠定了哲学基础。英国政治思想家米勒在《自由论》中明确指出：“对文明社会之构成人员，违反其意思而行使权利，其唯一目的在于防止对他人的加害。倘若其本人在物质上或道德上，均属于善者，即缺乏正当之理由。”[②] 其后，许多自由主义思想家都强调，通过法律特别是刑事法律干预个人行为并限制个人自由，应当以行为侵害他人权益为基准，且行为应当受到消极的法律评价，否则应当赋予个人最大限度的自由权利。早期的非犯罪化运动正是将一些违反道德伦理的行为排除出犯罪圈之外，转而将其视为个人自由。对于纯粹属于与伦理道德相背离的行为，正如英国大法官德富林所言：“要容忍与社会完整相协调的最大限度的个人自由；容忍限度的改变，即社会容忍偏离道德标准的程度是一代一代地变化的；尽可能充分尊重个人隐私；法律涉及的是最低限度的而不是最高限度的标准。法律强调实施道德时，不得任意干涉公民的个人自由，因为如果对这类行为处罚不当，同样会

① ［英］洛克：《政府论》（下篇），叶启芳、瞿菊农译，商务印书馆1964年版，第35~36页。

② 转引自甘添贵：《犯罪化与刑事政策》，载《罪与刑》，台湾五南图书出版公司1998年版，第619页。

侵害公民的自由。”[①] 美国学者亦将过分强调道德的法律视为“压制型法”的一个重要特征而予以批判，“压制型法的一个持久的根源就是要求文化一致。在现代社会就像在古代社会一样，共有某种道德准则为社会凝聚力提供了支持，并因此成为维持秩序的一种手段……法律道德主义的重大代价是降低了在变化的社会情势扩大了理想与规定之间的差距时重新解释文化愿望的能力。这种僵硬性根据于动辄爱对背离规定性秩序的行为反应过度的倾向”。[②] 自由主义思想的成熟与壮大，直接导致了国家职能从过度干预转向相对消极，犯罪圈的调整范围得到有效收缩，继而保证公民的个人自由能够在最低限度限制的前提下得到充分行使，而这些都显然使得刑事法律的走向变得“非犯罪化”。

（二）犯罪相对性观念

犯罪相对性是指同一性质的行为不但在不同的时代和环境其性质是相对的，而且即使在同一社会的同一时期其性质也不是绝对确定的。“当社会体制或价值规范落后于社会变革的时候，作为违反这种社会体制或价值规范的所谓犯罪往往成为要求社会变革的先兆，以其独特的形式影响社会的发展，最终引起犯罪观念的变化，并将自身从法律规范意义上的犯罪中解脱出来，完成从罪到非罪的历史性的飞跃。”[③] 犯罪相对性观念汲取了哲学思维中辩证发展的合理精神，认识到犯罪的认定以及刑法的干预需要因时、因事作出调整和变化，反对将犯罪的认定进行僵硬化、机械化理解。犯罪相对性大致根源于以下几种因素考量：第一，犯罪评价标准本身具有相对性。犯罪从本质上来看就是具有社会危害性或者具有法益侵害

① 转引自张文显：《二十世纪西方法哲学思潮研究》，法律出版社 1996 年版，第 425～426 页。

② ［美］诺内特、塞尔兹尼克：《转变中的法律与社会》，张志铭译，中国政法大学出版社 1994 年版，第 52～55 页。

③ 高铭暄、陈兴良：《挑战与机遇：面对市场经济的刑法学研究》，载《中国法学》1993 年第 6 期。

性的行为，而无论是社会危害性还是法益侵害性，都不存在一个具体的可供衡量的确定标准，而只能根据比例原则来大致作出相应的判断。有论者即指出，“只要人们对‘危害性’或‘侵害性’的程度无法予以具体量化，‘相对性’就永远是犯罪的一个特性”。[①] 第二，刑法的法益保护具有复杂性。刑法的根本目的即在于保护法益，但是法益保护的范围、保护的侧重点却随着时代、环境的变化而相应地发生变化。例如，早期刑法对于违反道德伦理行为的介入是较为广泛的，但是随着时代的发展以及观念的进步，人们逐渐认识到“不是所有受到社会伦理谴责的行为都可以规定为犯罪。被规定为犯罪的应该是违反社会伦理规范的行为中有必要通过刑罚制裁来强制国民遵守的上升为刑法规范的社会伦理规范的那一部分行为”。[②] 与此同时，刑法往往不是单一对某一种法益进行保护，而是需要对多种不同的法益甚至是存在内在冲突的法益进行兼容式保护，而这些都对犯罪认定的绝对化提出了质疑。第三，犯罪的功能具有双重性。马克思曾经对罪犯作出如下形象的描述：“罪犯生产罪行。如果我们仔细考察一下最后这个生产部门（犯罪）同整个社会的关系，就可以摆脱许多偏见。罪犯不仅生产罪行，而且生产刑法，因而还生产讲授刑法的教授……其次，罪犯生产全体警察和全部刑事司法、侦探、法官等……犯罪使侵犯财产的手段不断翻新，从而也使保护财产的手段日益更新，这就像罢工推动机器的发明一样，促进了生产。”[③] 可以看出，对于犯罪这一行为，如果单纯以憎恨和厌恶的偏颇感情色彩予以评判显然是非理性的，也必将导致对犯罪行为进行打击和刑法取缔的片面理解和偏见。随着人们对犯罪功能的理性化认知，特别是认识到犯罪对社会道德意识进化

① 参见严励等：《中国刑事政策原理》，法律出版社 2011 年版，第 484 页。

② ［日］大塚仁：《犯罪论的基本问题》，冯军译，中国政法大学出版社 1993 年版，第 19 页。

③ ［德］马克思、恩格斯：《马克思恩格斯全集》（第 4 卷），人民出版社 1995 年版，第 233 页。

和社会集体情感的促进所具有的潜在功能时，犯罪的相对性也就自然地凸显出来。

犯罪相对性观念对非犯罪化的形成与发展进行了有力诠释。无论是犯罪评价标准本身具有相对性，还是刑法法益保护具有复杂性，抑或是犯罪功能具有双重性，都要求我们对于在形式上符合刑法要件规定的行为应当以一种更为理性、更具逻辑的思维予以判断，充分认识到罪与非罪之间的合理界限和转化演变，及时将那些已经不符合当前犯罪评价标准的，或者是不符合刑法法益保护要求的，或者是应当以正面功能予以阐释的行为，排除出犯罪圈之外，让其不再受到刑法的干预和评价。恰如美国学者胡萨克所言："我们最大的社会政治失败之一就是对当代诸多问题表现得无能或不愿采取有效的非刑事处理方式来解决。例如，酒精与药品滥用行为通常在刑事司法制度中加以规定，主要是别的制度对此没有规定。比如说这种行为是处于罪与非罪之间的行为是合适的话，那么刑事制裁就不应如此广泛适用，那些构成社会事务合法目的的许多行为并不符合应受谴责与应受申斥行为的范围，因而似乎不适于以刑事方式来处理。"①

（三）刑法谦抑原则

刑法谦抑原则要求对于具有公共危害属性因而符合刑法干预必要性的行为，应当从刑法作为最后手段法、补充法、保障法、第二次法的属性进行是否予以实际干预的考量。简言之，刑法谦抑意指刑法应当坚持谦让、抑制的立场，在必要以及合理的最小限度范围内予以适用。②"刑罚之界限应该是内缩的，而不是外张的，而刑罚该是国家为其保护法益与维护秩序的任务时的'最后手段'。能够不使用刑罚，而以其他手段亦能达到维护社会共同生活秩序及保

① ［美］胡萨克：《刑法哲学》，中国人民公安大学出版社 1994 年版，第 4 页。

② 参见严励等：《中国刑事政策原理》，法律出版社 2011 年版，第 488 页。

护社会和个人法益之目的时，则务必放弃刑罚的手段。”[①] 刑法资源与其他社会资源不同，它本身就受到其他社会资源的制约，在一个可供分配的社会资源极其有限的社会中，更应当注意其使用的效率。刑法的资源有限性特征决定了在采用其他手段能够化解纠纷、处理矛盾、维护秩序时，就应当避免刑法的适用。唯有在其他的法律制裁手段无法达到维护社会所需的秩序时，刑法才可以作为抑制不法行为的最后手段予以适用。[②] 刑法谦抑原则要求刑事政策以及刑法的制定与实施必须讲究刑法资源投入的必要性和有效性，尽力避免不必要、无效甚至是有害的刑法资源投入，特别是应当努力寻求刑罚成为其他法律制裁手段功能不足时的补充手段而非首要考虑手段。换言之，刑罚应当是制裁不法行为的最后一道防线，能不用刑罚的尽量不用，能少用刑罚的尽量少用，刑罚的运用应当力求以最少的投入产生最佳的效益并尽可能地避免刑罚副作用的产生。[③]

需要指出的是，早期的刑法谦抑原则主要是指刑事立法的谦抑而非刑事司法的谦抑。在十八九世纪的形式罪刑法定原则盛行时期，法官根据罪刑法定的要求必须对刑法进行严格解释而不得进行禁止扩大处罚或者保护法益的类推解释，同时也强调有法必依、有罪必罚的机械刑事司法准则，被告人的行为一旦符合刑法条文规定就必须予以依法定罪量刑，即使定罪量刑缺乏实质合理性，而法官则没有解释刑法的司法裁量权限与酌情处理的司法能动空间。20世纪以后，实质罪刑法定原则的观念逐步兴起并发达，刑法谦抑原则从单一强调刑事立法的谦抑转而同样注重刑事司法的谦抑，在继续强调刑法适用解释必须坚持严格解释的同时，亦强调法官在适用解释刑法时应当运用实质合理性理论加以判断和裁量，这使得那些虽然在形式上符合刑法规定犯罪要件但是在实质上并不需要刑法干

① 林山田：《刑罚学》，台湾商务印书馆股份有限公司1983年版，第128页。

② 参见张明楷：《刑法的基础理念》，中国检察出版社1995年版，第144页。

③ 参见梁根林：《刑事政策：立场与范畴》，法律出版社2005年版，第106页。

预的行为能够在符合法律规定的范围内不被认定为犯罪。[①] 根据刑法谦抑原则的基本要求，刑法理论上相应提出了实质的违法性理论、可罚的违法性理论、社会相当性理论、期待可能性理论以及超法规的违法阻却事由和责任阻却事由等一系列旨在限制刑法干预范围、收缩犯罪圈的理论创新；刑事诉讼理论上亦相应发展出了无罪推定、有疑有利于被告等刑事诉讼基本原则和刑事证明基本规则以及不起诉、缓起诉、暂缓宣告等刑事诉讼基本制度。

按照日本学者大谷实的观点，刑法谦抑至少包含补充性、不完整性和宽容性三个基本的思维和判断。补充性是指刑法应当作为保护法益的最后手段予以适用；不完整性是指刑法不应当介入市民生活的各个角落；宽容性是指即使现实生活业已发生犯罪，但是从维持社会秩序的角度来看却缺乏处罚的必要，因而不对其加以处罚。[②] 由此可以看出，刑法谦抑原则为刑事立法和司法中非犯罪化的实现提供了坚实的理论支撑。根据补充性的基本要求，刑法唯有在穷尽其他法律手段都不能实现法益的有效保护时才可以考虑适用，这就要求，对于当前虽然符合刑法规定形式要件的特定行为，如果尚能够通过行政制裁或者民事制裁等其他法律制裁手段对其予以惩戒进而实现法益保护时，就应当从立法上对相关刑法条文予以修改，或者在法律解释上对其加以严格限制，抑或是在司法过程中放弃对其进行刑事制裁；根据不完整性的基本要求，刑法并非社会秩序恢复、社会道德回归以及社会价值规范的“万金油”，并不能介入公民生活的方方面面，尤其是在公民私人关系领域更加需要慎重，这就对一些将仅仅归属于违反伦理道德而不涉及相对人法益侵犯的行为界定为犯罪并加以刑法干预提出了挑战，进而为刑事立法中特定行为非犯罪化的实现提供了积极动因；根据宽容性的基本要

① 参见梁根林：《刑事政策：立场与范畴》，法律出版社 2005 年版，第 113 页

② 参见［日］大谷实：《刑事政策学》，黎宏译，法律出版社 2000 年版，第 86 页。

求，即使特定行为已经发生并且依照刑法规定应当认定为犯罪，但是如果其并不具有处罚的必要，亦可以放弃对其加以刑法干预，而这显然为刑事诉讼过程中对特定行为实现非犯罪化奠定了合理性和正当性的基础。

（四）司法处遇个别化

司法处遇，是指从犯罪的立案开始到刑罚的执行或者改造保护终了为止的一连串刑事司法过程中，从特定罪犯的搜查到决定处遇的刑事审判为止的阶段中犯罪人的处遇。① 所谓“犯罪人的处遇”并不是一般意义上犯罪人的地位和待遇，而是具有特定含义，特指以防止犯罪和便于犯罪人重返社会为目的，而对犯罪人所施加的国家处置和待遇的总体。② 司法处遇是刑事政策学的重要内容，强调赋予司法机关在程序处分上的自由裁量权，并因事、因人而异，从而能够更好地发挥诉讼程序的应有功能，最终达到预防和控制犯罪的目的。司法处遇的基本原则之一就是司法处遇个别化。司法处遇个别化是指在刑事司法程序中，必须综合考察犯罪人实施犯罪行为的环境背景、犯罪人各自不同的品格以及犯罪后的表现等因素，区别实施处遇方法，以使犯罪人能够更好地进行改造和重返社会。根据德国学者李斯特的主张，对于瞬间犯罪人来说，刑罚的威吓所产生的警戒作用，就足以防止这类犯罪人重新犯罪；对于可改善的状态犯罪人来说，提供刑罚的教化和矫治，就可以促使其改过自新，重新适应社会生活；对于不可改善的习惯性犯罪人，一定要使用刑罚将他们从社会中隔离，不使他们继续危害社会。③

司法处遇个别化是对绝对罪刑法定原则在一定程度上的修正，为非犯罪化在刑事司法中的实现提供了较好的理论支撑。根据这一

① 参见［日］大谷实：《刑事政策学》，黎宏译，法律出版社2000年版，第163页。

② 参见孙文红：《刑事政策体系中的司法处遇》，载《国家检察官学院学报》2005年第6期。

③ 参见吴宗宪：《西方犯罪学》（第2版），法律出版社2006年版，第164页。

理论，那些犯罪情节轻微、犯罪后认罪悔罪、积极进行赔偿、获得受害人谅解、可改造性和再社会化可能较强的犯罪人，与犯罪情节严重、犯罪后不知悔改、态度蛮横、可改造性和再社会化可能较弱的犯罪人相比，其主观恶性和人身危险性都较小，国家理应进行区别对待，实施不同的司法处遇，以鼓励前者更好地回归社会。具体而言，在刑事司法过程中，根据司法处遇个别化的要求，对不同类型的犯罪人可以加以区分以便作出不同性质、不同强度的处置和待遇：其一，根据案件具体情况的不同，在刑事强制措施的适用以及其他强制处分的采取上作出轻重有别的决定；其二，根据案件具体情况的不同，对于犯罪情节轻微以及再社会化可能较强的犯罪人应当避免进行过度地刑法干预，并尽可能地使其脱离刑罚的制裁范围，转而通过其他制裁方式甚至放弃制裁的方式处理其违法行为。

四、本书对于非犯罪化的界定

立足于前文对非犯罪化的产生背景、发展历程以及理论立基等论述，现对先前总结的关于非犯罪化语义争鸣的若干问题予以回应，并在此基础之上试图对非犯罪化的基本内涵与外延加以界定，以期对非犯罪化的概念研究有所启发。正如李心鉴博士所言：“‘盲人摸象’用于形容学者摸索某一学科或学说的定义，大概也是恰当的。否则怎么总是说法繁多。当然，倘若大家都自认‘盲人’，承认‘象’是无法凭个人一下‘摸’准的，且把各自的看法凑到一起琢磨，那么，也许就真能‘摸’出‘象’来。”[①]

问题之一：非犯罪化是只能通过刑事立法的单一路径予以实现还是能够通过刑事立法和刑事司法两种路径予以同时实现？

宽容性作为刑法谦抑原则的基本内容之一，就要求在特定行为已经发生并且依照刑法规定应当认定为犯罪的前提下，如果其并不

① 李心鉴：《刑事诉讼构造论》，中国政法大学出版社1992年版，第1页。

具有处罚的必要，刑事司法过程中亦可以放弃对其加以刑法干预，这显然是非犯罪化通过司法路径予以实现的内容。再者，基于法的安定性等要求，法律的修改往往是一个较为漫长的过程，即使是在一个刑事立法较为迅速化、活性化的时代，任何一个法治国家的既有法律也不可能朝令夕改。倘若将非犯罪化限定于仅以立法路径予以实现，其结果必然是导致非犯罪化实现的空间压缩和制度僵硬。与之相反的是，刑事司法的过程却具有相当的灵活性和机动性，能够较好地处理司法实践中出现的虽然形式上符合刑法犯罪要件但实质上不具有刑法干预必要性的情形，使得非犯罪化能够在更大范围内予以实现。

问题之二：非犯罪化产生的实体效果是完全的合法化还是包括行政违法化、民事违法化以及国家中立等处置手段中的一种或者多种?

将符合刑法犯罪要件的行为予以非犯罪化，这本身就是一个经由多重利害权衡的结果，其包含了一定范围内诉求和利益的让渡。早期的非犯罪化实践确实将不少原本认定为犯罪的行为予以合法化处理，但究其缘由，是因为这些行为本身并不应当受到刑法干预，只是由于立法者对于伦理道德的过度要求所导致的结果，如将基于相互同意的成年人同性恋行为予以合法化。合法化是非犯罪化的可能效果之一，但绝对不是也不宜是唯一，否则必将增大非犯罪化在刑事立法和刑事司法中的实现难度。对于一些特定的行为，虽然可以使其免受刑法干预，但这并不等于其能够获得正式的法律承认和社会认可，甚至在绝大多数情形下，国家依然需要保持对这类行为的消极评价，只是摒弃通过刑事手段而改由通过行政手段、民事手段或者采取中立立场予以处理而已。况且，对于经由刑事诉讼程序而实现的非犯罪化，其行为本身依然受到刑法的否定评价，只是司法机关基于公共利益的衡量而不将其作为犯罪处理，并不涉及将该行为予以合法化的问题。

问题之三：通过刑事司法路径实现非犯罪化是只能通过变更判例、变更司法解释等方式还是亦能通过暂停追诉、停止追诉等方式予以进行？

相对不起诉的直接结果就是导致被追诉人在法律上确定居于无罪状态；附条件不起诉如若条件成就，即被追诉人能够切实遵守不起诉所附的义务，追诉机关亦不再对其予以追诉，放弃对被追诉人的刑事处理。上述处理方式，无论是外部特征还是内在特性，都符合对非犯罪化的基本理解，显然应当作为非犯罪化的实现路径之一。仅仅将变更判例、变更司法解释作为非犯罪化的司法实现方式，是对非犯罪化的片面理解，其实质是将非犯罪化理解为刑事实体法的既有内容，而没有认识到刑事程序法上非犯罪化的实现空间。

问题之四：宣告犯罪但免除刑罚以及宣告犯罪但暂缓刑罚执行是否属于非犯罪化的范围？

关于非犯罪化最为经典的表述就是将原本认定为犯罪的行为不再作为犯罪处理。从该角度出发，对非犯罪化进行语义解读，无论是宣告犯罪但免除刑罚还是宣告犯罪但暂缓刑罚执行，都不属于完全意义上的非犯罪化内容。与此同时，非犯罪化的优点之一就是避免犯罪人被贴上有罪的标签，进而不利于其复归社会，而宣告犯罪但免除刑罚或者暂缓执行刑罚则只是避免刑罚对犯罪人的消极影响，犯罪人依然被认定为有罪。但值得注意的是，作为非犯罪化纲领性文件的《非犯罪化报告》，其将“法院科处最低限度或者象征性刑罚”视为非犯罪化的实现路径之一。[1] 诚然，“法院科处最低限度或者象征性刑罚”体现了非犯罪化的发展方向和努力尝试，表现了司法者尽其所能地对形式上符合刑法犯罪要件但实质上需要从轻处理的行为所持有的宽容态度和理性思考，但是其与典型意义

---

① European Committee on Crime Problems, *Report on Decriminalization*, Strasbourg, le 19 Mars 1980, p. 166.

上的非犯罪化还是应当有所区别。为避免非犯罪化与轻刑化、非刑罚化等概念的混淆与误解，且为了论述的集中性与系统性，本书不将刑罚的象征科处、刑罚的免除、刑罚的暂缓宣告以及刑罚的暂缓执行等纳入非犯罪化的内容之中。

作为由欧洲知名法学专家历时多年完成的一份研究成果，《非犯罪化报告》堪称当前国际领域非犯罪化研究的权威文件，这份报告的亮点之一就是将非犯罪化区分为“法律上非犯罪化”和“事实上非犯罪化”。[①]《非犯罪化报告》认为，非犯罪化可以从两个层面予以理解：一是“法律上非犯罪化”（*De Jure* Decriminalization）；二是“事实上非犯罪化”（*De Facto* Decriminalization）。法律上非犯罪化是指通过立法或者对法律的司法解释来收缩刑罚制度对特定行为的制裁，即借由立法手段将原本受到刑法干预的特定行为排除出犯罪圈。根据将特定行为排除出犯罪圈后国家和社会对该行为所持有的不同立场，法律上非犯罪化又可以细分为三种类型：一是将特定行为完全合法化并获得社会认可，亦即将原先与法律相违背的行为认可为法律上的权利；二是特定行为经过排除出犯罪圈后虽然依旧无法完全合法化并获得社会的认可，但是国家对特定行为的评价立场已经改变，进而使得对于该行为的评价趋于中立；三是特定行为虽然已经排除出犯罪圈，但是国家并未放弃对特定行为进行另外干预和处置的权力，该行为依然不受欢迎，只是国家往往选择不对其作出反应而是留给利益直接相关人加以处理。[②] 事实上非犯罪化则是指在刑事司法制度的正式管辖权并未发生改变的前提下，减少刑事司法制度对特定行为或者特定情形的反应。事实上非犯罪化主要通过撤销告诉以及警察、检察官和法官行使自由裁量予以实现，其通常会最终形成法律上非犯罪化。

---

① 具体内容可参见本书第一章第二部分。

② European Committee on Crime Problems, *Report on Decriminalization*, Strasbourg, le 19 Mars 1980, pp. 5-7.

基于上述分析，非犯罪化是指在刑事立法或者刑事司法过程中，将迄今为止作为犯罪加以处罚的行为不再视为犯罪或者不作为犯罪处理。非犯罪化作为国家刑事政策的价值和取向，体现了一国在限制刑法干预对象、收缩犯罪圈涵盖范围方面的努力和尝试，代表着刑事法治走向谦抑、宽和的发展趋势。非犯罪化通常经由如下两种方式予以实现：第一，通过刑事立法的修改或者司法解释的颁布，将原本规定为犯罪加以处罚的行为排除出犯罪圈，不再规定为犯罪；第二，在刑事司法过程中，对于法律规定为犯罪加以处罚的行为，基于特定事由而不再将其作为犯罪处理。第一种方式的非犯罪化是通过对刑事实体法律规范的变更而使得原本被视为犯罪并加以处罚的行为从今往后在法律上不再被视为犯罪，即通过法律（包括立法和司法解释）的修改将特定行为排除出犯罪圈，可称之为“法律上非犯罪化”；第二种方式的非犯罪化则并不涉及刑事实体法律规范的变更，通过该种方式予以非犯罪化的行为在法律上依然被规定为犯罪并需要对其加以处罚，只是在司法实践中基于特定事由或者特殊情形的考量而不将其作为犯罪予以处理，可称之为“事实上非犯罪化”。法律上非犯罪化主要表现为通过修改刑法或者颁布司法解释来删减或者废除部分罪名、严格犯罪认定标准、扩大违法阻却事由等；事实上非犯罪化主要表现为避免进入刑事诉讼程序以及中断刑事诉讼程序等，如拒绝正式登记在案、避免举报犯罪、撤销自诉、不起诉或者缓期宣告等。

需要指出的是，在提及“非犯罪化”时，往往给人以“大量”的感觉，即认为唯有将大量行为不作为犯罪处理方才符合非犯罪化的基本要求，实则不然。一个国家将原本作为犯罪加以处罚的某一种行为在法律上今后不再视为犯罪或者在实践中不再作为犯罪处理，就是非犯罪化的立法或者司法实现。换言之，刑事立法中个别罪名的废除以及刑事司法中个别案件的不起诉或者撤销案件，只要符合非犯罪化的基本特征，就应该将其作为非犯罪化的实现形式。

五、非犯罪化的概念辨析

（一）犯罪化

犯罪化是与非犯罪化相对的一个概念，意指将不是犯罪的行为在法律上规定为犯罪，使其成为刑事制裁的对象。根据罪刑法定原则的基本要求，犯罪和刑罚都必须依照法律的规定，因而犯罪化原则上亦必须通过国家立法的方式予以实现，否则极易使得公民的个人自由随时受到国家公权力的恣意侵犯。但是在司法实践中，由于法律文本固有的抽象性和滞后性等诸多局限，而现实案件又呈现出多变性和复杂性等鲜明特征，这就导致了“法律真空”的出现。“法律有疑问的情况下，法院并不能因此而免于适用法律，法院也无义务一定要采取‘有利于犯罪人的限制性解释’，如同在法律的规定不甚明确的情况下一样，司法者应当首先借助于一般的解释方法（预备性工作、传统与理性材料），从中找到法律的真正意义。”[①] 也就是说，以立法路径来实现犯罪化的原则，并不排斥甚至可以认为同样需要通过变更已有刑法法规的解释和适用来扩大刑法的干预范围作为补充，而这种补充方式即为通过司法路径实现犯罪化。例如，刑法分则存在大量“情节严重”、“数量较大”等量的限制条件规定，如果通过司法解释放宽情节严重的认定标准、降低数额较大的起点标准，就意味着犯罪化在刑事司法中的实现。又如，刑法对一些犯罪的实行行为只作了性质上的限定，但是却没有对行为的具体方式作出规定，司法机关可以在不违反罪刑法定原则的前提下，通过司法解释将原本没有当犯罪处理的行为以犯罪论处。需要指出的是，由于这种解释会扩大刑法的干预范围，进而侵害到公民的个人自由，因而司法中应当防止扩大解释异化为类推解释，而后者则为罪刑法定原则所严格禁止。此外，与非犯罪化能够

① ［法］卡斯东·斯特法尼等：《法国刑法总论精义》，罗结珍译，中国政法大学出版社1998年版，第140页。

在实体法律规范不变的前提下通过刑事诉讼程序设置予以实现不同，犯罪化的司法实现只能通过司法解释的单一方式予以进行，即只能通过变更实体法律规范来实现犯罪化。

（二）非刑罚化

对于非刑罚化（Depenalization）的理解，目前理论界尚无定论。日本学者大谷实认为，非刑罚化是指刑罚的减轻和缓和，其可在刑事立法和司法中予以实现：在立法阶段，非刑罚化是指将作为法定刑的死刑改为徒刑或者将自由刑改为罚金刑等，但是将犯罪变为违反行政法规的行为，即以行政处罚代替刑罚的行为，则不属于非刑罚化而属于非犯罪化；在司法阶段，非刑罚化可以表现为侦查阶段的微罪处分、起诉阶段的不起诉、审判阶段的缓期执行与缓期宣告以及行刑阶段的保护观察、假释等。① 我国学者孙国祥教授认为，非刑罚化是指对于某些犯罪或者某些犯罪分子不用传统监禁刑的刑罚方法而用非监禁刑的方法予以感化和改造，是超越传统刑罚方法范围的新型刑事责任方法。② 应当看到的是，非刑罚化与非犯罪化在理念上存在不少共通之处，二者同样是基于谦抑主义的立场以回避或者缓和刑事制裁、避免自由刑的弊端，从而共同推动着刑事司法朝着更为宽容、缓和、理性的方向发展。并且，在司法实践中，非犯罪化与非刑罚化有机结合的情形亦不在少数，许多刑事法律制度往往同时体现着非犯罪化和非刑罚化的先进理念。从广义上理解，非犯罪化本身即体现着非刑罚化的思想，因为既然不作为犯罪处理自然也就不存在刑罚适用的问题。然而，既然在法律术语上对非犯罪化和非刑罚化进行着不同的文本表达，就应当在内涵与外延方面对二者加以有效区分。非刑罚化还是应当限定在已然宣告有罪的语境之下较为适宜，即非刑罚化着力解决的是是否予以刑罚制

---

① 参见［日］大谷实：《刑事政策学》，黎宏译，中国人民大学出版社 2009 年版，第 115~116 页。

② 参见孙国祥：《论非刑罚化的理论基础及其途径》，载《法学论坛》2003 年第 4 期。

裁的问题而非是否认定为犯罪的问题，而后者则是非犯罪化的语义范畴。鉴于此，非刑罚化应当主要包括如下几个方面的内容：(1) 立法上刑罚的减轻和免除，如扩大免于处罚的范围、降低法定刑的起刑标准以及将刑种降低至低级别等；(2) 审判上刑罚的减轻和免除，如定罪免刑以及从轻和减轻量刑等；(3) 执行上刑罚的减轻和免除，如假释、减刑等。而侦查阶段的微罪处分以及起诉阶段的不起诉等还是纳入非犯罪化的调整范围更为适宜。

（三）非刑事化

与非刑罚化类似，当前对于非刑事化的概念解读同样具有较大的争议。有论者认为，非刑事化就是把过去认为犯罪的行为从刑法上排除，不再给予刑事处罚（或者完全不管，或者转而进行行政制裁），其所涉及的都是轻微罪行，如侵害公共福利罪以及“无被害人犯罪”等。① 显然，该论者所指称的“非刑事化”，其实质等同于非犯罪化，即非刑事化与非犯罪化系同一含义。也有论者认为，非刑事化是一个应当与非犯罪化相区别的概念，非刑事化的外延较非犯罪化而言更为广泛，可以这样说，非刑事化既包括了非犯罪化同时又包括了非刑罚化。② 还有论者认为，非刑事化应当从更为广义的视角予以理解，包括定罪政策上的非犯罪化、量刑政策上的非刑罚化以及行刑政策上的非监禁化等。③ 笔者同意将非刑事化进行广义理解的观点，并认为非刑事化不应等同于非犯罪化，即非犯罪化只是非刑事化的一个方面，其与非刑罚化等其他强调刑事法律宽和以及刑事手段限缩的刑事政策思想共同构成非刑事化。

---

① 参见储槐植著：《刑事一体化》，法律出版社 2004 年版，第 131 页。

② 参见游伟、谢锡美：《非犯罪化思想的现实背景和理论基础》，载《犯罪研究》2002 年第 3 期。

③ 参见李小明、辛军：《“严打”刑事政策与国际上的“非刑事化趋势”》，载《湖北警官学院学报》2003 年第 3 期。

（四）程序分流

程序分流（Diversion），我国亦有论者将其称为“转处”[1] 或者“司法转处”[2]，它是现代刑事诉讼变革的一项重要内容。有论者指出，程序分流存在广义和狭义之分，狭义的程序分流是指对于特定的构成犯罪的案件，在侦查或起诉环节中作出终止诉讼的处理，并且施以非刑罚性的处罚，而不再将其提交至法庭进行审判的制度和做法；广义的程序分流则还包括在审判阶段适用相较普通程序更加简易的程序对案件进行审理。[3] 从程序分流概念的提出以及产生历史来看，典型意义上的程序分流其实就是通过公共和私人的帮助或者利用调解程序，使得原本应当通过刑事诉讼程序予以解决的纠纷和冲突避免进入刑事诉讼程序，已经进入的则在侦查或者起诉环节中断刑事诉讼程序，转而寻求刑事诉讼程序以外的其他措施予以解决，即实现“非刑事程序化”。日本学者西原春夫将程序分流概括为：“避开通常刑事审判程序的审理、决定方式，而由其他非刑罚性处理方式取而代之（转换为非刑罚性措施）。”《元照英美法词典》亦是将“Diversion Program”翻译为“（审前）转化程序”，其含义为“在审判之前将刑事被告人移交社区处理，使其接受工作培训、教育等，如果改造成功，则可能会导致取消指控”。从程序分流的实现方式来看，其与事实上非犯罪化存在着许多重合之处，如撤销案件、避免起诉等，甚至可以将程序分流的具体措施等同于事实上非犯罪化的实现路径。当然，程序分流与事实上非犯罪化在侧重内容上还是存在着一定差异的：其一，程序分流主要是适用于少年非行和青年犯罪，美国作为程序分流的发源地，其相当多的程序分流计划的适用对象都是未成年人；其二，程序分流更加注重在诉讼程序之外寻求刑事

---

① 参见梁根林著：《刑事法网：扩张与收缩》，法律出版社 2005 年版，第 234 页。

② 参见李卫红、王勐：《未成年人司法转处对刑事司法裁判权的侵入与阻断》，载《中国青年政治学院学报》2008 年第 4 期。

③ 参见张晓玲：《刑事诉讼中的“程序分流”》，载《政法论坛》2003 年第 2 期。

纠纷的解决，即尽可能地使用替代性措施代替标准的刑事司法程序，而事实上非犯罪化则主要致力于通过刑事司法程序的适当运行来试图减少乃至消除刑事司法制度对犯罪行为的消极反应，其仍然立足于刑事司法程序本身。①

（五）无罪

对于无罪的理解，应当区分具体的情形来加以准确把握：其一，某一行为在实质上不符合刑事实体法律规范关于犯罪构成要件的规定，此为实体法上的“非罪”；其二，某一行为虽然在实质上符合刑事实体法律规范关于犯罪构成要件的规定，但是由于在诉讼过程中存在证据排除或者程序性违法等因素，最终不能将该行为确定为犯罪，从而导致被追诉人被认定为无罪；其三，某一行为符合刑事实体法律规范关于犯罪构成要件的规定并且依法可以对其加以处罚，但是基于利益或者政策的现实考量，放弃对该行为进行刑事处理，从而导致被追诉人被作为无罪处理。其中，第一种和第二种情形因为缺乏定罪的必要要件，或者基于实体法因素，或者基于程序法因素，不能将其认定为有罪而只能作出无罪处理，即本质上并不构成犯罪，也就不存在非犯罪化的存在空间。但是，第三种情形则是在完全符合犯罪构成要件的规定并且可以进行处罚的前提下作出的无罪处理，本质上构成犯罪而只是放弃将其作为犯罪进行处理，此即为在刑事诉讼过程中实现非犯罪化的方式。之所以对无罪作此细分，并且强调唯有第三种情形的无罪方具有实现非犯罪化的价值，是因为有论者认为非法证据排除规则以及程序性违法等因素

① 20世纪80年代，美国有超过30个州大约140个城市都实施了类似程序分流的计划，其名称虽然不一，如“居民纠纷解决中心”、“邻里审判中心”、“社区调解中心”、“社区委员会计划”“城市法庭工程”等，但是从其表述即可以看出，程序分流都是致力于通过刑事程序以外的措施来解决刑事纠纷，避免刑事程序的启动和进行，从而实现刑事司法程序的合理化并消除刑事司法程序的不良影响。参见梁根林：《刑事法网：扩张与收缩》，法律出版社2005年版，第235页。

应当作为程序法上非犯罪化之正当事由[①]，此诚为对事实上非犯罪化的一种误解。无论是非法证据排除规则还是程序性违法导致的无罪认定，其本质上就不构成犯罪，何谈将其出罪（即实现非犯罪化）？

① 参见杨明：《程序法出罪功能研究》，吉林大学2010年博士学位论文，第83~90页。

第二章　历史与现实：中国非犯罪化的发展

德国学者萨维尼认为，法律就像语言一样，既不是专断的意志，也不是刻意设计的产物，而是缓慢、渐进、有机发展的结果。法律并不是孤立存在的，而是整个民族生活中的一种功能。法律随着民族的成长而成长，随着民族的强大而强大，最后随着民族个性的消亡而消亡。马克思也指出，法律关系以及国家形式既不能从其本身来理解，也不能从所谓的人之心智的进步来解释，而应当从它们所根植于的物质的生活状况加以解释。[①] 厘清非犯罪化的历史脉络，对于正确认知我国非犯罪化的缘起和发展以及科学判断非犯罪化的发展方向而言至关重要。这也正是历史法学派所坚持的观点，即花费在历史研究上的劳动同其所取得的成果可能并不相称甚至很不相称，但是在许多情况下，这种研究大大丰富了我们认知这一法律制度发展所必需的基础知识。

一、非犯罪化的源流回溯——以政策契合为切入

有观点认为，就我国而言，尽管不同的时代为了应对社会现实的需要，不同程度的非犯罪化也会为统治者所采纳，但是非犯罪化从未作为一种刑事政策和刑法改革的方向出现过，非犯罪化思想在刑事立法和司法中找不到踪影。[②] 这一论断似是而非。非犯罪化作

---

① ［美］E. 博登海默：《法理学、法律哲学与法律方法》，邓正来译，中国政法大学出版社 2004 年版，第 92~102 页。

② 参见陈雄飞、张军：《非犯罪化思潮及其对我国刑事政策的意义》，载《广西政法管理干部学院学报》2006 年第 2 期。

为刑事立法和司法的一种发展方向和趋势，因其理论立基以及现实内容丰富而宏大，对其的理解和把握自然也就不宜过于狭窄和生硬，否则将使得非犯罪化研究尤其是非犯罪化的中国化研究变得僵硬和机械，进而成为无源之水、无本之木。虽然典型意义上的非犯罪化实践肇始于第二次世界大战之后的西方社会，且在我国刑事立法和刑事司法的发展完善过程中并不存在非犯罪化的明确提法，从严格意义上来说类似西方国家的非犯罪化运动亦是难觅踪迹，但是综观我国立法和司法实践中的不少法律规定以及刑事政策，却有相当多的内容直接体现或者间接暗合了非犯罪化的积极理念和先进思想，有些甚至直接实现了非犯罪化的主要目的和既有诉求。所有这些，如果不将其看做是我国非犯罪化的历史源流，则显然与非犯罪化的实际发展不相符合。但恰恰相反，正是这些典型的或者非典型的非犯罪化立法和司法积淀，使得我国非犯罪化的发展历程更加饱满和充实。

（一）新民主主义革命时期

早在新民主主义革命时期，中国共产党所领导的革命根据地就在同犯罪作斗争方面积累了很多宝贵经验，其中，诸如严肃与谨慎相结合、镇压与宽大相结合、缩小打击面和扩大教育面以及坚持少捕、少杀原则等政策都很好地体现了非犯罪化思想。1931 年，中央执行委员会非常会议通过的《中华苏维埃共和国中央执行委员会第六号训令》明确指出，“不论在新旧区，对于处置反革命团体……的分子一定要分别阶级成分，分别首要和附和，即对于豪绅、地主、富农、资本家出身的反革命分子以及首要分子应该严厉处置（如宣告死刑等）。对于从工农贫民劳动群众出身而加入反革命组织的分子以及附和的分子，应该从宽处理（如自新释放）”。1942 年，中共中央《关于宽大政策的解释》要求“镇压与宽大必须同时注意”，并强调，“对于一切曾有破坏行为、但是真正表示改悔、确有证据者，我们则必须采取宽大政策。在实施时，又必须区别首要分子与胁从分子。在首要分子中，真心表示改悔者也是可能的，也是有过的。但在胁从分子中，真心表示改悔的可能性最大，过去经验证明也最多。根据此种情形，我们在惩治破坏分子时，主要的应是惩治那些首要分子，其次才是惩治那些胁从分子。同时，我们的宽大政策，主要的是施于胁从分子，其次才是施于首要分子。总之，以表示真心改悔与否为决定政策的标准”。1948年，中国人民解放军总部发布的《惩处战争罪犯命令》提出了“首恶者必办，胁从者不问，立功者受奖”的区别政策。对此，1949年的《国内和平协定》予以了较好的诠释，其第1条第1款第1项阐明：“一切战犯，不问何人，如能认清是非，幡然悔悟，出于真心实意，确有事实表现，因而有利于中国人民解放事业之推进，有利于用和平方法解决国内问题者，准予取消战犯罪名，给以宽大待遇。”综观新民主主义革命期间我国施行的不作为犯罪处理的诸多宽大政策，虽然其实质上更多的是出于革命斗争的需要而采取的政治谋略，并且这些政策背后所蕴含的理论基础与当下典型意义上关于非犯罪化理论基础的基本理解亦存在一定差异，但是无论如何，这些政策毕竟体现了区分对待犯罪行为、限制刑法过度干预的先进理念，事实上也起到了将许多应当被认定为犯罪的行为最终不作为犯罪处理的实际效果，而这些方面都与非犯罪化的应然旨趣是相吻合和一致的。从这一角度来看，我们可以将新民主主义革命时期与非犯罪化相关的政策、法令以及规定等视为我国早期非犯罪化思想的萌芽和孕育。

（二）新中国成立之后

新中国成立后，随着社会主义改造的基本完成，我国进入全面的社会主义建设时期。虽然当时的法律制度还不太健全，但是其间出台的一些刑事政策以及相关法律决定还是能够大致揭示出非犯罪化在我国逐步发展和演变的历程。1956年9月，党的八大会议上时任公安部部长罗瑞卿第一次明确使用了“惩办与宽大相结合的政策”这一提法，并将其具体内容概括为“首恶必办，胁从不问；坦白从宽，抗拒从严；立功折罪，立大功受奖”。虽然此时“惩办与宽大相结合”政策的主要实施对象依然是反革命分子，但是已经比较强调宽大处理而非片面追求惩办。1956年11月，全国人大常委会通过的《关于宽大处理和安置城市残余反革命分子的决定》明确要求：“对于解放前只有一般罪行，解放后没有进行破坏活动，民愤不大的反革命分子，或者解放后虽然曾经有过罪行，而现在已经停止活动的一般反革命分子，只要彻底坦白认罪，一概不咎既往……凡是不予追究的分子、免予刑事处分的分子、刑满释放的分子和被管制的分子，已经有固定职业的，应当随着各项社会主义改造，按行业予以安置。没有职业或者没有固定职业、又没有生活依靠的，由市人民委员会按照下列办法有计划有步骤地进行统筹安排……”尽管这一决定仅仅适用于反革命分子的处理和安置，但是其所体现出来的区别对待、轻重有别的思想以及对犯罪分子进行妥善安置以利于其回归社会的详细措施均具有鲜明的时代进步性。遗憾的是，随着1957年“反右”斗争的扩大以及其后“反右倾”和“文化大革命”等一系列群众运动的冲击，我国尚未完全建立起来的法律体系受到极大的破坏，法律工具论和法律虚无主义盛行，刑罚权的发动和行使往往具有很大的随意性和主观性。在这段时期，本来作为法律最后保障的刑罚手段却沦为了阶级斗争的工具，动辄假刑罚之名行阶级斗争之实，错捕、错判现象较为严重，形成了一大批冤假错案，更是毋庸谈及“非犯罪化”一说。

（三）改革开放之后

1978年，党的十一届三中全会成功召开，这一标志着我国民主政治生活进入崭新时代的重大历史事件为我国法制的复兴和发展创造了宝贵的机遇和广阔的空间。全会提出，“为了保障人民民主，必须加强社会主义法制，使民主制度化、法律化，使这种制度和法律具有稳定性、连续性和极大的权威，做到有法可依，有法必依，执法必严，违法必究”。至此，我国法制建设终得以重新起步，非犯罪化的实现也重新获得了可能的空间。1979年制定的第一部刑法典和刑事诉讼法典均明确规定了“惩办与宽大相结合的政策”，刑法典更是以第 1 条开宗明义地确立了这一政策。然而，1983 年开始的“严打”政策再度对我国非犯罪化的历程造成了较大冲击，特别是司法实务中普遍存在的“重刑主义”思想、“刑法万能”观念等错误的刑罚理念使得非犯罪化几乎很难有发展空间。例如，一味强调破获多少案件、抓获多少罪犯而不去讲求区别处理和轻重有别；片面注重打击和惩罚而忽视犯罪的预防和治理；等等。但其后中央开展的社会治安综合治理工作开始逐步摒弃片面强调打击的陈旧观念，转而注重打击与防范、惩罚与教育、治标与治本相结合。1985 年 10 月，中共中央发出《关于进一步加强青少年教育预防青少年违法犯罪的通知》，明确指出关心和教育青少年、预防青少年违法犯罪是一项综合治理的系统工程，并要求，“认真做好有轻微违法犯罪行为的青少年的帮教工作，教育挽救失足者对于有轻微违法犯罪行为的青少年，要热情耐心地帮助他们进步，把他们教育挽救过来，而不能歧视和嫌弃他们”。1986 年 2 月，全国政法工作会议进一步强调，“近几年的实践证明，社会治安综合治理实质上就是一项教育人、挽救人、改造人的系统工程。要做好这项工作，根本的方法是走群众路线。不能只靠哪一个部门，而是要靠全党全社会；不能只用哪一种方法，而是要用千百种方法；不能只抓一阵子，而是要长期坚持”。1991 年 3 月，全国人大常委会通过《关于加强社会治安综合治理的决定》，要求社会治安综合治理必须坚持“打击和防范并举，治标和治本兼顾，重在治本”的方针，要“加强对违法犯罪人员的教育、挽救、改造工作，妥善安置刑满释放和解除劳教的人员，减少重新违法犯罪”。强调打防结合，突出挽救教育，实现社会治安综合治理，尽可能消除犯罪产生的原因和条件，进而从根本上预防和减少犯罪的发生。这些社会治安综合治理的理念虽不能完全等同于非犯罪化的理论基础，但至少深切体现了我国刑事政策中非犯罪化思想的合理内核。①

二、非犯罪化的法律实践——以立法修改为展开

（一）《刑法》和《刑事诉讼法》的制定

1979年，《刑法》和《刑事诉讼法》先后颁布，两部法律很好地吸收了先前有关惩办与宽大相结合、扩大教育面等体现非犯罪化思想的成功经验，对犯罪的规定进行了严格限制，并为轻微犯罪排除出犯罪圈从法律上留下了可能。例如，1979年《刑法》在分则条文中对一些犯罪的构成还作了"情节严重"、"情节恶劣"、犯罪"数额较大"的规定，在很大程度上限制了犯罪的适用。又如，1979年《刑事诉讼法》在总则部分规定对于"情节显著轻微、危害不大，不认为是犯罪的"，如果已经追究的应当撤销案件或者不起诉；立案时对于"犯罪事实显著轻微，不需要追究刑事责任的"亦可以不予立案；等等。

对非犯罪化体现得最为深刻的当属1979年《刑法》对于犯罪的界定。1979年《刑法》第10条规定："一切危害国家主权和领土完整，危害无产阶级专政制度，破坏社会主义革命和社会主义建设，破坏社会秩序，侵犯全民所有的财产或者劳动群众集体所有的财产，侵犯公民私人所有的合法财产，侵犯公民的人身权利、民主权利和其他权利，以及其他危害社会的行为，依照法律应当受刑罚

① 2004年9月，党的十六届四中全会通过的《中共中央关于加强党的执政能力建设的决定》强调，坚持打防结合、预防为主，专群结合、依靠群众，加强和完善社会治安综合治理工作机制。这是在总结社会治安综合治理多年实践经验的基础上，对社会治安综合治理方针的重要补充。从此，"打防结合、预防为主，专群结合、依靠群众"明确成为社会治安综合治理工作的指导方针，社会治安综合治理工作方针得到进一步丰富和发展。2011年9月，"中央社会治安综合治理委员会"更名为"中央社会管理综合治理委员会"，在保留原有职责的基础上被赋予协调和指导社会管理工作的职责。2014年7月，"中央社会管理综合治理委员会"恢复为"中央社会治安综合治理委员会"，目的是为了集中精力抓好平安建设。

处罚的，都是犯罪；但是情节显著轻微危害不大的，不认为是犯罪。”① 本条规定是刑法对于犯罪的一般界定，采取的基本方式是定性与定量相结合。对此，我国学者储槐植认为，我国自古沿袭并且影响广远的“法不责众”的文化传统要求刑事立法必须以缩小打击面为宗旨并注重刑法的谦抑性，而缩小打击面最为简约的方式就是从犯罪构成的量上进行控制，把没有达到一定数量界限的危害行为排除在犯罪圈之外。② 从非犯罪化的角度加以理解，本条立法规定至少具备两个层面的合理性：一是肯定犯罪的相对性。社会生活千变万化，刑事案件纷繁复杂，如果希冀通过一个不存在例外的犯罪定义来保证司法实践的统一和普适显然不太现实亦不科学，这与形式罪刑法定主义实无二异，而“但书”规定却能够避免对犯罪界定的过于机械；二是为刑事司法留下了裁量空间。这种犯罪定义模式中“情节显著轻微危害不大的，不认为是犯罪”的表述为刑事司法中进行非犯罪化处理留下了可能，使得司法机关在具体案件中能够对一些虽然符合犯罪构成但是实际上不具备可罚性的行为不将其作为犯罪处理。

随着我国刑事法学理论研究的逐步繁荣，特别是法学研究国际交流的增加，理论界对于非犯罪化的认知和理解逐步走向深入，要求在刑事立法修改中积极汲取非犯罪化合理内涵的呼声渐趋明显。1991 年，黎宏、王龙在《论非犯罪化》一文中对我国立法修改工作提出了三点意见：第一，在理论上应当消除对非犯罪化思想的种种偏见和贬低之辞，以科学公正的态度对其进行研究和评价；第

① 本条规定在 1997 年《刑法》中修改为“一切危害国家主权、领土完整和安全，分裂国家、颠覆人民民主专政的政权和推翻社会主义制度，破坏社会秩序和经济秩序，侵犯国有财产或者劳动群众集体所有的财产，侵犯公民私人所有的财产，侵犯公民的人身权利、民主权利和其他权利，以及其他危害社会的行为，依照法律应当受刑罚处罚的，都是犯罪，但是情节显著轻微危害不大的，不认为是犯罪”。

② 参见储槐植、汪永乐：《再论我国刑法中犯罪概念的定量因素》，载《法学研究》2000 年第 2 期。

二，对我国目前刑法修改讨论中建议新增的罪名全面慎重地研究，以决定其取舍。目前，见诸报刊的建议新增罪已近80个，这些罪名的提出从一个侧面反映了人们对刑法的崇拜心理，但显然失之宽泛。如通奸等行为完全可以通过道德、行政手段解决，而完全没有必要将其升格为犯罪；第三，注意修改现行刑法，开辟多种非犯罪化渠道，扩大非犯罪化的范围，有选择地引进一些国外比较成功的非犯罪化立法经验，如缓予宣告制度等。① 其后，沈德咏、汪少华在《刑法修改与非犯罪化问题研究》一文中进一步强调要解放思想、实事求是，大胆地吸收借鉴西方刑事立法的成功经验——非犯罪化理论的合理内核，从而将非犯罪化理论中的一些符合中国国情的观念运用到我国刑法的修改完善之中，并对我国法律修改吸收非犯罪化合理内容的方式予以了详细论述：首先，要以发展的眼光看待问题。罪名除有概括功能、威慑功能外，还应具有评价功能，即代表国家对某种行为给予的法律上的否定评价，如果不对原刑法中一些与当前形势不相适应的罪名大胆地废除，势必会阻碍生产力的发展。因而要从整体上把握刑法罪名的取舍，对于一些不适应形势发展的需要、阻碍社会主义市场经济发展的罪名应当及时加以废止。其次，要破除“刑法万能”的陈旧观念。近年来，虽然“刑法万能”的观念有所淡化，但在人们心目中仍然占有重要位置。例如，一谈到完善刑法，就纷纷提出要增加罪名；一谈到社会治安状况不佳，就一味地埋怨打击不力。虽然其中有时亦存在一定合理性，但是过度和单向强调刑法的干预显然反映了人们对刑法的过分依赖和盲目崇拜心理。因此，在修改刑法时一定要破除“刑法万能”的观点，坚持具体问题具体分析，对于社会危害性较大、需要刑法予以干预的行为，及时将其规定为犯罪，但是对于社会危害性不大、不需要刑法予以干预的行为，应当采取非刑罚方法予以处理。最后，要注重其他社会控制规范的建立和完善，如期建立与刑

① 参见黎宏、王龙：《论非犯罪化》，载《中南政法学院学报》1991年第2期。

法规范相辅相成的完备的社会控制规范体系。一般违法行为不认为是犯罪的，要纳入其他社会控制规范中加以规定，如适用民事、行政制裁手段，从而达到不同法律规范之间的相互衔接，以充分实现对社会的有效调控。①

（二）《刑法》和《刑事诉讼法》的修改

由于非犯罪化认知的逐步厘清以及非犯罪化理论的日趋成熟，我国刑事诉讼法和刑法的许多修改之处都或者是体现了非犯罪化思想的合理内涵，或者是扩大了非犯罪化在我国的实现路径，共同推动着非犯罪化在我国的发展和进步走向深入。

在刑事诉讼法的修改方面，1996 年《刑事诉讼法》中体现出非犯罪化合理内涵之处的主要有：（1）扩大不起诉的范围，不再使用免予起诉。免予起诉是检察机关对依照刑法规定不需要判处刑罚或者免除刑罚的犯罪分子，定罪但不予起诉的一项制度。免予起诉其本义是用于体现“惩办与宽大相结合”的刑事政策，并对轻微案件从轻处理和及时结案发挥了一定的作用。废除免予起诉制度的主要原因在于其未经审判而先行定罪的行为不符合现代法治基本原则以及司法实践中的不当适用导致被告人的合法权利遭受侵犯等。鉴于免予起诉具有定罪的性质，在废除免予起诉的同时，扩大不起诉的适用范围，显然能够实现对部分犯罪情节轻微的行为不作为犯罪处理，这无疑为非犯罪化的实现留下了空间。（2）规定被害人有证据证明对被告人应当追究刑事责任而公安机关或者人民检察院不予追究刑事责任的有权向人民法院起诉，在扩大自诉案件范围的同时强化了被害人的权利保障，而自诉案件范围的扩大显然从另一个侧面丰富了当事人的刑事处分权，为事实上非犯罪化提供了更多可能。此外，2012 年《刑事诉讼法》进一步丰富了不起诉制度的内容，对于未成年人设置了附条件不起诉制度。如果未成年人

① 参见沈德咏、汪少华：《刑法修改与非犯罪化问题研究》，载《中国律师》1996 年第 10 期。

涉嫌刑法分则第四章、第五章、第六章规定的犯罪，可能判处一年有期徒刑以下的刑罚，符合起诉条件，但有悔罪表现的，人民检察院可以作出附条件不起诉的决定。被附条件不起诉的未成年犯罪嫌疑人，在考验期内没有出现违反法定义务情形的，考验期满人民检察院则应当作出不起诉的决定。附条件不起诉制度的设立，使得未成年人所犯的特定罪行能够在一定情形下不再被作为犯罪处理，从而进一步扩大了我国刑事司法过程中实现非犯罪化的空间。

与刑事诉讼法的修改相比，1997 年《刑法》的修改对于非犯罪化的体现可谓更为直接、更加生动，具体内容分述如下：(1) 废除类推制度，进一步明确规定罪刑法定原则。鉴于其时的刑法条文总体数量偏少，可能导致有些犯罪行为必须追究而法律又没有明文规定，1979 年《刑法》规定了类推制度，即对刑法分则没有明文规定的犯罪，经最高人民法院核准可以比照刑法分则最相类似的条文定罪判刑。类推制度的存在使得刑罚的适用范围在很大程度上具有不确定性，并且使得犯罪的认定在实践中容易变得主观和随意，进而导致立法上的犯罪圈与司法中的犯罪圈不相等称和貌合神离。取消类推制度，进一步明确罪刑法定原则，有利于避免司法实践中对相关行为予以不当犯罪化处理，可谓顺应了非犯罪化发展的基本思路与合理精神。(2) 修改正当防卫规定，明确违法阻却事由。1979 年《刑法》对正当防卫超过必要限度的相关规定过于笼统，在实际执行中随意性较大，出现了不少问题。为了保护被害人的利益并鼓励见义勇为，修改后的刑法增加规定“对正在进行行凶、杀人、抢劫、强奸、绑架以及其他严重危及人身安全的暴力犯罪，采取防卫行为，造成不法侵害人伤亡和其他后果的，不属于防卫过当，不负刑事责任”。(3) 修改相对刑事责任年龄人承担刑事责任的范围。1979 年《刑法》规定：“已满 14 周岁不满 16 周岁的人，犯杀人、重伤、抢劫、放火、惯盗罪或者其他严重破坏社会秩序罪的，应当负刑事责任。”1997 年《刑法》将其修改为：“已满 14 周岁不满 16 周岁的人，犯故意杀人、故意伤害致人重伤或者死亡、强奸、抢劫、贩卖毒品、放火、爆炸、投毒罪的，应当负刑事责任。”对比前后法律条文，虽然形式上刑法的修改貌似增加了相对刑事责任年龄人承担刑事责任的罪名数量，但实质上却是减少了相对刑事责任年龄人承担刑事责任的范围，实现了立法上的非犯罪化。一方面，将“杀人、重伤”修改为“故意杀人、故意伤害致人重伤或者死亡”，使得承担刑事责任的对象范围限定在故意犯罪，过失犯罪则排除在外，不需要再行承担刑事责任；另一方面，原先“其他严重破坏社会秩序罪”这一概括性表述具有很大程度的不确定性，将其予以细化和明确实质上减少了相对刑事责任年龄人承担刑事责任的可能性。（4）在刑法分则方面，对部分罪名予以废除或者限制。这些废除、限制的罪名或者已经和当前国家政治、经济和社会情况的发展不相适应，或者规定得比较笼统、界限不太清楚以及执行随意性大，如组织、领导反革命集团罪、聚众打砸抢罪、非法管制罪、伪造、倒卖计划供应票证罪、长途贩运罪等以及投机倒把罪中的长途运输行为、流氓罪中的以恋爱为名玩弄妇女、乱搞两性关系、同性恋之间的性行为等。

此外，在刑法总则条文中，还存在许多“免除处罚”的规定，这些规定构成了在刑事司法中进行事实上非犯罪化的重要事由。例如，第19条“又聋又哑的人或者盲人犯罪，可以从轻、减轻或者免除处罚”；第20条“正当防卫明显超过必要限度造成重大损害的，应当负刑事责任，但是应当减轻或者免除处罚”；第22条“对于预备犯，可以比照既遂犯从轻、减轻处罚或者免除处罚”；第67条“犯罪以后自动投案，如实供述自己的罪行的，是自首。对于自首的犯罪分子，可以从轻或者减轻处罚。其中，犯罪较轻的，可以免除处罚”；等等。之所以将其规定为免除处罚，或者是由于犯罪构成要件的特殊性（如聋哑人、防卫过当、紧急避险、预备犯等），或者是由于犯罪后表现的特殊性（如自首、立功等）。

（三）司法解释的补充

立法实践只是非犯罪化的实现路径之一，而非唯一。法律的修改尤其是基本法律的修改堪为宏大的立法工程，无法毕其功于一役，并且基于法的安定性考量，法律亦不能朝令夕改。因此，在绝大多数情形下，非犯罪化实际上无法通过立法修改的方式予以实现，这就需要司法机关在不违背刑法和刑事诉讼法基本理论、基本原则的前提下通过司法解释的方式对其予以补充完善，而这正是非犯罪化在司法领域实现的重要方面。

在实体法领域，我国司法机关通过司法解释的方式实现非犯罪化主要表现为对情节严重进行严格认定、对数额较大提高起点标准以及扩大违法阻却事由的范围等。以盗窃罪为例。最高人民法院、最高人民检察院 1984 年颁布的《关于当前办理盗窃案件中具体应用法律的若干问题的解答》第 2 条规定："个人盗窃公私财物，一般可以 200 元至 300 元为'数额较大'的起点；少数经济发展较快的地区，可以提到 400 元为起点。"但是，最高人民法院、最高人民检察院 1992 年颁布的《关于办理盗窃案件具体应用法律的若干问题的解释》规定："个人盗窃公私财物'数额较大'，一般可以 300~500 元为起点；少数经济发展较快的地区，可以 600 元为起点。"新刑法颁行后，最高人民法院 1997 年颁布的《关于审理盗窃案件具体应用法律若干问题的解释》第 3 条规定："个人盗窃公私财物价值人民币 500 元至 2000 元以上的，为'数额较大'。"2013 年，最高人民法院、最高人民检察院《关于办理盗窃刑事案件适用法律若干问题的解释》再次对盗窃罪的入罪数额进行调整，该解释第 1 条规定："盗窃公私财物价值一千元至三千元以上、三万元至十万元以上、三十万元至五十万元以上的，应当分别认定为刑法第二百六十四条规定的'数额较大'、'数额巨大'、'数额特别巨大'。各省、自治区、直辖市高级人民法院、人民检察院可以根据本地区经济发展状况，并考虑社会治安状况，在前款规定的数额幅度内，确定本地区执行的具体数额标准，报最高人民法院、最高人民检察院批准。在跨地区运行的公共交通工具上盗窃，盗窃地点无法查证的，盗窃数额是否达到'数额较大'、'数额巨大'、

‘数额特别巨大’，应当根据受理案件所在地省、自治区、直辖市高级人民法院、人民检察院确定的有关数额标准认定……”由此可以看出，虽然刑法对于盗窃罪进行了定性加定量的规定，但是“数额较大”这一定量方式存在进行司法解释的空间，要适时、合理地将盗窃数额认定标准与其时的经济发展状况和社会治安形势相适应。随着经济社会的发展和人民生活水平的提高，要逐步提高盗窃罪数额认定的起点，使得更多范围内的轻微盗窃行为不再归属于刑法调整范围，从而在法律上实现非犯罪化。

在程序法领域，司法机关则可以基于刑事诉讼法的基本宗旨和原则，在不违背相关法律规范的前提下，通过司法解释扩大非犯罪化在刑事诉讼过程中的实现空间，进一步强化犯罪认定和刑罚适用的谦抑和审慎，即通过司法解释拓宽事实上非犯罪化的实现可能。例如，最高人民法院 2007 年 1 月出台的《关于为构建社会主义和谐社会提供司法保障的若干意见》第 19 条指出：“当宽则宽，最大限度地减少社会对立面。重视依法适用非监禁刑罚，对轻微犯罪等，主观恶性、人身危险性不大，有悔改表现，被告人认罪悔罪取得被害人谅解的，尽可能地给他们改过自新的机会，依法从轻、减轻处罚，对具备条件的依法适用缓刑、管制、单处罚金等非监禁刑罚，并配合做好社区矫正工作；重视运用非刑罚处罚方式，对于犯罪情节轻微，不需要判处刑罚的，予以训诫或者具结悔过、赔礼道歉、赔偿损失，或者建议由主管部门予以行政处罚或行政处分……”又如，最高人民检察院 2007 年 6 月发布的《人民检察院办理不起诉案件质量标准（试行）》明确要求对符合以下五种情形之一的依法作出不起诉决定：（1）未成年犯罪嫌疑人、老年犯罪嫌疑人，主观恶性较小、社会危害不大的；（2）因亲友、邻里及同学同事之间纠纷引发的轻微犯罪中的犯罪嫌疑人，认罪悔过、赔礼道歉、积极赔偿损失并得到被害人谅解或者双方达成和解并切实履行，社会危害不大的；（3）初次实施轻微犯罪的犯罪嫌疑人，主观恶性较小的；（4）因生活无着偶然实施盗窃等轻微犯罪的犯罪嫌疑人，人身危险性不大的；（5）群体性事件引起的刑事犯罪中的犯罪嫌疑人，属于一般参与者的。

三、非犯罪化的发展困惑——“式微”与“渐盛”之争

非犯罪化在中国将走向何处？对于这一问题，目前学术界可谓是众说纷纭，或者认为非犯罪化必将成为未来刑事司法的主流发展方向，或者认为非犯罪化在我国的发展空间较为有限。非犯罪化的发展前景到底是式微抑或是渐盛，往往各执一词。概括而言，当前关于非犯罪化的前景争鸣中较具代表性的观点主要有“否定非犯罪化说”、“非犯罪化为主流说”、“犯罪化为主流说”以及“犯罪化与非犯罪化并重说”，具体内容分述如下。

（一）“否定非犯罪化说”

持有此观点的论者从阶级立场出发，以法律与道德的关系为基础对西方国家的非犯罪化提出了强烈批判，认为非犯罪化是“资本主义社会道德堕落的新阶段”，非犯罪化的本质不过是资本主义主义国家虚伪地掩饰其内部不可调和的矛盾。有论者认为，虽然由于不同资本主义国家的政治、经济、传统风俗、外来影响等实际情况的不同决定了这些国家之间非犯罪化的程度和范围亦不相同，但分析资本主义世界非犯罪化的整体趋势，几乎总是表现在有关道德风化的各种犯罪中，这些行为如赌博、卖淫、同性恋、乱伦、吸食毒品、色情书画、公共场合醉酒、非正常的性行为、公然猥亵，此外还有通奸、自杀、堕胎、决斗等。将这些行为予以非犯罪化，体现了当代资本主义道德与传统道德相背离的趋势，实际上说明了资本主义社会中对于道德价值观的深刻变化以及资本主义发展中“新”的道德标准的酝酿萌芽，进而使整个社会面临着重新评定行为善恶的局面。通过资产阶级的非犯罪化进程可以看出，资本主义道德意识和道德秩序的发展不是得到进步，而是越发走向堕落、虚伪和反动。非犯罪化通过将某些行为从法律的禁止下解脱出来，继而成为法律保护的合乎“社会公德”或者起码属于个人自由的行

为范畴，其实质是对当代资本主义社会所无法解决的矛盾的一种妥协。无论从兴起与发展进程，还是从实际作用与效果来看，非犯罪化都代表资产阶级的利益，是资本主义社会矛盾凝积物，是一系列社会反常状态的结果，是资本主义社会道德堕落的最明显、最深刻、最实质的体现。①

(二)“非犯罪化为主流说”

有论者认为，尽管非犯罪化理论的产生动因是出于解决资本主义的社会危机，试图以此推动适应资本主义自由竞争所需要的较为自由和较少约束的法律环境的建立，但不可否认，非犯罪化理论客观上为人类同犯罪行为作斗争提供了一笔共同的财富。非犯罪化既是对传统刑法的审视，也蕴含着对未来刑法发展的展望，必将成为中国刑法发展的必然趋势，其原因大致有如下几点：其一，非犯罪化符合社会进步和文明进化的客观规律。随着社会的不断发展，人类的物质文明和精神文明将不断得到提高，犯罪赖以产生的根本原因将不断得以去除，即使并不排除在社会发展的某一时期犯罪可能出现的上升现象，但就总体趋势而言，犯罪也仍将呈现逐步减少直至消灭的趋势，这是人类社会优化发展的必然结果，非犯罪化也就成为必然趋势。其二，非犯罪化是市场经济发展的必然要求。我国的社会主义市场经济与资本主义市场经济虽然在本质上存在着根本差别，但发展商品经济的一些外在要求却具有共通性，如尊重个体意志和利益、保护公平竞争和自由流通等。为适应上述要求，就需要刑事法律不宜对市场经济的既有内容加以过于限制、约束和干预，对于一些业已失去时代意义甚至成为阻碍市场经济良性健康发展的犯罪规定，应当及时废止。其三，非犯罪化是健全社会主义民主法制的必然要求。促进和保障社会主义民主，单靠运用刑罚手段来打击侵犯公民民主权利的犯罪还是不够的，重要的是要在整体上

① 参见敬大力：《资本主义社会道德堕落的新阶段——非犯罪化》，载《吉林大学社会科学学报》1984 年第 3 期。

考虑确定一个较为缓和的刑法，或者说，确定一个体现非犯罪化等轻刑化趋势的社会主义刑法，为民主权利的行使提供一个宽松的法律环境。①

还有论者指出，时至今日，非犯罪化的价值基础已经为国际社会所公认，中国社会内部的变化也与这些价值发生着“契合”，如更加注重对公民基本人权和自由的保障和维护、更加强调刑法干预的谦抑和适度等，但总体而言，我国无论刑事立法和司法实践中还是更加执著于“重刑惩奸”。基于这一现状，当前中国仅仅强调非犯罪化和犯罪化并重是不够的，还需要更多地强调非犯罪化倾向，否则不足以纠正立法、司法中的积习。②

（三）“犯罪化为主流说”

就目前而言，我国大多数学者特别是刑法学者均主张犯罪化应当作为未来中国的主要发展趋势，认为非犯罪化缺少必要的发展要件，不适宜、不必要进行较大规模的非犯罪化。持有此主张的论者指出，在世界范围内刑事立法的趋势已经不是非犯罪化而是大量犯罪化的前提下，我国未来犯罪化与非犯罪化的发展整体前景是“司法上的犯罪化应是趋势，司法上的非犯罪化应呈颓势”。在今后的相当长时间内，与司法上的非犯罪化相比，我国司法上的犯罪化应是主流趋势，即司法机关应当在遵循罪刑法定原则的基础上积极地推行司法上的犯罪化，其原因大致有如下几点：第一，当今社会非正式的社会控制手段越发弱化，对刑罚的依赖程度逐步提高。一方面，由于个人主义、自由主义的思考与行为样态的浸透，异质价值观得到广泛允许，造成非正式的社会控制手段对新兴行为的规范和调整效果式微，这就不可避免地激发通过刑罚的补充完善、刑法的扩大干预来维持社会秩序、恢复社会关系。另一方面，情节严

① 参见沈德咏、汪少华：《刑法修改与非犯罪化问题研究》，载《中国律师》1996年第10期。

② 参见钊作俊、刘蓓蕾：《犯罪化与非犯罪化论纲》，载《中国刑事法杂志》2005年第5期。

重、性质恶劣的犯罪不断增加，国民对于治安的基本感受呈现恶化，要求扩大刑法处罚范围、加大刑事干预力度的呼声日益高涨，尤其是在当前媒体发达的时代，以往微弱的公民安全保护诉求通过媒体手段被放大，进而对司法机关提出了更为严格的要求。可以认为，国家对公民的刑法保护已经成为公共服务的一项内容。第二，当今社会犯罪的社会危害性普遍加重，要求刑法对犯罪行为阶段的早期介入成为必然。随着社会生活的复杂化以及犯罪行为的科技化，许多犯罪行为一旦实施就可能对社会造成极其严重的后果，因而需要对犯罪可能侵害的法益进行提前保护，即不待行为造成严重后果就对其加以刑法干预。体现在法律规范上，就是要将部分原本并未作为犯罪处理的预备行为，特别是重大犯罪的预备行为、恐怖组织的预备行为实行犯罪化，当然这种犯罪化必须以具有造成法益侵害的危险为前提。第三，随着国际交往的增进以及国家交流的广泛，在本国实施某种行为却侵犯外国国家与公民利益的现象相当普遍，这就对刑事实体法领域国际标准的建立提出了迫切要求。事实表明，一些外国政府和国际组织已经对我国刑法分则有关“数额较大”、“情节严重”之类在犯罪构成要件上进行量性规定提出了异议。虽然我国立法机关不可能完全按照外国政府与国际组织的要求立即修改刑法，但是司法机关却完全可能接受外国政府或国际组织的建议，继续降低部分犯罪“数额较大”、“情节严重”的认定标准。①

与此同时，与国外刑事立法对于犯罪采取立法定性、司法定量的体例不同，我国刑法分则对犯罪构成要件的规定往往同时具有定性和定量的双重规定，如数额较大、情节严重等，将一些在国外可能被视为犯罪的一般违法行为排除在犯罪圈范围之外。我国刑事立法上已经基本将国际社会所称的轻微犯罪、违警罪等排除在犯罪范围之外，即我国刑事立法已经对上述犯罪实行了非犯罪化。在刑法

---

① 参见张明楷：《司法上的犯罪化与非犯罪化》，载《法学家》2008 年第 4 期。

规定的犯罪大抵相当于国外刑法规定的重罪的情况下，司法上的非犯罪化几乎不可能。此外，西方国家的非犯罪化还表现在对无被害人犯罪、自己是被害人的犯罪等单纯违反伦理行为的非犯罪化上，然而我国现行刑法已将单纯违反伦理的行为排除在犯罪之外，如我国刑法并没有将通奸、乱伦、吸毒等行为规定为犯罪。因此，我国在刑事立法体例已经充分实行非犯罪化的前提下，司法上的非犯罪化必然没有很大的空间。换言之，基于刑事立法已经严格限制刑法干预范围以及刑法干预条件的现实，刑事司法没有理由进一步对刑法干预加以限制。再加上随着经济体制改革所伴生的大量法律尚未予以规制的商品经济犯罪等，非犯罪化在当今中国其实并不足以成为一个问题，至少是不足以成为一个根本性问题，而成为问题的倒是非犯罪化的反面，即犯罪化。①

（四）“犯罪化与非犯罪化并重说”

持有该观点的论者认为，犯罪化与非犯罪化均是刑事法律发展和嬗变的主旋律，未来我国应当同时注重犯罪化和非犯罪化的协调发展，不可偏废一方。例如，有论者指出，“犯罪化问题与非犯罪化问题，是我国刑事立法政策的一个重要的命题，不仅关系到刑法对经济生活的干预是否适度，是否能对经济犯罪进行有效的抗制，而且涉及刑法与民商法、经济法和行政法的关系及各自在社会生活中的地位。因此，树立犯罪化与非犯罪化双轨并行的立法模式应当是我国刑事法律走向现代化的重要一环”。② 对于这种单一地从立法层面理解的犯罪化与非犯罪化并重的思想，有论者进行了修正和补充——加入司法元素，以使得二者的并重更为均衡也更合逻辑。该论者指出：“在当前的时代背景下，我国应当实施双面的刑事政策，在犯罪化与非犯罪化的双轨道上进行刑事政策的选择。在立法

① 参见陈兴良：《刑法哲学》（上），中国政法大学出版社 2009 年版，第 10 页；赵秉志：《刑法总论中的争议问题研究》，载游伟主编：《华东刑事司法评论》第 7 卷，法律出版社 2004 年版，第 26 页；等等。

② 严励等：《中国刑事政策原理》，法律出版社 2011 年版，第 499 页。

上应对社会的变化，严密法网；而在司法中则应当贯彻人道、谦抑的思想，适时地实现非犯罪化，为法治冰冷的面孔注入人文温情与道德关怀。”①

还有论者对我国之所以要坚持犯罪化与非犯罪化并重的原因进行了详细阐述。一方面，在社会急剧变化和迅速发展时期，原有的各种社会关系和人们的价值观念会发生重大变化，新的需要刑法评价为犯罪的行为会不断大量涌现，对社会基本秩序维护的强烈渴求会较以往更加强烈，对各种越轨行为哪怕是较为轻微的越轨行为的容忍程度也会较以往下降，此时犯罪化的任务就显得急迫和繁重。此外，法治国家理想的刑法结构应该是法网严密、“严而不厉”，但是我国现行刑法却呈现出法网粗疏、“厉而不严”的结构性缺陷，这在一定程度上加剧了犯罪化的情势。基于中国国情和立法现状，当前和未来相当长一段时间内，犯罪化都将是中国刑法发展的基本趋势。另一方面，鉴于犯罪化是中国刑法的一种惯性发展趋势，而非犯罪化却面临着诸多理念和现实的障碍，因而在刑事政策导向上适度地强调非犯罪化并将其作为未来发展的趋势之一具有重要意义，有利于我国刑事法律的健康发展，并且与强调刑事法律由“厉而不严”向“严而不厉”的结构转变并不矛盾。② 概言之，持有“犯罪化与非犯罪化并重”观点的论者认为，犯罪化与非犯罪化均不是单极化作业，该犯罪化的应当予以犯罪化，该非犯罪化的亦应当及时非犯罪化，即在对那些不需要刑法干预、可以排除出犯罪圈的犯罪行为予以非犯罪化作业的同时，同样需要对那些非动用刑罚不足以有效遏制的各类越轨行为进行犯罪化作业。

（五）本书的基本立场

“否定非犯罪化”这一说法系于20世纪80年代提出，当时我

---

① 张军：《非犯罪化思潮与我国刑事政策路径选择》，载《江苏警官学院学报》2005年第5期。

② 参见郑丽萍：《犯罪化和非犯罪化并趋——中国刑法现代化的应然趋势》，载《中国刑事法杂志》2011年第11期。

国关于非犯罪化的理论研究基本属于空白阶段，再加上“以阶级斗争为纲”的观念影响尚未完全消除，对于非犯罪化的理解难免有失偏颇。不可否认，在非犯罪化的早期阶段，西方国家确实主要围绕“将道德伦理违反行为排除出犯罪圈之外”这一宗旨来展开非犯罪化进程，但其后非犯罪化的发展方向和范围早已不再局限于此，如非犯罪化强调刑罚的宽和、注重处遇的个别化等，而这些显然不只是道德层面的东西，因而单纯以法律与道德的关系为基础来否定非犯罪化就过于片面。此外，虽然非犯罪化起源于西方国家，但其所暗含的一些先进理念和积极价值是符合世界刑事司法潮流发展方向的，对于各国刑事立法和司法的发展具有较好的借鉴意义和参考价值，贸然以阶级立场来否定非犯罪化，进而反对将其合理成分汲取至我国刑事法律之中也是不恰当的。

除却“否定非犯罪化”说因其固有的时代局限性在当下已然不能获得普遍认可外，“犯罪化为主流”、“非犯罪化为主流”以及“犯罪化与非犯罪化并重”均在我国当前刑事理论界分别具备一定的市场，一时似乎难以区分伯仲。其实，无论是“犯罪化为主流说”，还是“非犯罪化为主流说”，抑或是“犯罪化与非犯罪化并重说”，虽然各自对于非犯罪化的未来前景看法不同，但还是存在着一个共同立场——肯定非犯罪化的正面价值和积极意义，分歧则主要在于非犯罪化能否成为未来中国刑事司法的发展方向甚至是主要发展方向。究其本质，还是不同论者对非犯罪化基本内容的认识差异以及对我国司法现状和现实国情的理解不同。展望非犯罪化在中国之未来发展，较为理性的做法自然是不能通过演绎的逻辑而需要通过归纳的逻辑。预先设定一个既有论断（无论是肯定非犯罪化抑或是否定非犯罪化），以此为基础来寻求论据并试图论证该论断的合理性，都易于陷入自说自话的尴尬境地，其所得出的结论往往貌似充分合理实则有欠妥当。非犯罪化能否在中国实现其应有的发展，非犯罪化是否会成为中国刑事法律发展的主流方向，回答这些问题需要建立在对我国刑事立法和司法实践的现实状况以及未来发展进行深刻、准确分析的基础之上，否则就会使得非犯罪化的中国化研究变得空洞和虚无，既不能以理论说服于他人，亦不能以实践服务于大众。

四、刑法结构的转向——法律上非犯罪化前景有限

结构分析法认为，按照一定原理或者规律对一定种类的要素进行排列组合以构成一个具有特定功能的整体（即系统），整体内部各要素之间通过有规则的相互作用进而呈现出一定的关系状态，这种关系状态就是事物的结构。结构分析方法起始于自然学科，后来为社会科学所借鉴并逐渐成为社会科学发展的重要方法论基础。何谓刑法的结构？有论者指出，刑法的结构可以从三个方面予以理解：一是作为结构要素的罪和刑，罪包括犯罪的构成及种类，刑包括刑罚的种类和运用；二是罪与刑之间的逻辑关系，包括定罪与量刑之间的因果关系和对应关系；三是刑法的结构功能，也就是立法者所期望的通过刑法实施而实现的法律效果和社会效果，如控制犯罪和法制教育等。① 有论者对于这一刑法结构划分方法提出了质疑，认为“将刑法系统内的诸要素等同于罪与刑两个要素，有使刑法结构过于简化之嫌。事实上，尽管罪与刑是刑法结构中的两个关键要素，但刑法结构绝不只是两者的相互关系和组合形式，刑法结构还应当包括刑法典与单行刑法、附属刑法的协调，以及刑法与治安管理处罚法、违法行为矫治法（劳动教养法）等的协调，乃至刑法内部各条文之间的协调”。② 对于上述分歧，究其根源还是研究视角的差异，即是从刑法的内在机理出发还是从刑法的外在表现出发。为此，不妨将以罪与刑为主线的刑法结构称之为“刑法的实质结构”，把以刑事实体法律规范的各种表现形式为主线的刑法结构称之为“刑法的形式结构”。对于非犯罪化而言，其主要涉

① 参见毛国芳：《试析我国刑法的结构》，载《政治与法律》1989 年第 5 期。

② 刘仁文：《关于调整我国刑法结构的思考》，载《法商研究》2007 年第 5 期。

及的还是犯罪圈范围如何准确划定这一问题，因而“刑法的实质结构”显然更具有研究价值和意义。

（一）刑法结构的当前特征——犯罪圈狭窄

储槐植教授认为，根据定罪面和刑罚量配置组合方式的不同，刑法的结构可以分为“不严不厉”、“厉而不严”、“严而不厉”以及“又严又厉”四种基本模式。所谓“严”，是指刑事法网的严密和刑事责任的严格，即刑事立法对确实需要犯罪化的行为及其构成要件均作出了相对完备的规定；所谓“厉”，则是指刑罚制裁的苛厉，即刑事立法对法律规定为犯罪的行为科处较重的刑罚。① 这种刑法结构的划分模式无疑为犯罪圈和刑罚量的优化配置提供了崭新的思路。据此，我国当前的刑法结构总体上呈现出“厉而不严”的基本特征，即刑事法网尚不严密而刑事制裁较为苛厉。具体来讲，我国刑法的“不严”主要体现在如下两点：第一，我国刑法所调整的基本上都是社会危害性较重的行为，并未将一些在西方国家被视为轻罪或者违警罪的轻微违法行为纳入调整范围之内；第二，我国刑法对于犯罪的定义绝大多数是采取“定性加定量”的模式，而不是类似于西方国家仅对犯罪进行定性规定，即我国许多罪名的犯罪构成要件方面存在量化标准。例如，从国外的刑法规定来看，砸坏他人普通水杯构成故意毁坏财物罪，打人一耳光构成暴行罪，殴打他人导致皮下出血构成故意伤害罪，一般的骂人也会构成侮辱罪，如此等等。② 又如，我国对于财产类型的犯罪往往要求达到“数额较大”的程度，对于人身伤害类的犯罪往往要求达到“轻伤”以上的标准，对于侮辱、诽谤以及过失类犯罪往往要求符合“情节严重”的情形等。我国刑法的“厉”则集中体现为刑罚体系中的轻重刑失衡，十年以上有期徒刑、无期徒刑以及死刑等重

---

① 参见储槐植：《严而不厉：为刑法修订设计政策思想》，载《北京大学学报（哲学社会科学版）》1989 年第 6 期。

② 参见张明楷：《司法上的犯罪化与非犯罪化》，载《法学家》2008 年第 4 期。

刑种在刑罚体系中的比例还是过重，而管制、拘役、罚金以及短期自由刑等轻刑种在刑罚体系中则分量偏低，无论从绝对数还是比例数来看在各国刑法中都不多见。

我国刑法呈现出“厉而不严”的模式应当是多方因素共同作用的结果，但最为主要的还是受到“立法宜粗不宜细”以及“法不责众”思想的影响。我国真正走上法治化道路应当还是在改革开放之后，起步的迟缓决定了我国很长一段时间以来立法水平都处于较为落后的状态。在早期刑事立法时，如何把握好犯罪化的标准是刑法理论都未能清晰回应的问题，具体到罪名确定方面，将一些亟须规制且理所应当的严重违法行为纳入犯罪圈，自然就成为比较取巧的做法，而精细型的犯罪化操作因实施难度较大而一时难以实现，这从1979年《刑法》条文的数目上就可见一斑。此外，“法不责众”历来在我国存在广泛影响，其在立法上体现的直接结果就是犯罪圈的尽量收缩——尽可能宽容那些虽然具有一定危害性但是在现实社会中广泛存在的行为。“法不责众”的另一后果就是导致了刑罚的重刑化倾向，基于犯罪圈范围本已较为狭窄这一现实，对于进入犯罪圈的行为科以重罚也就成为理所当然的事情。

鉴于现行刑法结构中犯罪圈较为狭窄的特征，我国刑法仅仅是调整社会危害性较为严重的违法行为，而现实生活中大量不构成犯罪且需要对其加以处理的违法行为则只能交由刑法以外的其他法律规范予以调整，其中最为主要的方式就是交由警察权调整，从而导致了正如本书在引言部分所述的一系列实践困境。此外，正如有论者所指出的，“我国刑法的处罚范围小，在某种意义上说，非犯罪化远远走在世界各国的前列。但是，这并不意味着刑法的进步，更不等于法治的进步。大量的轻微犯罪行为，常常严重扰乱社会秩序，成为构建和谐社会的严重障碍。如果不认真对待，习惯于‘抓大放小’，必然导致‘由小变大’，从而妨碍国民生活与社会稳定。同西方国家相比，我国的犯罪率似乎并不高，但国民的体感治安很差。其中的重要原因之一是许多轻微的犯罪行为没有得到依法处理”。[①] 罪名罪状设计标准的不严密，必然导致相当多的违法行为无法进入刑法调整范围之内，进而导致了不少纵罪漏网现象的存在，使得官方统计的犯罪率与公众实际的治安感受严重不相符。并且，犯罪圈过于狭窄虽然看上去使得司法成本耗费减少，因为更少的犯罪进入了刑事司法程序，但实际上由于纵罪漏网所导致的附加治理成本其实远远高于所节约的司法成本。

（二）刑法结构的模式转变——犯罪圈适度扩张

针对我国当前犯罪圈狭窄的刑法结构所存在的诸多弊端，有论者提出应当实现我国刑法结构从“厉而不严”向“严而不厉”的转变，并认为，各国刑罚运作的实践证明，刑罚的威慑效应并不单纯取决于刑罚的严厉性而是更多地取决于刑罚的确定性和公正性，且提高刑罚的确定性有利于减少轻罪发展成为重罪的可能，摆脱“厉而不严”这一刑法结构所带来的犯罪量和刑罚量同步增长的恶性循环，进而将严重犯罪率和重刑适用率维持在较低水平。[②] 所谓“严而不厉”，是指要尽可能地将那些符合犯罪化标准的行为纳入犯罪圈范围之内，但与此同时刑罚制裁体系不能苛厉，应当确保刑罚的适度和必要，实现罪责刑相适应。根据“严而不厉”的基本构思，犯罪嫌疑人实施犯罪而漏网的概率大大下降，追诉率、定罪率和判刑率相应提高，这固然在一定程度上会增加国家刑事司法系统的工作负担，但是，由于“严而不厉”更加强调刑罚适用的适度和必要，单位犯罪的平均刑罚量大大下降，从而使得国家司法资源总体投入得到了严格控制。

理性分析，无论是立足于解决我国当前刑法结构设置所存在的弊端和问题，还是放眼于我国刑法未来的发展方向，从立法上适度

---

① 参见张明楷：《刑事立法的发展方向》，载《中国法学》2006 年第 4 期。

② 参见储槐植：《严而不厉：为刑法修订设计政策思想》，载《北京大学学报（哲学社会科学版）》1989 年第 6 期；另见梁根林：《刑事法网：扩张与限缩》，法律出版社 2005 年版，第 162 页。

扩大犯罪圈的划定范围，严密刑事法网的调整内容，应当是大势所趋、潮流所向。

第一，在当前已然取消劳动教养的基础之上，未来理当进一步取消收容教育等仅经由行政机关即可决定长期剥夺和限制公民人身自由的措施。至于如何规范此类行为并协调法律的统一性、保证法律的确定性，有论者提出将治安管理处罚、劳动教养连同其他保安处分措施一并纳入刑法，分别由违警罪、轻罪、重罪和保安处分等几块内容组成，后三者都必须由法院判处，但在法庭组成方式和审判程序上可以有繁简之分。这样就能理顺各块内容之间的关系，并防止同一性质的行为受到不同机关不同方式的追诉。① 从目前我国的基本国情以及司法的现实状况来看，欲要将涉及行政机关决定的所有剥夺或者限制公民人身自由的措施纳入刑法的调整范围不太现实也没有必要，否则一方面会使犯罪圈的范围过于庞大，另一方面也会使行政机关在日常治安管理上难以有效地开展工作。比较可行的做法是，适度扩大犯罪圈的范围，在取消收容教育、劳动教养等仅由行政机关即可决定的长期剥夺或限制公民人身自由措施的基础上，将实践中确实需要通过此类措施加以规制的违法行为纳入刑法的调整范围之内，进而使得这些行为能够转由司法程序而非行政程序加以处理，而将公安机关处理违法行为的权限则限制在治安管理处罚范围之内，如行政拘留、罚款、警告等。这一做法看上去貌似加重了对此类行为的处罚力度，有重刑化、泛刑化之嫌，但事实上，如此改革的根本立基即在于改变目前对这些行为的处理形式上从轻但实质上从重且缺乏正当程序保证的不公正做法。此外，立法上对这些行为进行犯罪化与司法中最终如何处理这些行为是两个层面的问题，通过司法程序的良性和恰当运作，完全可以保证行为人在实体上不受到过重的处理、在程序上获得应有的尊重和保障，具

---

① 参见刘仁文：《关于调整我国刑法结构的思考》，载《法商研究》2007 年第 5 期。

体内容将在后续部分予以详述，此处不再赘述。

第二，从我国刑事立法的基本实践来看，虽然其间存在一些废除过时罪名的做法，但是总体而言还是在不断充实分则罪名规定、严密刑事法网，即我国刑事立法主要还是在沿着犯罪化的路径予以完善。1979 年《刑法》颁布后至 1997 年《刑法》修订前，立法机关先后颁布了 23 个单行刑法，犯罪范畴不断被扩大。1997 年八届全国人大五次会议修订通过的刑法更是将 1979 年《刑法》的 192 个条文增补为 452 个条文，其中刑法分则部分由 103 个条文增补为 350 个条文，修订幅度可谓巨大。1997 年《刑法》颁布至今，立法机关已经颁布了 1 个单行刑法、9 个刑法修正案，仅从罪名来看，就已经从 1997 年刑法的 413 个罪名增加到了当前的 452 个罪名。可以预见，随着社会的发展和时代的进步，还将陆续会有新兴的符合犯罪化标准的行为被纳入犯罪圈之内，受到刑法的干预和调整，如恐怖犯罪、网络犯罪、高科技犯罪等。

第三，随着国际交往的日益加深，全球化浪潮促使国际市场规范、环境污染防治、跨国犯罪打击、国际恐怖主义等问题越发超出单一国家所能控制的范围而成为世界各国共同面临的难题。自 20 世纪中叶以来，刑法的国际化发展趋势逐步明显和加强，国际社会为制裁种族犯罪、海盗犯罪、劫持航空器或者人质、跨国毒品交易等非法行为陆续通过了一系列国际刑事法律规范，要求条约成员国通力合作以加强对国际犯罪的控制和处理。对此，有论者即指出，“随着经济全球化、市场化的发展，当今世界各国在政治、经济、文化、法律等领域的相互交流与协商、相互借鉴与吸收、相互依赖与合作大大加强，刑法国际化的发展趋势将更加强劲。我国作为法治后发型国家，其刑法现代化的必然途径之一就是刑法的国际化”。[①] 我国《刑法》第 9 条规定：“对于中华人民共和国缔结或参

① 苏彩霞：《刑法国际化视野下的我国刑法理念更新》，载《中国法学》2005 年第 2 期。

加的国际条约所规定的罪行，中华人民共和国在所承担的条约义务的范围内行使刑事管辖权的，适用本法。”由此可见，我国刑法与国际刑法相衔接的法律基础是具备的，国际公约中的刑事法律规范应当在我国刑法体系中得到认可和适用。但是具体到刑法分则来看，我国虽已将涉及废物、恐怖活动、黑社会性质组织、洗钱等非法行为规定为犯罪，但是对于国际公约中明确规定的诸如种族灭绝、种族隔离、海盗、贩奴等行为却并没有进行犯罪化处理，这方面的缺憾还当在日后加以完善。此外，如前所述，我国刑法的犯罪定义模式与国际通行做法还存在一定的差异，但是自 20 世纪 90 年代以后，刑事实体法领域就已经逐步形成国际标准并要求各国完善国内立法与司法，而事实上一些外国政府和国际组织已然对我国刑法分则有关“数额较大”、“情节严重”之类的定量限制提出异议，虽然我国立法机关不可能完全按照外国政府与国际组织的要求修改刑法，但是司法机关完全可能接受外国政府或国际组织的建议继续降低部分犯罪“数额较大”、“情节严重”的认定标准，此即在刑事实体法领域通过司法路径予以犯罪化。①

当然，严密刑事法网、严格刑事责任并不等于抹杀犯罪行为与道德违反行为或者是一般违法行为的区别和界限，并不能够任意扩大刑罚干预范围。具体到对某些行为进行犯罪化时，仍然要求严格区别犯罪行为与道德违反行为、民事违法行为、行政不法行为，坚持刑罚干预的谦抑性原则、必要性原则和最后手段性原则，严格控制刑罚触须延伸的范围。② 更重要的是，在对当前尚属于行政法律

① 参见张明楷：《司法上的犯罪化与非犯罪化》，载《法学家》2008 年第 4 期。

② 该论者还认为，对行为进行犯罪化应当从定性和定量两个方面予以限制。在定性上，纯粹思想领域的活动不得被宣布为犯罪，纯粹私人之间的行为不得被宣布为犯罪，行使宪法权利的行为不得被宣布为犯罪，身份和状态不得被宣布为犯罪，没有罪过的行为不得被宣布为犯罪，对不具常态性和普遍性的危害行为应当慎重犯罪化，对利害交织的模糊状行为应慎重犯罪化；而在定量上，应当坚持必要性原则、可行性原则和统一性原则。参见梁根林：《论犯罪化及其限制》，载《中外法学》1998 年第 3 期。

规范调整的行为予以犯罪化时，必须切实把握好犯罪化的具体标准，如民事法和行政法的制约、刑事政策和公共危害性的制约等，并且更加注重在“不厉”方面作出努力，实现刑事法网严密与刑事制裁轻缓的齐头并举和相得益彰。

综上所述，基于刑法结构转向以及犯罪圈适度扩张的趋势考量，未来一段时期内我国刑法领域还是仍将以犯罪化为主要发展方向，在科学合理地严密刑事法网的同时实现刑事制裁的轻缓和宽和，进而保证犯罪圈和刑罚量的优化配置和良性运转。对于法律上非犯罪化而言，有论者认为，我国未来法律上非犯罪化主要有两类：一是无被害人的犯罪，包括赌博、不针对未成年人的淫秽物品犯罪以及“安乐死”等，这些行为本身没有直接侵害他人的利益，不能仅以防止其他犯罪或者维护道德风尚为由而动用刑罚制裁；二是经济领域的一些由于转轨时期规范缺失导致的危害行为，随着中国市场经济在国际市场洗礼中的逐步成熟，相关的配套设施和法律规范也会逐步完善，经济方面的不规范行为将能够得到刑法以外的其他规范甚至是非制度性规律予以有效调整和遏制。① 对于前者，目前理论界对于无被害人的犯罪予以除罪化处理尚且争议较大，保守预期在未来一段时间内应该难以取得共识；对于后者，虽然存在一定的实现可能，如“非法吸收公众存款”这一罪名当前即已展开除罪化的热论，但是总体来看，危害市场经济秩序罪方面能够予以除罪化的罪名数量实在有限。因而，除却因应时代发展而将一些已然与现实需求不相符合的罪名予以删除以及对一些定性加定量的罪名通过司法解释提高犯罪认定标准以外，通过实体法律规范的修改来实现非犯罪化在今后一段时期内并不存在太大的发展空间。简言之，法律上非犯罪化在今后一段时期内将呈现出式微之前景，难以成为我国刑事法治发展的主流趋势。

---

① 参见钊作俊、刘蓓蕾：《犯罪化与非犯罪化论纲》，载《中国刑事法杂志》2005 年第 5 期。

第三章　程序法实现：中国非犯罪化的未来

鉴于刑法结构的转向设计，尤其是犯罪圈的适度扩张预期，我国刑法的干预范围在未来一段时期内主要还是呈现出进一步扩大之势，法律上非犯罪化发展自然就会表现为式微之势。但是，法律上非犯罪化的前景黯淡是否意味着我国非犯罪化发展的穷途末路？对于我国非犯罪化的未来发展又应当秉持何种立场与态度？对这些问题的理性解答和准确回应，主要关乎两个方面的内容：一是对非犯罪化的实现路径或者说是实现方式进行正确认知；二是对我国非犯罪化的实现基础或者说是实现可能加以科学判断。

一、事实上非犯罪化——非犯罪化的程序法实现

“概念乃是解决法律问题所必需的和必不可少的工具。没有限定严格的专门概念，我们便不能清楚地和理性地思考法律问题。没有概念，我们便无法将我们对法律的思考转变为语言，也无法以一种可理解的方式把这些思考传达给他人。”① 展望非犯罪化的未来图景，需要先行确立一个基本的对话逻辑，这就是说我们对于非犯罪化的理解应当持有一个大致相同的认知立场，无论是内在含义还是外在表现，否则根本无法进行有效对话，遑论理论争鸣，此正谓“皮之不存，毛将焉附”。综观当前我国关于非犯罪化的发展前景所产生的各种理论争执和意见相左，其根源往往还是在于对非犯罪

① ［美］E. 博登海默：《法理学、法律哲学与法律方法》，邓正来译，中国政法大学出版社 2004 年版，第 504 页。

化最为基本的概念性内容存在理解差异甚至是认识误区，进而导致了对我国非犯罪化未来走向的误判。

（一）程序法实现的提出

综观我国现有的关于非犯罪化的学理研究，对于非犯罪化理解的单一化和片面化现象较为严重。不少论者在提及非犯罪化时大都只是将其等同于法律上非犯罪化，而很少关注到事实上非犯罪化。亦即，将非犯罪化局限在刑事实体法律规范的变更，包括刑法以及相关司法解释的制定、修订和修改等，而忽视通过刑事诉讼的程序运行和制度适用来实现非犯罪化。例如，有论者认为，“非犯罪化，是指取消某种罪名，排除某种行为应受刑法规制的性质，如取消渎神罪这种宗教性质的罪名，取消弑君罪和侵犯王族罪这种君主制度下的罪名。此外，像通奸罪、同性恋罪等风化犯罪也被取消。现在西方国家非犯罪化的类型多是‘无被害人的犯罪’”。① 又如，有论者指出，当前我国存在刑事处罚和行政处罚之分，大量违反行政管理法规的行为属于行政法规而非刑法调整，而一些犯罪尤其是财产犯罪的构成标准较高，因此我国犯罪化程度远远不如西方国家，没有实行非犯罪化的客观需要。②

之所以出现上述对于非犯罪化概念认知的误解以及发展前景的误判，研究视域的局限首当其冲，即当前我国有关非犯罪化的研究主要还是由刑法学者加以展开，而刑事诉讼法学者虽然事实上对不起诉、自诉等非犯罪化实现机制进行着大量研究，但是却鲜有从非

① 刘守芬、韩永初：《非犯罪化、非刑罚化之理性分析——报应刑刑事政策视角的观察》，载《现代法学》2004 年第 3 期。

② 参见陈兴良：《刑法的价值构造》，中国人民大学出版社 1998 年版，第 405～406 页。

犯罪化的角度对相关问题予以系统阐述。[①] 研究视域的局限必然导致对非犯罪化认知和理解的偏差，其直接结果就是事实上非犯罪化这一借由程序法来实现非犯罪化的重要方式遭到忽视，进而以实体法领域需要进行犯罪化而不是非犯罪化为由消极看待我国非犯罪化的未来发展空间。除却研究视域的局限外，人们长期以来对于非犯罪化的认知和理解固守其原初形态而忽视非犯罪化经由时代发展所发生的理论演变和内容延伸，也是导致对非犯罪化中国发展前景的判断产生偏差的重要缘由。不可否认，非犯罪化在西方兴起之初确实是立足于从刑法罪名上进行删减，如将一些道德伦理失当行为排除出犯罪圈以回应个人自由主义的兴起以及将一些轻微违法行为排除出犯罪圈以应对“刑法危机”的膨胀，所有这些都主要表现为法律上非犯罪化。但时至今日，非犯罪化早已不再是单纯作为一种缩小犯罪圈的手段而存在，其更是体现了对保证刑法谦抑、尊重个人自由、实现区别处遇等一系列先进理念的追求，表达了刑事立法和司法更为宽和、文明和人道的价值取向。就这一层面而言，不论当前刑事法网如何狭窄，亦不论未来刑事法网如何转向，我国都应当吸收和借鉴非犯罪化所蕴含的深刻理念和价值，并以其为指引来不断完善刑事立法和司法制度。也就是说，非犯罪化不仅是作为一种限缩犯罪圈的手段和机制存在于刑事立法和司法之中，它更是作为一种先进的政策思想和价值取向引领着刑事立法和司法的发展方向。正如有论者所言：“对于非犯罪化思想的理解不应仅止于其废除了多少罪名的角度而做简单的定论，对其借鉴不应局限于所谓的

---

① 笔者通过中国期刊网以“非犯罪化”为篇名关键词进行公开发表的学术文章搜索查询，其中，属于刑事诉讼法学领域对非犯罪化加以研究的文章数量较为有限，较具代表性的主要有：汪建成、杨微波：《论犯罪问题非犯罪化处理的程序机制》，载《山东警察学院学报》2006 年第 3 期；贾学胜、梁玉霞：《论刑事程序法上的非犯罪化》，载《求索》2008 年第 5 期；郭小亮：《论我国非犯罪化的司法路径》，载《西南政法大学学报》2009 年第 3 期；贾学胜：《司法上的非犯罪化及其中国实践》，载《云南社会科学》2013 年第 6 期；等等。

现实条件不符的简单层面，前社会主义国家的非犯罪化实践本身已经说明非犯罪化思想的意义在其价值观念中，在于其所蕴涵的刑法的最后手段性、社会防卫手段的多样性及对人的权利的充分理解和尊重上。”①

事实上，根据当前国际刑事司法领域对非犯罪化的研究和理解，非犯罪化的表现形式并非是单一的，其存在法律上非犯罪化和事实上非犯罪化之分。前者是通过刑事实体法律规范的变更使得原本被视为犯罪并加以处罚的行为从今往后在法律上不再被视为犯罪，即通过法律的修改（包括立法和司法解释）将特定行为排除出犯罪圈；后者则并不涉及刑事实体法律规范的变更，而只是在司法实践中基于特定事由或者特殊情形的考量，将法律规定为犯罪的行为不再作为犯罪予以处理。法律上非犯罪化主要由刑法予以调整，涉及刑法罪名的删减和废除、犯罪实体认定标准的严格和提高等刑事实体法律规范的修改变更，可称之为“非犯罪化的实体法实现”；而事实上非犯罪化则主要由刑事诉讼法予以调整，是在刑事实体法律规范并未发生变化的前提下，通过刑事诉讼程序的运行、刑事自由裁量的行使所进行的非犯罪化实践，亦可称之为“非犯罪化的程序法实现”。简言之，非犯罪化的实体法实现，就是借由实体法律规范的修改和变更来实现非犯罪化；而非犯罪化的程序法实现，则是借由刑事诉讼程序和制度的运行来实现非犯罪化。当然，根据法律上非犯罪化和事实上非犯罪化各自所受法律调整规范的不同，从而将非犯罪化的实现方式区分为实体法实现和程序法实现，只是为研究的集中性和系统性所作的学理划分，实际上，在进行事实上非犯罪化的过程中，亦可能同时涉及实体法和程序法的相关规定，因而对于这一区分的理解不能过于机械化和绝对化，否则对于非犯罪化的研究就会走入刻舟求剑、形而上学的误区。

---

① 严励等：《中国刑事政策原理》，法律出版社 2011 年版，第 496 页。

（二）程序法实现的优势

作为当前国际范围内非犯罪化研究最为权威的成果，欧洲委员会的《非犯罪化报告》中虽然并没有对事实上非犯罪化进行详细论述和专门研究，但还是大致描绘了事实上非犯罪化的实现路径，主要有不把实施犯罪的人交给警察处理、警察通过行使自由裁量权对特定案件不采取行动或者转交其他社会系统处理以及检察官行使自由裁量权不起诉犯罪等，所以这些都是借由程序法路径来实现非犯罪化的生动体现。可以看出，将非犯罪化片面地理解为刑事实体法律规范的修改与调整，而忽视非犯罪化的程序法实现，不仅无法揭示非犯罪化的真实全貌，且不符合当下非犯罪化发展的基本潮流和国际通识。实际上，非犯罪化的程序法实现不仅与实体法实现共同作为非犯罪化的重要组成部分，而且其与非犯罪化的实体法实现相比，更是有着不可替代的独特优势。

第一，程序法实现较实体法实现而言更易操作。通过刑事实体法律的制定、修改和变更来实现非犯罪化，这种非犯罪化的实体法实现虽然是非犯罪化最为经典的呈现形式且是最为直观的表现方式，但是在实施过程中却具有相当难度：其一，刑事实体法律的变化必然涉及实体法律权利义务关系的变化，其从合理性论证到立法条文确定再到立法通过实施往往是一个较为漫长的过程，这就决定了通过刑事实体法的立法修改来实现非犯罪化并非朝夕之功，不可能在短时间内予以反复实现，这也是法的安定性的基本要求；其二，对于虽然一时表现出危害不大且不属于社会突出矛盾的危害行为，亦不能轻易将其从刑法上予以非犯罪化，因为犯罪本身具有反复性的特点，而社会和公众对待犯罪的容忍态度也是具有反复性的。刑法作为重要的基本法律制度必须具有极强的稳定性，并以其恒稳性适应犯罪局面的复杂与反复；其三，刑法具有终极性和最后性的特点，是保护公民免遭犯罪侵害和维护社会秩序良好运行的“最后防线”。尽管基于刑法谦抑性的要求，刑法应当尽可能地避免直接干涉社会生活，但在满足谦抑性的前提下，刑法同样需要保留足够的防护空间以保证对公民权利以及社会秩序的维护，刑法即使不予运用也应当保留一定程度的规范可能。与实体法实现相比，非犯罪化的程序法实现显然具有更大的便利性和灵活性，其并不寻求实体法律规范的修改和变更，确保刑法作为维持社会秩序的基本法律留有必要的调整空间和规制效用，而仅仅是根据案件的具体情形，通过刑事诉讼法的制度内空间来实现对特定行为的不作为犯罪处理。非犯罪化的程序法实现避免了对刑法规范进行调整所可能遇到的阻力和障碍，进而为非犯罪化的扩大适用提供了更为广泛的空间和更切合实际的可能。

第二，程序法实现较实体法实现而言更为妥当。分析我国当前刑法和行政法对违法行为的规制情况可以发现，二者对于某些违法行为的调整在性质认定标准上是完全一致的，只是在定量上有所差别，情节轻微的隶属于行政法调整，情节严重的隶属于刑法调整，甚至存在刑法和行政法对于某一行为进行重合规范和调整的情形。按照定量的差异而将性质相同但是严重程度不同的违法行为分别交由行政法和刑法予以规范，其出发点是保证刑法适用的谦抑和必要，尽可能地降低刑法的干预范围，这无疑是值得肯定的。但在我国，鉴于行政权本就庞大且难以有效制约的现实，这种立法方式事实上为行政权的再度膨胀提供了便利。收容教育以及已被废除的劳动教养等行政处罚的实际严厉程度不亚于甚至更甚于轻微犯罪的刑罚处罚，但是与刑罚适用不同，此类行政处罚或者说是行政强制由行政机关通过决定程序即可作出，被处罚人无论是对于决定程序的参与还是决定结果的作出几乎都难以进行有效抗辩和施加影响。这种处罚方式虽然有利于国家对社会秩序进行有效控制，但是在人权保障方面的缺失和不足却是显而易见的。考虑到我国行政权较为强势而法治发展又尚未成熟的基本现状，失去司法程序保障的公民权利在封闭化和秘密化的行政权面前可能会更加难以得到有效实现，因而对于一些轻微违法行为，如若贸然通过实体法律规范修改予以非犯罪化无疑是危险之举——虽然从形式上将这些行为调整出了犯罪圈，但是在实质上可能会导致相对人获得较刑罚处罚更重的结果。在维持实体法律规范不变的前提下，通过刑事诉讼制度和程序设计来实现事实上非犯罪化，无疑为上述困境的破解提供了思路，不失为我国当前法治现状的一种有效折中处理方式。对于一些违法行为，经由程序法路径来实现非犯罪化处理，不仅在程序意义上以司法程序维护了被追诉人的程序参与权，体现了正当程序的基本要求，更在结果意义上实现了对该行为处理的实质正义和结果合理性，同时也避免了行政处罚或者行政强制所可能造成的形式上从轻但实质上加重等不合理、不正当的处罚效果。

此外，事实上非犯罪化往往最终会导致法律上非犯罪化，即非犯罪化的程序法实现可以作为实体法实现的实践准备和经验积累。法国学者马蒂在描述欧洲国家非犯罪化历程时亦明确指出，欧洲国家不仅通过改变立法规定，对刑法干预范围进行调整，根据变化的社会观念特别是保障人权与自由的要求，对特定行为进行法律上非犯罪化，而且通过刑事司法机关的不断实践和创新，逐渐收缩刑法干预国民行为的范围，代之以非刑法的其他正式或非正式反应方式的干预与调整，因而形成了与“法律上非犯罪化”并驾齐驱的“事实上非犯罪化”，而“事实上非犯罪化”往往又酝酿和推动了“法律上非犯罪化”。[①] 以法国为例，在1979年12月正式从立法上对堕胎进行非犯罪化之前，已经有一个事实上的司法过程中的非犯罪化阶段，1973年法国司法部部长令曾要求各检察院在未经司法部预先同意时不要再对堕胎案件提起诉讼，因此在1974年里法国的堕胎案件一下子降到了10起。[②] 先行通过刑事诉讼程序设置和运行来对某些行为作出非犯罪化处理，待日后条件成熟时再通过刑事实体法律的修改来实现罪名的删减，不失为进行非犯罪化立法实

---

① 参见［法］米海依尔·戴尔玛斯-马蒂：《刑事政策的主要体系》，卢建平译，法律出版社2000年版，第254页。

② 参见［法］米海依尔·戴尔玛斯-马蒂：《刑事政策的主要体系》，卢建平译，法律出版社2000年版，第257页。

践的理性路径，因为此种情形下规定特定行为不再视为犯罪处理已然经历了司法实践的检验，从而获得了相当程度的正当性支撑。

二、犯罪化的事后制约——程序法实现的正当性之一

（一）非犯罪化与犯罪化的逻辑共存

在实体法领域，特别是刑法立法方面，刑法论者对于在当前社会转型时期应当保持一定规模的犯罪化甚至将犯罪化作为我国刑法的主要发展方向是取得一定共识的。有论者认为，基于我国刑法规制相对疏漏的特点，在当前社会转型期、各项配套制度不健全、社会控制减弱的时代背景下，违法行为尤其是经济活动中的违法行为增多，为了维护正常的经济秩序，保障交易活动的合法进行，对经济领域的严重违法行为犯罪化应是我国当前刑事立法的方向，甚至在必要的情况下应当成为一段时期的重点。① 还有论者指出，在社会急剧变化和迅速发展的时期，原有的各种社会关系和人们的价值观念会发生重大变化，新的需要刑法评价为犯罪的行为会不断大量涌现，民众对社会基本秩序维护的强烈渴求也会较以往更加强烈，对各种越轨行为哪怕是较为轻微的越轨行为的容忍程度会较以往下降，犯罪化的任务较为急迫和繁重。② 基于这种犯罪圈适度扩张的理论共识，一些论者据此推导出“非犯罪化在我国并不具有太多发展空间”的结论，因为犯罪化和非犯罪化不可能同时成为主流发展方向，否则或成文法的变动过于频繁，或司法解释的颁布无序可言。有论者即指出，很难想象会出现司法上的犯罪化与非犯罪化都成为主流趋势的局面，倘若出现这种局面就意味着成文刑法杂乱无章，应当立即全面修改，进而在犯罪化发展日盛这一判断的基础

---

① 参见张军：《非犯罪化思潮与我国刑事政策路径选择》，载《江苏警官学院学报》2005 年第 5 期。

② 参见郑丽萍：《犯罪化和非犯罪化并趋——中国刑法现代化的应然趋势》，载《中国刑事法杂志》2011 年第 11 期。

上认为我国司法上的非犯罪化发展将趋于弱势。①

列宁曾经说过：“辩证法是一种学说，它研究对立面怎样才能够同一，是怎样（成为）同一的——在什么条件下它们是相互转化而同一的，——为什么人的头脑不应该把这些对立面看作僵死的、凝固的东西，而应该看作活生生的、有条件的、活动的、彼此转化的东西。”② 唯物辩证法中的矛盾同一性原理告诉我们，矛盾双方相互依存，在一定的条件下共处于一个统一体中。这对于我们正确理解和把握犯罪化与非犯罪化的相互关系不无裨益。从语义上理解，犯罪化与非犯罪化确实是一组相对立的概念，前者是将违法行为纳入犯罪圈而后者则是将违法行为排除出犯罪圈；从价值取向来看，二者同样存在差异，前者代表刑事法网的收缩而后者则代表刑事法网的扩张。但是，犯罪化与非犯罪化在语义和价值方面的对立与差异，并不意味着在刑事立法和司法中就必须对二者进行或此或彼的单一式选择。

随着时代的进步、技术的革新以及观念的变更，一些新兴产生的对既有社会秩序以及他人正当利益存在严重侵害的行为必将被逐步纳入犯罪圈之内予以调整，即在刑事立法上需要进行犯罪化的实践，这是社会发展不可避免的；与此同时，一些与时代脱节甚至阻碍时代进步和自由发展的陈旧罪名亦必将被逐步排除出犯罪圈，即在刑事立法上同样需要进行非犯罪化的实践，这也是社会发展的必然趋势。当然，从实体法的单一语境层面（无论是刑事立法还是司法解释）而言，犯罪化和非犯罪化不可能同时成为主流趋势，否则这在逻辑关系上也是不能够予以成立的。但不可忽视的是，非犯罪化的实现路径并非单一的而是多元的，非犯罪化不仅包括刑事实体法律规范的变更和修改这一实体法实现方式，同样包括维持刑事实体法律规范不变而仅从刑事司法程序的运作来实现对某一行为

---

① 参见张明楷：《司法上的犯罪化与非犯罪化》，载《法学家》2008年第4期。

② 中央编译局：《列宁全集》第55卷，人民出版社1990年版，第90页。

不作为犯罪处理的程序法实现方式。非犯罪化实现路径的多元化决定了其完全可能与犯罪化同时进行并行不悖的实践并各自成为刑事立法或者司法的主要选择。将犯罪化或者非犯罪化的其中之一确定为刑事立法或者司法的价值取向和发展方向，也并不意味着另一种就会失去其应有的生存和发展空间。例如，在实体法上进行犯罪化的同时也可以拓宽程序法上进行非犯罪化的可能，或者在立法上进行非犯罪化的同时通过司法解释进行犯罪化的实践。因此，基于非犯罪化实现路径的多元化，非犯罪化和犯罪化虽然在语义理解以及价值取向上有所差异，但这种差异并不会导致二者之间存在绝对的互相排斥，从逻辑关系上来看，二者完全可以共存于刑事法律当中并各自发挥其既有效用。

（二）非犯罪化对犯罪化的事后制约

意大利学者曼托瓦尼指出：“刑法体系的发展是无止境的，人们要想保障该体系的完好性和有效性，就应该针对扩张刑法体系的定罪化作用力，保持一种非犯罪化的反作用力，把所有不再具有重大社会意义的行为放到次要位置上去。”[①] 非犯罪化不仅在逻辑关系上能够与犯罪化实现共存，更是可以借由程序法实现来形成与犯罪化的良性互动，使得二者在刑事司法中可以共同、均衡发展。

鉴于刑事法网适度扩张的现实需求，一定规模的犯罪化实践将会成为我国刑事实体法领域的主流发展方向。但是，强调犯罪化的必要性并不意味着对泛刑主义和重刑主义的推崇，否则一国的刑事法治难免会落入到过于严苛的地步，而公民恐怕也只能每天生活在国家严刑峻法的恫吓氛围之中，这无疑是一种暴政。对此，洛克在其《政府论》的“论暴政”中进行了生动论述：“如果这种非法行为已使人民的大多数受到损害，或者，只是少数人受到危害和压迫，但是在这样的一些情况中，先例和后果似乎使一切人都感到威

① 转引自黄风：《论意大利的非刑事化立法》，载《外国法学研究》1987 年第 4 期。

胁，他们衷心相信他们的法律，从而他们的产业、权利和生命，甚至宗教信仰都岌岌可危，那我就不知道该怎样来阻止他们去反抗那个使他们受害的非法强力了。我认为，当统治者把政府弄到普遍为他们的人民所疑惧的地步时，无论什么政府都会遭到这种麻烦。”①

对于如何对犯罪化加以有效规制，有论者提出了“道德—第一次法—第二次法”的三阶段递进式的收缩制约方法。犯罪化的道德制约要求对于违反道德的行为，应当只有极其有限的部分才能进入刑法干预范围内进而成为刑法上具有可罚性的犯罪行为，即行为的不道德性只是构成刑法干预的必要条件而非充分条件。犯罪化的第一次法制约则要求应当将犯罪与民事不法和行政不法行为加以区分，如果行为属于对民商法、经济法以及行政法等法律规范的违反且没有造成严重的法益侵害后果，国家一般直接通过民事制裁、行政处罚等手段进行第一次调控，只有那些通过民事制裁、行政处罚等手段进行调控后无效的严重违法行为，才需要刑法进行第二次干预。犯罪化的第二次法制约即刑法制约，是指刑事立法政策上将特定不法行为犯罪化应当遵守基本的刑事法理，对不符合刑事法理的行为不能予以犯罪化。这里所指的刑事法理，主要是犯罪的构成原理，即刑法上的犯罪行为必须具备的基本要素，包括实施了具有公共危害性的行为，行为必须触犯特定刑法规范所保护的法益，行为必须是在“有责”心理状态下实施以及行为必须具有刑法干预必要等。②

无论是道德制约，还是第一次法制约，抑或是第二次法制约，都是对犯罪化的事先制约，是在犯罪化作业之前对犯罪化的合理性、必要性与否进行抉择从而对不需要刑法干预的行为予以过滤的机制。事实上，除却事先制约外，犯罪化的制约机制还应当存在另

---

① ［英］洛克：《政府论》（下篇），叶启芳、瞿菊农译，商务印书馆 1964 年版，第 132 页。

② 参见梁根林：《刑事法网：扩张与收缩》，法律出版社 2005 年版，第 44~69 页。

外一个非常重要的方面——事后制约，即在犯罪化作业完成之后，将那些虽然法律规定为犯罪但又不宜或者不必对其加以处罚的行为在刑事司法实践中不作为犯罪处理。不管事先制约规定得多么合理与严密，但其毕竟是基于刑事立法的总体衡量而进行的，这一固有的宏观立场决定了事先制约只能是针对具有普遍性的一般违法行为进行是否纳入刑法干预范围的衡量，而不可能对具有特殊性的个别违法行为进行是否作为犯罪处理的斟酌，这就难免会造成司法实践中出现一些虽然法律规定为犯罪但是不宜或者不必加以处罚的情形。因而，借由非犯罪化的程序法实现，在法律上保留将那些规定为犯罪的行为不作为犯罪处理的可能，从而避免形式上正义而实质上不正义，形成对犯罪化的事后制约，无论是基于司法公正的考虑还是司法实践的需要，都是必要且必需的。此外，强调非犯罪化的程序法实现，通过刑事诉讼程序和制度将那些法律规定为犯罪的行为事实上不作为犯罪处理，在立法上适当扩充犯罪圈的同时在司法中将不需要处罚的犯罪行为予以程序分流，实现犯罪化与非犯罪化的有机结合，亦会使得整个国家的刑事法律制度更趋理性和平和，避免单一进行犯罪化或者非犯罪化作业所带来的负面影响：或者是严刑峻法而使民众惶惶不安，或者是放纵犯罪而使秩序难以控制。正如台湾学者林山田所言："犯罪化与非犯罪化犹如汽车中的油门与刹车。一味加油，固然可以使汽车飞速前进，但易肇祸，导致人命的伤亡与财产的损失；老踩刹车，行车固然安全，但车行缓慢不前。故油门与刹车必须交替使用，不可偏废一方。"① 通过非犯罪化的程序法实现来形成对犯罪化的事后制约，不仅是对犯罪化的事先制约构成有效补充进而保证违法行为归罪的谦抑性，更是体现了刑事司法的独立价值与理性思考，反映了刑事司法并不是机械适用实体法律的完全被动和消极的过程，是能够进行独立价值判断的能动和积极的过程。

---

① 林山田：《刑法的革新》，台湾学林文化事业有限公司 2001 年版，第 154 页。

三、宽严相济的内在契合——程序法实现的正当性之二

（一）宽严相济的政策形成

宽严相济的刑事政策在我国古代源远流长，早在先秦时代就有“刑罚世轻世重”、“宽猛相济”的政策，经魏晋、隋唐以至明清一直沿袭不断。孔子曰：“善哉！政宽则民慢，慢则纠之以猛；猛则民残，残则施之以宽。宽以济猛，猛以济宽，政是以和。”① 唐朝长孙无忌在《进律疏表》中从相反的方面说明用刑必须宽猛相济，“轻重失序，则系之以存亡。宽猛乖方，则阶之以得丧。”《明史·刑法志》在评述朱元璋的刑事政策时记载：“盖太祖用重典以惩一时，而酌中制以垂后世。故猛烈之治，宽仁之诏，相辅而行，未尝偏废也。”②

在新民主主义革命时期，基于阶级斗争的需要，中共中央提出了“镇压与宽大相结合”的政策，并在抗日战争以及解放战争期间逐渐成形。新中国成立后，面临巩固革命政权的切实需要，“镇压与宽大相结合”的政策得以继续沿用，并且政策的内容得以进一步丰富。1955 年，时任公安部部长罗瑞卿在《为保卫祖国的经济建设而斗争》的报告中提出：“我们的政策是什么呢？就是要继续贯彻‘镇压与宽大相结合’的政策，我们这个镇压与宽大相结合的政策，具体地说，就是：坦白从宽，抗拒从严。”随着革命政权的日渐稳固以及社会主义改造的初步完成，1956 年党的第八次全国代表大会提出对于对反革命分子和其他犯罪分子一贯地实行“惩办和宽大相结合”的政策，凡是坦白的、悔过的、立功的一律给予宽大处理。时任公安部部长罗瑞卿在《我国肃反斗争的主要情况和若干经验》的大会发言中强调：“党在肃反斗争中的严肃与谨慎相结合的方针，体现在对待反革命分子的政策上，就是惩办与

① 《左传·昭公二十年》。

② 参见马克昌：《宽严相济刑事政策的演进》，载《法学家》2008 年第 5 期。

宽大相结合的政策。它的具体内容就是：首恶必办，胁从不问，坦白从宽，抗拒从严，立功折罪，立大功受奖。惩办与宽大，两者是密切结合，不可偏废的。”至此，“镇压与宽大相结合”转变为“惩办与宽大相结合”，其内容也从当初的“坦白从宽，抗拒从严”发展成为“首恶必办，胁从不问，坦白从宽，抗拒从严，立功折罪，立大功受奖”。1979 年制定刑法时，立法机关更是将“惩办与宽大相结合”的政策列入《刑法》第 1 条，作为刑法的指导思想予以规定。①

基于构建社会主义和谐社会的现实需要，作为对“严打”的刑事政策负面影响的理性反思，2004 年 12 月，时任中央政法委书记罗干在全国政法工作会议上要求正确运用“宽严相济”的刑事政策，对严重危害社会治安的犯罪活动，严厉打击，决不手软，同时要坚持“惩办与宽大相结合”，才能取得更好的法律和社会效果。此时，“宽严相济”刑事政策尚未完全代替“惩办与宽大相结合”的政策，而是与其并列提出。2005 年 12 月的全国政法工作会议则第一次将“宽严相济”作为独立的刑事政策予以明确，并认为“宽严相济”刑事政策是指对刑事犯罪区别对待，做到既要有力打击和震慑犯罪，维护法制的严肃性，又要尽可能地减少社会对抗，化消极因素为积极因素，实现法律效果和社会效果的统一。2006 年 3 月，最高人民法院院长和最高人民检察院检察长向十届全国人民代表大会第四次会议所作的工作报告中均分别提出要对犯罪实行区别对待，贯彻和坚持“宽严相济”的刑事政策。2006 年 10 月，中共中央十六届六中全会在《关于构建社会主义和谐社会若干重大问题的决定》中明确提出要“实施宽严相济的刑事司法政策，改革未成年人司法制度，积极推行社区矫正”。随后，最高

---

① 1979 年《刑法》第 1 条规定：“中华人民共和国刑法，以马克思列宁主义毛泽东思想为指针，以宪法为根据，依照惩办与宽大相结合的政策，结合我国各族人民实行无产阶级领导的、工农联盟为基础的人民民主专政即无产阶级专政和进行社会主义革命、社会主义建设的具体经验及实际情况制定。”

人民法院和最高人民检察院分别通过《关于贯彻宽严相济刑事政策的若干意见》和《关于在检察工作中贯彻宽严相济刑事司法政策的若干意见》，以指导刑事司法工作中“宽严相济”刑事政策的具体贯彻和落实。在当前和今后相当长的一段时期内，“宽严相济”都会作为我国的一项重要刑事政策予以贯彻和坚持，对于我国刑事立法和刑事司法具有重要的指导意义。

“宽严相济”刑事政策在我国有着深厚的历史渊源，其是对既往刑事政策的理论继承和发展，是构建社会主义和谐社会、满足刑事司法实践需要的政策回应和支撑。虽然无论是从表述方式、适用对象还是从侧重内容、时代背景等方面来看，“宽严相济”刑事政策都不能完全等同于“惩办与宽大相结合”等既有的刑事政策，但是从纵向发展脉络来看，“宽严相济”的提出还是体现出了我国刑事政策思想的进步式沿袭，而不能将其与先前既有的刑事政策人为地加以割裂。否则，“宽严相济”刑事政策不仅在缘起方面显得生硬和突兀，而且在实践过程中也难以为司法人员所准确理解和把握。也就是说，“宽严相济”刑事政策不是对先前政策的完全否定或者简单回归，而是对先前政策的进一步继承和发展，是承继既往经验、因应时代需求、解决实践问题的政策发展与创新。

（二）宽严相济的程序法价值

“宽严相济”作为指导刑事司法运行的基本政策，不仅对司法过程中的刑罚适用提出了具体要求，而且对于刑事诉讼程序也具备独特的意义和价值。

一方面，刑事诉讼程序是体现“宽严相济”刑事政策的重要方面。公安司法机关选择适用何种刑事诉讼程序和措施，这一行为本身就意味着对不同犯罪处理的宽严有别。不同的刑事诉讼程序和措施的适用，决定着被追诉人将会以何种方式、何种状态参与到刑事诉讼过程之中，其处境是严苛还是宽松，其自由是被限制还是被剥夺。例如，被采取非羁押性强制措施的被追诉人要比采取羁押性强制措施的被追诉人在诉讼进行期间获得更为广泛的行动自由，适用简易程序的被告人要比适用普通程序的被告人更快地获知自己将会面临的刑事后果，而这些都体现了对不同被追诉人宽严有别的程序待遇。更重要的是，区别适用不同类型的诉讼程序和制度，往往意味着被追诉人即将承受的刑事后果的不同。例如，在审判程序的选择方面，选择简易程序一般意味着被追诉人能够获得较轻的刑事后果，而选择普通程序则大多意味着被追诉人需要承受较重的刑事后果。此外，根据犯罪情况的不同而选择是结束抑或是继续刑事诉讼程序，同样是对犯罪处理宽严有别的有力体现。虽然刑事诉讼程序的运行并不具备实体处分当事人权利的直接效果，但如果选择结束刑事诉讼程序则被追诉人无须再受追诉，如果选择继续刑事诉讼程序则被追诉人极有可能承受被定罪的不利影响，这显然能够为司法过程中从宽或者从严处理留下较大的选择空间。

另一方面，刑事诉讼程序也是实现“宽严相济”刑事政策的重要保障。“宽严相济”的核心要义即在于纠正法律在运行过程中难以有效回应实践变化而显得过于僵硬的问题，进而通过公安司法人员的自由裁量来准确实现从宽处理和从严处理的相辅相成，寻求法律效果和社会效果的最佳契合。如何有效地规范司法人员的自由裁量权，避免司法裁量的任意甚至恣意，是实施“宽严相济”刑事政策不得不面对并加以有效解决的关键问题，而刑事诉讼程序无疑是规范自由裁量权行使的妙方良药。无论是刑事诉讼法所强调的公安司法机关的相互制约以及检察机关的法律监督，还是诉讼构造上所要求的控审分离、审判中立以及控辩平等对抗，都是从各个方面对公安司法人员自由裁量权的行使进行控制和规范，以保证其行使的适当、必要和合理。有论者即指出，程序虽然表现为规范认定和事实认定的过程，但实际上程序既不单纯取决于规范也不单纯取决于事实，更不是一种固定的仪式，甚至也不宜过分强调其过程侧面，程序的对立面就是恣意。程序作为一种角色分派的体系，其参加者在角色就位之后，各司其职，互相之间既配合又牵制，恣意的余地自然受到压缩。[①] 也就是说，刑事诉讼程序设置的一个很重要的立基，就是在赋予司法人员自由裁量权的基础上防止其权力的恣意行使，而这恰恰是“宽严相济”刑事政策得以准确实施的保证。

事实上，无论是中央领导关于贯彻落实宽严相济的讲话内容，还是中央司法机关关于贯彻落实宽严相济的指导性文件，宽严相济刑事政策的程序法意义都获得高度重视并被反复强调。2006 年，时任中央政法委书记罗干在全国政法工作会议上的讲话中特别指出：“要注意统一政法机关在刑事诉讼活动中贯彻宽严相济刑事司法政策的具体标准，切实把这一政策落实到具体案件上，落实到侦查破案、批捕起诉、定罪量刑、监管改造等各个执法环节，形成工作机制。认真研究依法正确适用减刑、假释、保外就医等措施，减少关押数量，促进罪犯改造。进一步做好劳教工作，提高教育挽救质量。积极推进社区矫正试点工作，确保取得良好效果。探索建立刑事自诉案件的和解、调解制度，节省司法资源，以争取最好的法律效果和社会效果……”[②] 最高人民检察院颁布的《关于在检察工作中贯彻宽严相济刑事司法政策的若干意见》在指导思想和原则部分即明确指出“检察机关贯彻宽严相济的刑事司法政策，就是要根据社会治安形势和犯罪分子的不同情况，在依法履行法律监督职能中实行区别对待，注重宽与严的有机统一，该严则严，当宽则宽，宽严互补，宽严有度，对严重犯罪依法从严打击，对轻微犯罪依法从宽处理，对严重犯罪中的从宽情节和轻微犯罪中的从严情节也要依法分别予以宽严体现，对犯罪的实体处理和适用诉讼程序都要体现宽严相济的精神”，并具体从严格把握“有逮捕必要”的逮捕条件进而慎重适用逮捕措施、正确把握起诉和不起诉条件进而依法适用不起诉、突出立案监督重点、科学进行抗诉工作以及完善未

① 参见季卫东：《程序比较论》，载《比较法研究》1993 年第 1 期。

② 《罗干在全国政法工作会议上的讲话》，资料地址：http://www.e-gov.org.cn/ziliaoku/news001/200702/48718.html，最后访问日期：2016 年 5 月 1 日。

成年人犯罪案件依法从宽处理措施等多个方面对宽严相济刑事政策的诉讼程序体现予以了详细规定。最高人民法院颁布的《关于贯彻宽严相济刑事政策的若干意见》亦在“完善贯彻宽严相济刑事政策的工作机制”部分提出了推进量刑规范化工作、探索受理轻微刑事案件的工作机制、强化简易程序的适用、健全符合未成年人特点的刑事案件审理机制以及强化自诉案件和附带民事诉讼案件的调解和和解工作等在程序方面贯彻宽严相济刑事政策的诸多具体措施。

（三）宽严相济与非犯罪化的契合

对于宽严相济的理解，较为普遍的表述是“该严则严、当宽则宽，宽中有严、严中有宽，宽严适度、宽严适时”。[①] 如此表述，粗略来看似乎并无不妥，但是细细推敲则尚有可待商榷之处。

从表述方式来看，“宽严相济”作为党中央提出的重要刑事政策，其表述立场无疑是相当严谨的，为此必须严格按照用语表述的先后顺序来加以理解，即宽在前、严在后。也就是说，“宽”相对于“严”而言，是该政策更为重要、更应当强调的核心内容。与此相对应，“惩办与宽大相结合”的政策显然更加注重的是“惩办”，因为“惩办”在前、“宽大”在后，即该政策强调的是在惩办的基础上予以适时、适度宽大处理。这并非简单的语言游戏或者是生硬的语义解释，而是对表述重心的准确揭示，是语义规范学中用语位序变化的应然含义，我国经济发展方式从“又快又好”到“又好又快”的转变无疑对此进行了非常有力的注解。

从产生背景来看，无论是基于对我国实行20余年“严打”政策的纠偏，还是基于构建社会主义和谐社会的需要，宽严相济刑事政策都应当更加强调刑事司法的宽和而非严厉。“严打”政策的实施，是在当时历史条件下的一种政策选择，也确实在一定程度上遏制了犯罪的滋生和膨胀。但与此同时，“严打”政策作为一种国家控制犯罪的方式，其所具有的局限性和负面效应亦不容忽视，这一

① 参见马克昌：《宽严相济刑事政策刍议》，载《人民检察》2006年第10期。

政策不但在社会控制的有效性方面越发式微，而且其所强调的从重从快、暴风骤雨式地打击犯罪，也很容易导致司法实践中法律的底线特别是程序正义的底线被突破。并且，随着构建社会主义和谐社会成为时代的主旋律，刑事司法的目的已然不再是单纯寻求打击和惩罚犯罪，而是要实现法律效果与社会效果的统一。欲要实现这一目标，宽和的刑事司法显然比严苛的刑事司法更为适宜，因为前者更加关注个人的主体地位、自由发展以及权利实现，更加有利于社会矛盾的化解以及社会关系的恢复。有论者即指出，“宽严相济”的核心精神和落脚点是最大限度地增加社会和谐因素，也就是说，对犯罪的人依法能争取的尽量争取，能挽救的尽量挽救，给犯罪人以出路，给他们改过自新的机会，最大限度地减少社会对立面，最大限度地减少社会不和谐因素，以实现社会的长治久安。①

从司法实践来看，我国当前总体刑事司法状况还是呈现出“严有余而宽不足”的态势。在观念方面，公安司法人员对于刑罚功能的过度迷恋现象依旧普遍存在，试图通过刑事诉讼程序特别是羁押性强制措施的适用以恫吓犯罪、破获案件的想法不在少数。在执法方面，羁押率、起诉率以及定罪率长期以来居高不下，与之相对应，非羁押性强制措施的适用比率、不起诉率则一直处于低迷状态，缓刑和假释的适时、适度扩大适用也是步履维艰。分析统计最高人民法院和最高人民检察院 2010 年至 2012 年的工作报告可以看到，2010 年全国检察机关批准逮捕各类刑事犯罪嫌疑人 941091 人，提起公诉 1134380 人，全国法院判处罪犯 997000 人；2011 年全国检察机关批准逮捕 916209 人，提起公诉 1148409 人，全国法院判处罪犯 1006420 人；2012 年全国检察机关批准逮捕 908756 人，提起公诉 1201032 人，全国法院判处罪犯 1051000 万人。对比这三年我国批准逮捕人数、提起公诉人数以及判处有罪人数这三项数据

① 参见宋英辉：《宽严相济：贯穿于刑事诉讼全过程》，载《检察日报》2007 年 4 月 27 日第 3 版。

后可以看出，我国提起公诉前的逮捕率以及提起公诉后的定罪率依然维持在较高水平。与此同时，2010年全国检察机关依法决定不批准逮捕123235人、不起诉33048人；2011年全国检察机关对涉嫌犯罪但无逮捕必要的，依法决定不批捕64195人，同比增加20.7%；对犯罪情节轻微、依照刑法规定不需要判处刑罚或者免除刑罚的，决定不起诉29898人，同比增加16.9%；2012年全国检察机关依法决定不批准逮捕151095人、不起诉39754人。[①] 虽然不批捕和不起诉的比例相较上一年度有所上升，但是结合同年批准逮捕人数以及提起公诉人数来看，不批准逮捕以及不提起公诉还是居于较低水平。[②] 因此，从整个刑事司法程序运行的基本态势来看，我国刑事司法实践还是以偏重打击犯罪为主，虽然这在一定程度上与我国刑法所规定的犯罪大多属于较为严重的违法行为而需要予以追究有关，但是诸如逮捕率的居高不下以及不起诉率的相对低迷却着实反映了刑事司法过于严厉的现实样态。

因此，虽然宽严相济强调"宽"和"严"的不可偏废和区别适用，反对无必要的严厉以及无立场的宽和，即宽要有节、严要有度，进而寻求二者的良性互动和相得益彰，但是从该政策的语义表述、产生背景以及我国司法实践的现实状况来看，宽严相济更加注重的应当是"宽"的实现，是以"宽"为主，以"严"济"宽"。仔细分析"两高"关于贯彻落实宽严相济刑事政策的指导性文件亦可以

---

① 需要说明的是，《2011年最高人民检察院工作报告》中关于不批准逮捕和不起诉的数据统计与《2010年最高人民检察院工作报告》和《2012年最高人民检察院工作报告》中关于不批准逮捕和不起诉的数据统计采用的标准并不相同，所以造成绝对数上存在差异，但是都存在逐年同比增加的趋势。

② 参见《2010年最高人民法院工作报告》，载《人民日报》2010年3月19日第2版；《2010年最高人民检察院工作报告》，载《人民日报》2010年3月19日第2版；《2011年最高人民法院工作报告》，载《人民日报》2011年3月20日第2版；《2011年最高人民检察院工作报告》，载《人民日报》2011年3月20日第2版；《2012年最高人民法院工作报告》，载《人民日报》2012年3月20日第2版；《2012年最高人民检察院工作报告》，载《人民日报》2012年3月20日第2版。

发现，其都是用相当大的篇幅来详细阐述如何在刑事司法工作中寻求宽严相济中“宽”的实现。例如，最高人民检察院《关于在检察工作中贯彻宽严相济刑事司法政策的若干意见》第二部分“在履行法律监督职能中全面贯彻宽严相济刑事司法政策”共有十条具体措施，其中八条都是从“宽”的角度来论述检察工作如何加以开展。

基于这一理解我们不难发现，宽严相济与非犯罪化在程序法实现方面其实存在着理念共通和内在契合之处，宽严相济的顺利实现有赖于在我国刑事司法中强化和拓展非犯罪化的适用。有论者在论述宽严相济刑事政策的实现方式时就强调，“一方面在刑法立法上对相应的犯罪的法定刑应当轻刑化，另一方面在司法层面应更多考虑非犯罪化、轻刑化、非监禁化”。[①] 在价值理念方面，宽严相济认识到犯罪的相对性从而摒弃一味强调打击的片面立场转向强调刑法适用的谦抑性以及司法处遇的差别化，宽严相济关注人的自由发展并寻求通过刑事司法程序来实现社会关系的恢复以及社会秩序的和谐。所有这些，无一不是非犯罪化赖以生存的理论根基。在司法实践方面，宽严相济中“宽”的程序法实现要求“可捕可不捕的坚决不捕”、“可诉可不诉的坚决不诉”，并尽量扩大不起诉范围。与此相对应的是，2012 年《刑事诉讼法》修改之前，我国各地公安司法机关基于“宽严相济”的政策要求探索试点的附条件不起诉、刑事和解等新型刑事司法制度，无一不是非犯罪化程序法实现的重要路径。可以预期，鉴于宽严相济将在今后相当长一段时期内作为我国刑事司法工作的指导性政策，非犯罪化的程序法实现亦将会逐渐为更多人所认可和重视，从而获得更为广阔和坚实的发展空间。

四、司法实践的有效回应——程序法实现的正当性之三

“法律的生命不是逻辑而是经验。可以感受到的时代的要求、

---

① 黄京平：《宽严相济刑事政策的时代含义及实现方式》，载《法学杂志》2006 年第 4 期。

盛行的道德和政治理论，明确的或不自觉的对公共政策的直觉，甚至法官们与其同胞所分享的偏见，所有这些都影响着约束人们行为的那些规则的决定过程，其作用丝毫不亚于三段论。”① 虽然霍姆斯的这一论断过于强调经验的作用而忽视了逻辑的应有价值，但是其对于法律应当具有时代性和实践性的重视却值得我们深思。特别是在刑事司法过程中，如果相关的理论或者制度背离时代需求或者缺乏对司法实践需求的反馈与表达，则不免沦为空中楼阁、镜花水月。非犯罪化的程序法实现亦不例外，其始终透着实用主义的气息和实事求是的精神，体现着刑事政策、司法制度对刑事司法实践内在要求的暗合和满足。

（一）刑事诉讼效率②的提升

公正和效率作为刑事诉讼的永恒价值追求，二者的关系配置亦一直为学界所重视。有论者指出，“在公正与效率的关系上，在经济领域，应当是效率优先，兼顾公平。也就是说，首先要强调经济

① ［美］霍姆斯：《普通法》，冉昊、姚中秋译，中国政法大学出版社 2006 年版，第 1 页。

② 我国理论界对于“效率”和“效益”的使用较为混乱。有论者认为效率与效益具有同质性，效率亦可称为效益，是指社会或个人给予应当的（劳动资源等）投入而获得收益最大化的比率。也有论者不同意这一看法，认为效率和效益存在区别，前者关注资源的配置问题，而后者关注投入与产出的关系问题，即效率强调过程价值而效益强调结果价值。效率和效益在侧重内容上的确有所不同，效率侧重于强调人类社会活动的过程价值，而效益则侧重于强调人类社会活动的结果价值。但是，过程状态与结果状态其实是密不可分的，对社会活动进行效率或效益的评判往往总是结合这一活动发展的过程状态和结果状态。如果某项社会活动仅呈现出一种好的结果，而产生这种结果的活动过程中却存在很多不必要、不合理的资源浪费，那么这一社会活动就不能说是有效益的；同理，如果某项社会活动只是过程节约资源、程式简化，但其最终产生的结果却大大违背预设的目标或者期望，那么这一社会活动自然也不能说其是有效率的。因此，效率和效益其实在价值追求上具有共通性或者同质性，对二者不应进行机械区分和生硬理解。参见刘金国、舒国滢主编：《法理学》，中国政法大学出版社 1999 年版，第 307 页；唐磊：《效率与效益：刑事庭前准备程序的法理分析》，载《四川大学学报（哲学社会科学版）》2003 年第 4 期；李文健：《刑事诉讼效率论——基于效益价值的法经济学分析（上）》，载《政法论坛》1997 年第 5 期。

发展的速度，再尽量考虑到分配的公平。但在司法领域则应当是公正优先兼顾效率，不能为了效率过分牺牲公正。因为公正是司法的本质要求，是灵魂和生命线，司法离开公正就不成其为司法。同时不公正也不利于实现效率”。[①] 这个观点得到了我国大多数学者的认同，即在公正与效率的关系问题上认为公正是前提和基础，在确保公正的同时追求效率并实现效率的最大化。“应建立公正与效率两套紧密相连的标准和尺度，使公正与效率同生共长，在保证公正的前提下尽量以最小的司法资源投入获得最大的公正利益，即效率提高而公正仍存，或者公正加强而效率依旧。此时两者均未被削弱，且总有一方呈现进步态势。换言之，追求以公正为前提的诉讼效益最大化是把握公正与效率两者关系的基本理念。”[②]

上述关于公正和效率的关系论证，实际上是对效率内涵的片面理解，其仅仅是从经济学意义上将效率等同于资源投入与产出的过程优化，而忽视了效率在法律意义上对于目的性的追求。庞德指出：“我们认为正义并不意味着个人的德行，它也并不意味着人们之间的理想关系。我们认为它意味着一种制度。我们认为它意味着那样一种关系的调整和行为的安排，它能使生活物质和满足人类对享有某些东西和做某些事情的各种要求的手段，在最少阻碍和浪费的条件下尽可能多地给予满足。”[③] 显然，庞德是将正义视为一种富于效率地满足人类需求的制度。法经济学派的代表性人物波茨纳同样将效率视为公正在法律中的第二个意义。由此可以看出，法律视野下的效率不仅仅专注于资源耗费与产出回报，其同样对过程与结果的公正或者说是正义有所追求。从这一层面来看，效率与公正

① 陈光中：《刑事诉讼法再修改之基本理念——兼及若干基本原则之修改》，载《政法论坛》2004 年第 3 期，第 8 页。

② 孙洪坤：《论刑事诉讼理念的现代化》，载《安徽大学学报（哲学社会科学版）》2007 年第 3 期，第 94 页。

③ ［美］罗斯科·庞德：《通过法律的社会控制》，沈宗灵译，商务印书馆 1984 年版，第 32 页。

其实并不是对立的，丧失公正的司法过程无从谈及其效率，而没有效率的公正同样不能视为完全的公正。道理其实很简单，正如我们不可能认为草率结案而造成大量冤假错案的司法过程具有效率一样，我们亦不可能认为久拖不决致使当事人无限讼累的司法过程最终实现了公正，这就是所谓的“迟来的正义已非正义”。

基于这一认识，刑事诉讼效率其实应当包括两个方面的内容：一是刑事诉讼过程的经济性；二是刑事诉讼结果的正当性。诉讼过程的经济性要求人们在刑事诉讼过程中寻求最佳的配置方式来科学合理地利用有限的司法资源，实现司法资源投入与诉讼结果输出的关系最优；诉讼结果的正当性则要求经由诉讼过程实现的最终结果必须符合刑事诉讼对于公正、秩序、自由等价值的追求，必须符合刑事诉讼的基本目的。正如有论者所强调的，“刑事诉讼效率的价值实质是通过寻找最佳的方式，即以最少的人力、物力和财力，在最短的时间内来最大程度地满足人们对正义、自由和秩序的需求”。①

就我国当前的刑事司法实践而言，诉讼效率较低已然是不争的事实。一方面，由于司法行政化等体制的弊端，实际从事案件办理的公安司法人员数量长期居于较低水平。据报道，到 2007 年我国有 160 万名警察，按人口平均是每万人有 12 名警察，警力配置是西方国家的三分之一。不仅如此，当前公安机关职能分工越来越细，基层担负的非刑事侦查如治安管理与社会服务职责越来越重，处于实战前沿的城市分局、县、市公安局内设机构一般都多达二十来个，但真正用于侦查破案的警力往往只占全局总警力的 10%左右。② 此外，有论者研究 1997 年至 2008 年间检察人员的数量变化后发现，检察人员的数量非但没有增加反而从 1997 年的 159924 人

---

① 李文健：《刑事诉讼效率论——基于效益价值的法经济学分析（上）》，载《政法论坛》1997 年第 5 期。

② 参见《破案率与社会长治久安》，资料地址：http://theory.gmw.cn/2011-10/28/content_2870660.htm，最后访问日期：2016 年 5 月 1 日。

减少到了2008年的128100人，下降率为19.90%。[①] 而在审判人员方面，有论者指出，我国大约只有15%有法官资格的审判人员从事审判工作，而且占在审判岗位的审判人员总数20%左右的院长、庭长基本不承办具体案件，20%的审判人员从事执行工作。从事审判工作的法官长期超负荷工作，其他岗位的人员则无所事事。近几年法院又普遍要求增加编制，而增加的编制却大多用在了非审判岗位。[②] 另一方面，我国犯罪案件的数量增长却相当可观。从1997年至2008年，刑事案件立案数从1613629件剧增到4884960件，增长率为202.73%；逮捕案件的总数从363790件上升到632253件，增长率为73.80%；逮捕的人数从537363人上升为970181人，增长率为80.54%；提起公诉案件的总数从360696件上升为750934件，增长率为108.19%；提起公诉的人数从525319人上升为1177850人，增长率为124.22%。[③] 由此可以看出，办理刑事案件的公安司法人员数量的不断减少与立案数、批捕数、起诉数的急剧增加形成了强烈反差，除却体制方面进行改革外，提高刑事诉讼效率、优化司法资源利用已经成为我国刑事司法制度完善的迫切任务。

有论者指出："受刑法泛化、刑法万能和重刑主义的法律文化传统的影响，我国刑事立法和刑事司法并没有对非刑法化运动给予足够关注……近十多年来，严峻的犯罪形势迫使立法者不断制定强化刑罚制裁力量的新刑事法律，司法实践中则根据这些法律广泛适用重刑和死刑，但居高不下的犯罪率和大案要案率并未因严峻刑罚而得到有效遏制。实践中形成了刑不压罪、犯罪量和刑罚量螺旋式

① 参见顾永忠：《1997—2008年我国刑事诉讼整体运行情况的考察分析——以程序分流为视角》，载《人民检察》2010年第8期。

② 参见许前飞：《论司法公正与效率的法治基础》，载曹建明主编：《公正与效率的法理研究》，人民法院出版社2002年版，第445页。

③ 参见顾永忠：《1997—2008年我国刑事诉讼整体运行情况的考察分析——以程序分流为视角》，载《人民检察》2010年第8期。

地恶性上升、刑罚投入几近极限而刑罚效益却急剧下降的罪刑结构性对抗局面。"① 无论是基于诉讼过程的经济性还是诉讼结果的正当性，非犯罪化的程序法实现都堪为提高刑事诉讼效率的重要方式。一方面，通过非犯罪化的程序法实现，一些轻微刑事案件可以借由刑事诉讼程序和制度不作为犯罪处理，刑事诉讼无须经历全部的诉讼阶段，甚至有些案件可以在立案或者侦查阶段就终止追诉的继续进行，这对于公安司法机关而言自然提高了案件处理速度、节约了司法资源消耗，对于当事人而言也能够及时摆脱讼累，避免持久陷入刑事诉讼过程所带来的精力、财力的损失，所有这些显然都是诉讼过程经济性的有力体现。另一方面，非犯罪化的程序法实现，目的就在于对一些虽然法律规定为犯罪但是不宜加以定罪处罚的行为进行更为合理化的处理，避免被追诉人处理的形式上正义而实质上不正义，同时也包含了对被追诉人诉求的回应以及利益的维护，这种对于实质合理性的追求显然符合诉讼结果正当性的基本要求。此外，如果非犯罪化进行得当，诉讼各方的利益都得以有效实现，就可以避免被告人上诉、被害人申诉以及当事人上访等现象的发生，公安司法机关也就减轻了"息诉息访"的任务和维稳压力，从而有更多的时间和精力去办理刑事案件，这无疑对于整体刑事司法运行效率的提高大有裨益。

（二）犯罪黑数控制困境的破解

随着犯罪统计学的兴起，对于犯罪黑数的研究越发为人们所重视和关注。所谓犯罪黑数，是指实际已经发生但由于各种原因而未被纳入官方犯罪统计之中的犯罪行为总和，即犯罪的实际发案件数和统计所列的立案件数之间所存在的差额。对于犯罪黑数存在的原因，美国学者将其大致归纳为如下几点：（1）有的犯罪只有犯罪人自己知道而未被报告；（2）由于法律知识的缺乏，被害人和目

① 梁根林：《非刑罚化——当代刑法改革的主题》，载《现代法学》2000 年第 6 期。

击者未能报告犯罪；（3）目击犯罪的人因为怕麻烦、窘迫、胆怯或缺乏对司法的兴趣而未报告犯罪行为；（4）被害人或目击者怕在调查中卷入这一犯罪或那一犯罪中而未报告犯罪；（5）被害人或目击者报告犯罪行为后怕遭到报复；（6）朋友和亲戚庇护犯罪人而未报告犯罪；（7）被害人害怕舆论对自己不利或处于窘迫而未报告犯罪；（8）社会价值观念和公众意见不利于刑法的执行；（9）一些犯罪因为其性质而使公众或司法机关不能发现；（10）司法机关希望隐匿一些犯罪。① 上述列举其实更多的是从影响刑事司法对犯罪进行有效调查和追诉的角度出发，是对犯罪黑数存在方式和类型的具体陈述，而真正引起犯罪黑数存在的深层次原因则要复杂得多，包括犯罪的隐蔽性、犯罪追诉动力的缺乏、公众诉讼文化和法治观念的淡薄、执法人员法律素养的低下以及法律对社会控制能力的不足等诸多方面。也正因为如此，在现实社会中，犯罪黑数的存在与犯罪现象的存在一样，都是不容置疑的客观事实，任何试图完全消灭或根本否认犯罪黑数的态度都不现实且不科学。

但是，承认犯罪黑数的不可避免并不意味着任由犯罪黑数的无节制扩大，规模失控的犯罪黑数必然会对社会秩序的控制以及法治社会的构建产生严重的不良影响。如若出现犯罪黑数膨胀的现象，则意味着司法实践中大量的违法犯罪行为未能得到法律的有效处理，国家对于社会秩序的控制能力大幅减弱，法律的权威性和强制力受到挑战，这自然会激发那些潜在的犯罪人员形成“即使犯罪也不会受到法律否定评价”的观念，进而导致违法行为的泛滥以及社会秩序的失控。此外，虽然犯罪黑数的形成原因之一就是存在司法腐败行为而导致对犯罪的放纵，但是犯罪黑数的膨胀却又能进一步导致司法腐败的泛滥。犯罪行为的大量存在且可以不受法律调

---

① 参见［美］理查德·昆尼、约翰·威尔德曼：《新犯罪学》，陈兴良等译，中国国际广播出版社 1987 年版，第 97~98 页；转引自陈兴良：《刑法哲学》（上），中国政法大学出版社 2009 年版，第 149 页。

整，其结果就是相当多的犯罪行为可以游离于刑事司法程序之外而不对其进行处理，这显然会导致执法机关拥有广泛的追诉选择权，使其能够在决定是否予以追诉时进行权力寻租和利益交换。更为重要的是，犯罪黑数虽然在统计学上无法进行精确确定，但是其在社会公众的治安观感方面却能够得到真切的体现。犯罪黑数的膨胀，大量犯罪行为不被追诉，必然会导致普通公众明显感觉到社会治安的直线下降以及个人安全的难以保障，并认为国家和法律对于犯罪的惩罚已经无能为力甚至默许纵容，进而失去对于法律制度的基本信赖，甚至对根本性的政治制度产生质疑，这对于一个国家和政府来说无疑是灾难性的后果。

就我国目前的刑事司法制度而言，虽然总体上依然能够实现对犯罪的基本控制，但是犯罪黑数的问题同样不容忽视。2004 年，时任公安部部长助理张新枫在全国刑警大练兵动员部署电视电话会议上介绍，2003 年全国共立刑事案件 439 万起，破案 184 万起，破案率仅为 41.9%，有超过一半的刑事案件没能破获。张新枫补充强调，破案率为 41.9%还没有包括立案不实的因素，如果如实立案，估计全国目前刑事案件破案率可能在 30%左右。① 即便按照这一官方解释，我国也存在 20%左右的刑事案件是由于“立案不实”这一因素而未能纳入官方犯罪统计之中而成为犯罪黑数。如果再加上诸如已然发生但是未被察觉的犯罪、被害人放弃控告的犯罪、在刑事程序之外当事人自行解决的犯罪等情形，我国犯罪黑数的规模令人担忧。更为关键的是，很长一段时间以来，我国相当数量的违法行为实际上是通过劳动教养、收容教育以及治安管理处罚等行政方式予以处理的，刑法能够进行调整的仅是违法行为中很少的一部分。况且，对于某些行为的调整和规范，刑法和行政法规存在一定范围内重合的情形，这就更加使得我国关于犯罪的官方统计

① 参见朱述古：《如何面对 30%的破案率?》，资料地址：http://news.xinhuanet.com/comments/2004-06/15/content_1525680.htm，最后访问日期：2016 年 5 月 1 日。

与实际发生的犯罪数量之间存在着不容忽视的规模差异。事实上，对于一些可高额罚款的案件，如“黄、赌、毒”案件，其中有些已明显构成刑事犯罪本应移送刑事立案侦查的，地方公安机关却因热衷于罚没创收而降格作为治安处罚结案。例如，湖南省某市公安机关1999年度作刑事立案的强迫容留介绍卖淫、制贩淫秽物品、聚众赌博案由，分别才9起、2起与12起；而同年上述案由作治安处罚结案的，则分别多达110起（卖淫嫖娼则为1322起）、198起与2793起。①

鉴于犯罪黑数过于庞大所带来的负面影响，我国未来必将也必须致力于对犯罪黑数进行有效地控制。客观来讲，随着法治社会建设的逐步完善、公民权利意识的逐步觉醒、犯罪侦查手段的逐步提高以及刑事司法制度的逐步健全，我国犯罪黑数的规模将会稳步呈现出逐年降低的趋势。但是随着犯罪黑数的控制和减少，必然会产生另外一个较为棘手的问题和困境，就是进入刑事诉讼程序的犯罪数量将会进一步大幅增加。当然，这种案件数量的增长并不是由于社会治安恶化所造成的犯罪泛滥，而是由于对犯罪黑数的规模控制而导致的更多犯罪被发现、被处理，甚至可能在社会治安明显好转的情况下案件数量非但没有减少反而有所增长。但无论如何，犯罪黑数控制所造成的案件数量增长都无疑会使得本就已不堪重负的刑事司法工作更加雪上加霜。

化解这一现实困境的可能路径主要有两种：其一，从实体法上进行非犯罪化，缩小犯罪圈的范围，减少违法行为被纳入刑法予以调整的可能性，从而使得犯罪的基数和触犯刑法的可能性大大减少，国家自然就有足够的刑事司法资源来对法律规定的犯罪进行有效追诉；其二，从程序法上强化对犯罪案件处理的分流，通过程序和制度的设计将一些轻微犯罪行为排除出刑事诉讼程序，停止对其

① 参见《破案率与社会长治久安》，资料地址：http://theory.gmw.cn/2011-10/28/content_2870660_2.htm，最后访问日期：2016年5月1日。

进行追诉，将其不作为犯罪处理，即通过非犯罪化的程序法实现来减少国家对轻微犯罪行为的反应和制裁，进而使得有限的刑事司法资源能够更为集中地对那些较为严重的犯罪进行定罪处罚。鉴于前述我国未来仍将继续维持一定规模的犯罪化实践，实体法上进行非犯罪化的方式显然并非理性选择，因而非犯罪化的程序法实现就显得十分必要。也就是说，对于我国而言，欲要解决伴随犯罪黑数控制所产生的现实困境，更为理性和恰当的选择就是在容忍和认可刑事实体法日益庞杂的同时，通过多元化的诉讼程序设置和司法裁量行使，及时将一些轻微犯罪行为予以非犯罪化处理，以节约司法资源，保证其他严重犯罪得到有效追诉。否则，我国的刑事司法实践非但不能因为犯罪黑数的减少而有所规范和进步，反而会陷入案件数量不断增长、司法人员疲于应付、案件质量大幅下降的被动局面，最终使得刑事司法工作落入“越改革、越规范、越混乱”的逻辑怪圈。

第四章 错位与调适：非犯罪化的困境破解

美国学者约翰·罗尔斯认为，“公平原则具有两个部分的内容：一部分阐述我们怎样通过自愿地做各种事情来承担责任，另一部分提出了所涉及的制度要符合正义的条件（即使不是完全的正义，至少也是在某种环境里可以合理指望的正义）。”① 综观当前司法实践的现实情况，非犯罪化的程序法实现还存在着较多的掣肘因素，面临着严峻的实现困境，如刑事司法理念的问题、司法体制和工作机制的问题等。这些问题能否得到妥善处理，这些困境能否得到有效破解，决定着我国非犯罪化程序法实现的深度和广度，影响着非犯罪化程序法实现的未来，同时，也是我国刑事司法进一步实现公平正义的重要体现。

一、刑罚适用立场的偏差与回归

何谓刑罚适用？从字面上来理解，刑罚适用比较容易和刑事诉讼中的量刑活动以及执行活动等同。例如，有论者认为，刑罚适用存在广义和狭义之分，狭义的刑罚适用是指法院在认定犯罪的基础上决定对被告人是否判处刑罚、判处什么刑罚以及所判刑罚是否立即执行的活动，而广义的刑罚适用除上述内容外，还指人民法院裁定对某些服刑人是否减刑或假释的活动。② 实际上，刑罚适用并非

① ［美］约翰·罗尔斯：《正义论》，何怀宏、何包钢、廖申白译，中国社会科学出版社1988年版，第343页。

② 参见马克昌：《刑罚适用失当及其对策》，载《人民司法》2002年第10期。

只是一个孤立和静态的概念，从刑事诉讼的动态运行机制来看，刑罚适用的含义要比该论者所指称的内容更为广泛。从广义的角度来看，侦查、起诉共同作为追诉活动是刑罚适用的起点和基础，没有侦查和起诉也就无从谈及刑罚的确定和执行；审判过程中的定罪和量刑是刑罚适用的核心内容，不予认定犯罪的自然无须适用刑罚，予以认定犯罪的则需要决定是否适用刑罚以及适用何种刑罚；执行则是刑罚适用最为直接的体现，是刑罚适用的最后一个环节也是实践性环节，包括对确定刑罚的执行以及变更等内容。基于此，广义的刑罚适用应当涵盖从侦查、起诉到审判、执行等一系列刑事诉讼程序，包括是否对犯罪予以追诉、是否认定被告人有罪、是否对被告人科处刑罚、科处何种刑罚以及如何执行服刑人员的刑罚等内容。其中，是否对犯罪予以追诉以及是否认定被告人有罪显然是刑罚适用过程中与非犯罪化密切相关的内容。因而，刑罚适用立场的正确与否，刑罚适用是趋于膨胀还是限缩，直接决定了刑事诉讼中非犯罪化实现的难易程度和范围大小，是非犯罪化研究尤其是非犯罪化的程序法实现必须予以重视的问题。

（一）刑罚功能认知的多元视角

厘清刑罚功能的基础理论，是司法实践中正确适用刑罚的根基所在。概括而言，当代关于刑罚功能较具代表性的理论主要有“报应刑论”、“功利刑论”和“综合刑论”。“报应刑论”发端于人类社会的朴素正义观念，如“以命偿命”、“以眼还眼，以牙还牙”等。现代报应刑论者认为，犯罪是一种恶害，刑罚则是国家和社会对犯罪这种恶害行为的正义报应，刑罚的本质在于用刑罚宣示的伦理责任以及施加于犯罪人的痛苦来均衡犯罪行为的恶害和犯罪人的罪责，以实现社会正义的要求，加强社会伦理的力量，促进社会大众法律意识的形成，进而巩固社会的法律秩序。需要指出的是，现代刑罚理论中的报应是理性化以后的法律概念，是法律正义而非自然正义的实践，是基于分配正义原则对不法侵害行为给予等价责任的刑罚。德国学者耶塞克指出：“报应思想建立在三个内在的先决条件之上。第一个先决条件是，国家拥有对被告人科处其应得刑罚的权力。只有当社会对犯罪人在道德上的优势得到承认，该先决条件方成为可能。报应的第二个条件是，存在能够衡量严重程度的罪责。报应思想的第三个条件是将罪责程度与刑度协调起来，使得犯罪人与公众对判决感到公正。"①"功利刑论"认为，无论刑罚对已经发生的罪恶所进行的反应多么公正，都不可能弥补犯罪所造成的恶害或者恢复到犯罪行为发生前的原状，刑罚不应当着眼于罪犯过去的行为，而应当着眼于未然的犯罪行为，预防罪犯本人再次犯罪并防止社会大众模仿犯罪。"功利刑论"细化表现为一般预防主义和特别预防主义两个方面，其中一般预防主义又分为消极的一般预防主义和积极的一般预防主义。积极的一般预防主义是功利刑论中较获推崇的理论，其试图通过立法规定犯罪行为及其法律后果以及通过司法追究犯罪行为的刑事责任来明确国家的基本法律信念，培养公众自觉守法的法律意识，提升公众对法律秩序的信赖，最终实现预防社会公众犯罪的功利目的。②"综合刑论"则强调报应和预防并不是不可调和的矛盾体，"刑罚概念不但代表正义报应的意旨，而且具有保护社会免于受到未来犯罪危害的目的，并以犯罪责任的平衡理念，作为实践预防犯罪的适当方式。适度刑罚的目的，除了依据责任平衡原则，唤起行为人的责任意识以免再犯外，

---

① ［德］汉斯·海因里希·耶塞克等：《德国刑法教科书》，徐久生译，中国法制出版社 2001 年版，第 84 页。

② 消极的一般预防主义强调通过刑罚的一般威慑作用来实现犯罪的预防，其实质是把特定犯罪人的惩罚当作预防他人犯罪的手段，把被惩罚的犯罪人当作实现一般预防目的的工具；特别预防主义则基于对犯罪原因的实证研究，认为犯罪并非行为人自由意志的结果，而是行为人特殊的生理、人格特征和周围环境因素共同作用的结果，因此只能针对犯罪的具体原因剥夺犯罪人的犯罪能力，并进行个别化的矫正处遇以预防犯罪人危害社会。消极的一般预防主义由于无视犯罪人的人性尊严和主体，将其视为实现功利目的的手段，在当今法治社会日益受到挑战并渐成颓势。特别预防主义完全否定刑罚对于犯罪的谴责功能且被批评易于导致以个人预防为名而过分扩张国家刑罚权。参见梁根林著：《刑事制裁：方式与选择》，法律出版社 2005 年版，第 12~17 页。

对于社会大众依然期望能产生守法的伦理感力量，以维护社会的法律秩序。”①

尽管关于刑罚功能的界定还存在着上述争议，但是当代社会对刑罚功能的普遍认知已经不再局限于最初那种单一强调犯罪报应或者制裁，而是转而赋予刑罚更为丰富和复合的功能目标，以实现多元化的刑事司法效果。现代刑罚功能理论大多都注重强调刑罚适用的公正、适度与平衡，并将这些作为刑罚具备正当性的重要基础。最为典型的就是“报应刑论”，其强调刑罚要以体现犯罪行为恶害和行为人罪责的社会危害性为基础，实现罪责刑相适应和成比例，且刑罚应当具备适用前提和合理限度。日本学者西原春夫即指出：“刑法的结果是程度如此严重的‘必要的恶’，我们就不得不经常推敲存在的合理性和正当性。我国的国民因一部合理性和必要性不明确的法律，而在日常生活中受到限制，违法时被处以刑罚，重要利益受到侵犯，并被打上犯人的烙印，这一切令人难以忍受。”②

基于对刑罚功能的多元化理解，特别是单纯强调刑罚的报应功能已然难以受到认可，强调刑罚适用的审慎和轻缓逐渐成为主流认识，教育刑论和新社会防卫论等新兴理论随之兴起。以法国学者安塞尔提出的“新社会防卫论”为例，其中非常重要的一项内容就是通过非刑事化来减少和限制刑罚的适用。安塞尔认为，非刑事化包括以下几项内容：一是非犯罪化，就是消除某一行为应受刑法处罚的特性，即把原先规定为犯罪的行为加以除罪化；二是非刑罚化，即在承认法律认定某一罪名的前提下，减少或者改变刑罚的适用；三是非司法化，即避开刑事司法程序，以真正的社会反映取代刑法制度本身，仅将极其严重的超过容忍限度的行为纳入刑事司法

---

① 苏俊雄：《刑法总论（Ⅰ）》，台湾大地印刷厂股份有限公司1998年版，第138页。

② ［日］西原春夫：《刑法的根基与哲学》，顾肖荣等译，上海三联书店1991年版，第4页。

管辖之内。[1] 可以看到，人们在理性认识刑罚功能的同时，更加注重对刑罚消极性的控制，在肯定刑罚局限性的基础上强化刑罚适用的正当性，将刑罚这一必要之恶的适用限制在合理范围内以实现自由与秩序的良性互动。恰如美国学者帕克所指出的那样："刑罚既是人类自由的重要保障，又构成对人类自由的主要威胁。如果有远见地且人道地适用刑罚，刑罚就会成为人类自由的保障；但是，如果无差别地和强制性地适用刑罚，刑罚则会成为对人类自由的威胁。内植于刑法之中的这种保障自由与威胁自由之间的张力不可能完全被消除，但是，我们应当努力缓解这种张力。"[2]

（二）刑罚适用立场的实践偏差

在我国，无论是早期的"惩办与宽大相结合"，还是如今的"宽严相济"，都在一直强调刑罚的适用不能走向单一和片面，而应当有所限制和克制。但事实上，基于"乱世重典"的固有文化观念以及"严打"政策的持续影响，我国刑事司法实践主要还是呈现出从重打击犯罪、严厉刑罚适用的单一态势，而仅仅是特定对象（如未成年人）的刑事制裁常以宽松化手段加以处理，这种局面时至今日依然未能得到有效转变。对犯罪的原因、影响以及矫正和预防缺乏正确的理解和全面的认识，单纯追求通过刑罚的威慑甚至恫吓来实现社会控制和秩序维护，试图以刑罚的严厉来达到犯罪的消灭，这种过于夸大刑罚功能的"刑罚万能观"在我国长期具有很大的市场，尤其是在司法实践中体现得更为突出。当一段时间或者一定地区内犯罪率呈现出上升势头时，公安司法机关最直接的反应往往就是从重、从严、从快地处理犯罪，而民众对此亦是普遍认同。对此，有论者曾作此概括："在我国，'泛刑化'传统思想观念仍然扎根于社会公众的内心深处，'治乱世用重典'这种单向

---

① 参见卢建平：《社会防卫思想》，载陈兴良：《刑法论丛》（第1卷），中国政法大学出版社1998年版，第194~195页。

② Herbert L. Packer, *The Limits of the Criminal Sanction*, Stanford University Press, 1968, p. 366.

思维的治国观念又透过历史的隧道影响着当代中国。在社会治安状况不尽如人意的改革开放时期，人们又迷信于重刑治国之道，‘严打’历经十数载，虽成效微弱，却仍乐此不疲，造成的结果是已经建立的某些社会预防措施大多亦未能得到有效实行，如基层的调解委员会或专职调解员，如今已无暇再去组织建立更有效的社会预防措施！”①

这种对刑罚适用立场的偏差对于非犯罪化在中国的发展尤其是在刑事诉讼中的实现消极意义明显：其一，对刑罚适用需求的过分渲染会使得公安司法机关对犯罪的第一反应通常就是重用刑罚、以儆效尤，特别是在当前社会转型时期，犯罪率一旦高企这种反应更是表现得尤为明显，辗转于各地发生的“公捕公判”以及游街示众等事件，其实质就是公安司法机关希冀通过刑罚适用的恫吓效用来实现对社会秩序的有效控制，这一方面违背了刑事诉讼应有的文明和法治诉求，另一方面则易于导致犯罪深层次的原因被忽视甚至被掩盖，犯罪人的复归社会较为艰难，刑事诉讼过程中的非犯罪化

① 游伟:《重刑化的弊端与我国刑罚模式的选择》载《华东政法学院学报》2003年第2期。

亦是很难实现；[①] 其二，司法人员在实际办理案件时易于对“执法必严、违法必究”等既有刑事政策进行片面化、僵硬化地理解，认为只要依法能够认定为犯罪就应当对其加以处罚，机械化地坚持“同罪同判”、“有罪必判”，并以此作为对罪刑法定原则的正确理解和执行，忽视罪责刑相统一的原则以及刑罚适用的局限性，忽视对犯罪可罚性相关因素进行调查从而差别化认定犯罪、适用刑罚，从而直接导致了非犯罪化在刑事诉讼过程中的实现空间受到极大的压缩；其三，刑罚适用是一个相当漫长的过程，从求刑权的发动到行刑权的执行，往往以大量司法资源的耗费为代价，刑罚适用立场的偏差必然会导致司法资源的过度消耗甚至浪费。以刑事诉讼的推

① 据记者不完全统计，2010年3月至7月不到4个月的时间内，我国见诸媒体报端的公捕公判大会就近20起，分别为：3月23日，湖南省永兴县举行“打黑除恶”公捕公判大会，60名疑犯被公开逮捕，20名被告被公开宣判；4月20日，湖南省郴州市举行“打黑除恶”公捕公判大会，对32名犯罪嫌疑人公开逮捕，对15名犯罪分子公开宣判，上万名群众和学生前来观看；4月28日，湖北省十堰市竹山县对14名疑犯和罪犯进行了公捕公判；4月29日，湖南省湘乡市公捕公判大会宣布逮捕27名犯罪嫌疑人，对9名严重刑事犯罪分子进行宣判；5月11日山东省青岛市岛城各区市警方召开“两抢一盗”公捕大会，六区四市警方共对156名涉及“两抢一盗”的犯罪嫌疑人公开宣布逮捕，部分区市同时开展公判；5月18日，山东省胶南市召开公捕公判大会，对20名刑事犯罪嫌疑人公开宣布逮捕，对12名严重刑事犯罪分子进行公开宣判；5月21日，贵州省贵阳市小河区举行严打“两抢一盗”公捕公判大会，对56名犯罪嫌疑人宣读了逮捕决定；5月25日，陕西省横山县举行“打黑除恶”大会，共23名犯罪嫌疑人被公捕，其中包括13名“砍刀队”成员；5月31日，湖南省耒阳市举行公捕公判大会，对36名嫌犯实施公开逮捕，对8名嫌犯实施拘留，对20名被告人进行公开宣判；6月18日，湖南省娄底涟源市对13名涉毒犯罪嫌疑人公开逮捕，对14名涉毒犯罪分子进行了公开宣判；6月21日，贵州省桐梓县召开公捕公处大会，对100多名涉嫌贩毒、抢劫、抢夺、盗窃的违法涉案人员进行了公开逮捕和给予宣布劳动教养的决定；7月6日，湖北省丹江口市举行公捕公判大会，35名违法犯罪分子被公开拘留、公开逮捕、公开宣判；7月14日，湖南省娄底市对32名涉嫌犯有盗窃罪等罪名的嫌犯进行了公开逮捕，对20名犯有盗窃罪等罪名的罪犯进行了宣判；7月16日，湖南省湘潭市“平安省运行动”公捕公判大会在湘钢俱乐部举行，40名犯罪嫌疑人被公开逮捕，10名被告被公开宣判。参见上官敫铭：《娄底公捕公判争议》，资料地址：http://focus.news.163.com/10/0721/09/6C40140J00011SM9.html，最后访问日期：2016年5月1日。

进为例，从侦查到起诉到审判再到执行，再考虑其间上诉、申诉以及法律之外的上访等诸多因素，刑罚适用从最初发端到执行完结需要耗费大量的人力、物力、财力，不加区分地盲目追求刑罚适用，使得那些本来无须经由刑罚制裁的被追诉人最终却被定罪并施加以刑罚，显然从诉讼经济学的角度考虑是不理性和不科学的，这会使得本就已压力重重的刑事司法机关在积压案件处理上更加捉襟见肘。

（三）刑罚适用立场的理性回归

刑事实证派学者菲利早已陈明："作为镇压手段之一的刑罚具有一种消极的而不是积极的价值，这不仅因为它对不同人类学类型犯罪的作用不一样，而且还因为它的适用将会消除由于免除刑罚而产生的严重危害，而不会像有些人想象的那样，能够将一个反社会性的人变成一个社会性的人。刑罚，并不像在古典派犯罪学者和立法者的主张影响之下而产生的公众舆论所想象的那样，是简单的犯罪万灵药。"① 虽然我国早在 20 世纪 80 年代就已经提出"社会治安综合治理"的相关理论，并对如何减少和预防犯罪、从根源上消灭犯罪进行了理性思考，但实践中依赖刑罚、迷恋刑罚进而导致刑罚的过度适用依然是主流现象。欲要在我国拓宽刑事诉讼中非犯罪化的实现空间，就必须先行在观念上改变公安司法人员乃至社会大众对刑罚的过度推崇，形成刑罚适用的理性立场，认识到刑罚适用的局限性以及可能造成的消极影响，转而追求尽量通过刑罚以外的社会管理手段进行行为规范和秩序维护，以理性的刑罚观来指导刑事诉讼实践。具体而言，刑事诉讼中刑罚适用立场的理性回归应当至少包括如下三个方面的内容：

1. 承认刑罚适用的局限性

刑罚绝对不是治理犯罪的万能灵药，刑罚的适用也不可能一劳

---

① ［意］菲利：《犯罪社会学》，郭建安译，中国人民公安大学出版社 2004 年版，第 194 页。

永逸地解决现实社会的全部犯罪问题。“标签理论”认为，违法行为并不是一个人行为的固有性质，而是他人根据法律规范惩罚犯罪人的结果，所谓的违法者只不过是一个被成功地赋予一定标记的人，而所谓的违法行为只不过是一种被人如此标定的行为。初始性违法行为可能只是表现出一种非实质性的、很平常的生理或心理上的差异，但是社会强加给初次进行违法犯罪行为者的侮辱性标签会导致继发性违法犯罪行为的产生、发展和保持。[①] 虽然“标签理论”在犯罪原因的概括上过于夸大了社会环境和社会压力对犯罪行为产生的影响，忽视了在犯罪产生过程中犯罪人的主体因素，但是“标签理论”对于刑罚适用局限性的反思无疑具有重要的进步意义，对于破除司法过程中依赖甚至迷恋刑罚适用以惩罚犯罪亦是大有裨益。对于被追诉人而言，刑罚适用无论是在惩罚威慑方面还是在教育改造方面都难免具有一定的局限性。即便是对于被害人及其家属而言，一味地强调刑罚适用实际上也并不一定就会具有更好的安抚和补偿效应：一来并非所有被害方都具有强烈的追诉和惩罚倾向，有些被害方能够对加害人予以谅解，甚至会寻求对加害人的从轻处理，这在邻里亲友纠纷以及轻微刑事纠纷中体现得更为深切；二来过于强调刑罚适用实际上会使得被害方与加害方之间的关系变得紧张和对立，非但不利于二者关系的修复，更易于导致被害人不能够通过刑事诉讼程序顺利实现其利益补偿，甚至造成被害人的“因罪致贫、致困”。反观当前的司法实践，以刑事和解、调解等为代表的恢复性司法虽然在一定程度上让渡了刑罚的适用，但是却取得了良好的法律效果和社会效果，这显然是对刑罚适用局限性的生动诠释。

鉴于刑罚适用的局限性，刑事诉讼程序的发动和进行应当是一个理性解决犯罪问题、修复受到破坏的社会关系的过程，而不是单纯作为追求犯罪制裁和报应的过程；刑事诉讼过程中对于刑罚的适

① 参见吴宗宪：《犯罪标定理论述评》，载《比较法研究》1988 年第 1 期。

用应当秉持谦抑和审慎的态度并尽可能地将无须适用刑罚的情形及时排除到程序之外，而不是将刑事诉讼程序异化为刑罚扩张适用的单一机制。“刑罚的完善总是——不言而喻，这是指在同样有效的情况下——随着刑罚的宽大程度一起并进。因为不仅各种宽大的刑罚本身有较少的弊端，它们也以最符合人的尊严的方式引导着人离开犯罪行为。因为它们在身体上引起的痛苦愈少，愈少一些恐怖，他们就愈是符合道德；与此相反，巨大的身体苦难在受难者本人身上减少耻辱感，在旁观者身上减少厌恶感。”① 因此，公安司法机关唯有在刑事司法过程中充分认识到刑罚适用的局限性，摒弃“刑罚万能观”等陈旧思维，防止刑罚适用的过度和盲目，使得整个刑事诉讼程序的运行能够真正成为理性解决犯罪问题而非单纯适用刑罚的科学机制，我国的非犯罪化发展才能获得应有的发展空间。

2. 注重刑罚适用的灵活性

我国《刑法》第 3 条规定：“法律明文规定为犯罪行为的，依照法律定罪处刑；法律没有明文规定为犯罪行为的，不得定罪处刑。”对于本条规定的理解，有论者称之为克服西方罪刑法定原则片面性的“中国特色罪刑法定原则”，并认为，后半段体现的是消极的罪刑法定原则，其意义在于从消极方面限制刑罚权的适用，防止国家滥用刑罚侵犯人权；而前半段则体现的是积极的罪刑法定原则，从积极方面要求正确运用刑罚权，惩罚犯罪，保护人民。② 也正是基于这种理解，我国公安司法机关对于在刑事诉讼过程中实现非犯罪化，往往表现得犹豫不决甚至予以抵制，认为将法律规定为犯罪的行为不作为犯罪处理就是对罪刑法定原则的违背。司法过程中刑罚适用是否存在裁量空间，回答这一问题首先需要理顺罪刑法

---

① ［德］威廉·冯·洪堡：《论国家的作用》（中译本），林荣远、冯兴元译，中国社会科学出版社 1998 年版，第 144 页。

② 参见何秉松主编：《刑法教科书》，中国法制出版社 1997 年版，第 63~68 页。

定和非犯罪化的相互关系。罪刑法定原则从其诞生之初即是以保障公民权利与自由、限制国家刑罚权的恣意行使为己任。传统罪刑法定原则所要求的排除习惯法和判例法的成文法主义、不得溯及既往的禁止事后法主义、禁止类推和扩大解释以及禁止绝对不确定刑，无一不是从消极意义上对司法权予以限制而非从积极意义上对司法权加以引导。在罪刑法定原则的发展过程中，虽然为了改进传统的罪刑法定原则严格规则主义的局限，在有利于被告人的前提下实现了罪刑法定原则从绝对化到相对化的转变，如从绝对禁止类推和扩大解释到允许有利于被告人的类推解释和严格限制的扩大解释以及从禁止溯及既往到允许有利于被告人的溯及既往等，但是罪刑法定原则的价值追求却从未发生过改变和偏离，依旧是以保障人权和限制刑罚权为宗旨，罪刑法定原则不可能也不应该包括所谓积极意义的秩序维持和犯罪惩罚机能。此外，正如有论者所指出的，刑法本身的价值追求就是惩罚犯罪和预防犯罪，倘若认为“法律明文规定为犯罪行为的，依照法律定罪处刑”是罪刑法定原则的内容，便意味着只要存在刑法就存在罪刑法定原则，这不仅是违背事实，也是违背逻辑的。①

罪刑法定原则的基本旨趣是通过一定限度的形式合理性来限制司法权的随意入罪，进而实现对基本人权的有效保障，罪刑法定原则并不排斥在有利于被告人的前提下基于实质合理性的判断超越形式理性来对被追诉人作出非犯罪化处理。有论者在考察当代罪刑法定原则的机能变迁后得出这样的结论：“如果说基于‘法无明文规定不为罪’的格言而禁止法外定罪、限制任意入罪的机能是以形式合理性为诉求的传统罪刑法定的题中应有之义，那么，根据刑罚法规实体正当原则的要求，如果刑罚法规处罚的行为缺乏实质的违法性或可罚性，即使其形式上该当刑罚法规规定的构成要件，亦不能以‘法有明文规定’为理由对之定罪，这就使现代罪刑法定原

① 参见张明楷：《论司法上的犯罪化与非犯罪化》，载《法学家》2008年第4期。

则必然地引申出‘法有明文规定也可能不为罪’的出罪正当化解释机能。”① 将“法律明文规定为犯罪行为的，依照法律定罪处刑”视为积极的罪刑法定原则，不仅是对罪刑法定原则的误解和扭曲，更是会导致公安司法人员形成错误和偏颇的刑罚适用观念，而这恰恰是我国非犯罪化在刑事诉讼中难以实现的内生性障碍。基于这一理解，在刑事诉讼过程中，刑罚适用应当具有一定的灵活立场和裁量空间，公安司法人员对于那些形式上符合刑法要件规定但是实质上缺乏处罚必要性的案件，应当依法进行非犯罪化处理。这不仅不会与罪刑法定原则的基本要求相违背，更是与罪刑法定原则的人权保障诉求相暗合，体现了罪刑法定原则限制入罪和包容出罪的双重机能。当然，强化刑罚适用的灵活立场，并不意味着司法人员可以仅凭主观好恶而随意进行出罪和入罪，为此有两点内容需要予以陈明：第一，注重刑罚适用的灵活性，其根本宗旨是有利于被追诉人的权利保障，即刑事诉讼过程中只能通过刑罚的灵活适用来实现被追诉人的非犯罪化，而决不能予以犯罪化；第二，注重刑罚适用的灵活性，只是纠正过度强调形式合理性的误区，进而实现形式合理性和实质合理性的统一，并不意味着可以违背既有法律条文。即刑罚的灵活适用必须坚持依法进行，是在法律规定范围内所进行的刑罚适用裁量。

3. 寻求刑罚适用的经济性

从经济学的角度分析，一方面刑罚适用具有显著的经济价值，通过准确科学的刑罚适用能够实现刑法的特殊预防和一般预防功能，能够在惩治犯罪的同时预防新的犯罪发生，即通过控制犯罪从而在社会治理方面获得相应的成本收益；另一方面，刑罚适用亦是以一定的经济成本支出为代价，刑罚的确定和执行必然需要耗费相应的司法资源，并且随着刑罚适用等级和幅度的提高，其耗费的司法资源也会相应增加。因此，当刑罚适用的边际收益大于其边际成

① 梁根林：《刑事政策：立场与范畴》，法律出版社 2005 年版，第 199 页。

本时，增加刑罚的投入来控制犯罪是有效益的经济行为；当刑罚适用的边际收益小于其边际成本时，则应适当减少刑罚资源的投入，即容忍一部分犯罪的发生。有论者通过分析我国的刑罚体系后认为，我国当前刑罚的经济性较为缺乏，具体表现为：一是死刑条款较多，且司法实践中判处和执行死刑较为频繁；二是重刑色彩浓厚，刑罚量在总体上居于高位，继续上调的余地已极为有限；[①] 三是刑罚种类不够丰富，与国外刑罚种类相比，[②] 我国仅有五种主刑和三种附加刑，数量明显偏少，易导致刑罚投入的过剩或者不足，不利于犯罪的有效治理；四是轻缓化的措施和制度不足，非刑罚方法的适用较为有限，且对于如何具体适用缺乏可操作性规定。[③]

理性分析，刑罚适用与否，与行为社会危害性有无，甚至与行为是否构成犯罪，实际上并不完全是同一层面的问题。刑罚的适用与否不仅要考虑是否存在犯罪行为，还涉及经济理性和比例原则的考量，即是否需要将该行为认定为犯罪并判处刑罚。如前所述，从开始发动追诉到最终执行刑罚，其间往往需要耗费大量的司法成本，而如若为控制某种危害行为所投入的成本远高于控制该种行为所获得的收益的话，或者是为了实现对这种行为的控制而需要严重侵犯同样受到保护的其他重要法益的话，那么执意选择刑罚的适用显然是不必要且不理性的。注重刑罚适用的经济性，并不是单单为

① 具体而言，“我国当前的刑罚结构是以死刑和监禁刑为主导的，毫无疑问属于重刑结构……以死刑、无期徒刑和3年以上有期徒刑为代表的重刑在刑罚结构中比重过大，而以管制、拘役、3年以下有期徒刑和罚金刑、资格刑为代表的轻刑在刑罚结构中地位偏低，死刑、自由刑与财产刑、资格刑的比例不协调，刑罚量在总体上处于高位，继续上调的余地已极为有限。”包雯等：《21世纪刑罚价值取向研究》，知识产权出版社2006年版，第195~196页。

② 例如，俄罗斯1996年刑法典规定的刑罚种类有13种，与1960年刑法典相比，不仅对过去的所有刑罚都补充了新的内容，而且还增加了强制性工作、限制自由等新的刑种。又如，法国刑法典规定了40种左右的刑罚方法，仅对法人犯罪就特别规定了10种刑罚方法。参见刘仁文：《我国刑罚的不经济及其改进》，载《河北法学》2007年第9期。

③ 参见刘仁文：《我国刑罚的不经济及其改进》，载《河北法学》2007年第9期。

了追求司法资源的节约而放弃对犯罪的追诉，而是综合考虑犯罪情况、追诉成本以及公共利益等诸多因素后所进行的利益衡量和选择，从而避免刑罚权行使的失当和恣意。注重刑罚适用的经济性，其实质是使得刑事诉讼程序能够更好地平衡不同的利益诉求，能够尽可能地实现绝大多数人的利益。诚如日本学者棚濑孝雄所言："更有效地使用投入司法的资源，使更多的人能够享受正义的生产应该是成本政策的一个基本考虑。"①

具体而言，为进一步增强我国刑罚适用的经济性，未来应当纠正重刑主义、刑罚万能主义等对刑罚功能的片面和错误认知，刑罚的适用更加注重寻求投入与产出的综合衡量，实现司法资源特别是刑罚资源的最优配置。我国台湾学者林山田曾形象地指出："我们自幼童时代就有家庭教育的威吓，绝大多数的人自小即习惯于以奖励与惩罚的手段来左右行为的作用方式。因此，我们在无意识中也极易尝试以国家严厉的刑罚来制止犯罪。"② 追求刑罚适用的经济性，就有必要将经济理性和比例原则等在定罪和量刑过程中予以贯彻落实，避免单一地通过刑罚适用来控制犯罪，实现司法资源的最优配置。一方面，追诉犯罪、适用刑罚无疑会耗费一定的司法资源，并且随着罪行的严重和刑罚的严厉，所耗费的司法资源亦随之增加；另一方面，通过有效地追诉犯罪、准确地适用刑罚有利于对犯罪形成威慑效应，在惩罚犯罪、恢复受损的社会关系的同时预防新的犯罪的发生，犯罪的减少也就意味着司法资源投入的节约，这就是刑罚适用的收益所在。一般而言，刑罚适用威慑效应的提高具有两种路径：一是强化刑罚适用的确定性，提高侦查和追诉犯罪的水平，降低犯罪黑数，实行犯罪就会受到法律的追究；二是强化刑罚适用的严厉性，通过刑罚种类的严厉和幅度的增强来提高对犯罪

---

① ［日］棚濑孝雄：《纠纷的解决与审判制度》，王亚新译，中国政法大学出版社2004年版，第270页。

② 林山田：《犯罪问题与刑事司法》，台湾商务印书馆股份有限公司1982年版，第149页。

的惩治力度。实现刑罚资源的最优配置，就需要对强化刑罚适用确定性的成本和强化适用刑罚严厉性的成本进行综合衡量。当强化刑罚适用确定性的成本高于强化刑罚适用严厉性的成本时，应该增加刑罚适用严厉性的资源投入，对犯罪人适用较低的惩罚概率和较高严厉程度的刑罚；相反，当强化刑罚适用确定性的成本高于强化刑罚适用严厉性的成本时，则应该增加刑罚确定性的资源投入，对犯罪人适用较高的惩罚概率和较低严厉程度的刑罚。

二、诉讼人文精神的缺失与树立

人文精神在当下的中国并非陌生词汇，与之相关的人文文怀、以人为本、人本主义等常被广泛提及。对于人文精神的理解，有论者将其概括为“人类文化创造的价值和理想，是指向人的主体生命层面的终极关怀。它是对人自身命运的理解和把握，对人的生存价值意义的关注，是人之为人的一种理性意识、情感体验、生命追求、理论阐释、评价体系、价值观念和实践规范”。① 就人文精神的实质而言，它是一种重视人的主体地位与权利、关怀人的生命价值和意义、尊重人的人格独立和平等的文化精神。

（一）人文精神的历史脉络

西方学者对于人文精神或者人本思想的论述是较为系统的，从古罗马到文艺复兴运动再到资产阶级革命，“以人为本”一直为先哲们所倡导和捍卫，无论是尊重人的个性发展或是私权利神圣不可侵犯还是社会弱势群体保护，都体现出对人的生存和发展价值的极大维护。西方社会典型意义上的人文觉醒是从文艺复兴运动开始，其标志就是与“神文主义”相抗衡的人文主义的形成。“凡重视人与上帝的关系、人的自由意志和人对自然界的优越性的态度，都是人文主义。从哲学方面讲，人文主义以人为衡量一切事物的标准。人文主义从复古活动中获得启发，注重人对于真与善的追求。人文

① 樊崇义：《人文精神与刑事诉讼法的修改》，载《政法论坛》2004 年第 3 期。

主义扬弃褊狭的哲学系统、宗教教条和抽象推理，重视人的价值。”① 人文主义作为西方人文精神在文艺复兴运动时期的集中表现，其极力主张人的价值和幸福，试图通过与神性主义的斗争来夺回人的尊严和价值。西方社会的人文精神将人视为理性存在，重视人的个体独立和自由发展，并试图通过法制化的手段来固定和维护人的既有权利，实现了人文觉醒中的法治发展和进步。正如康德所言，人的本性表明“自身自在的就是目的，是不可被当作手段使用的东西，从而限制了一切任性，并且是一个受尊重的对象。所以，他们不仅仅是主观目的：作为我们行为的结果而实在，只有为我们的价值；而是客观目的，这些其实在自身就是目的，是种任何其他目的都不可替代的目的，一切其他东西都作为手段为它服务……”②

在我国古代，虽然对于人文精神的思辨不如西方社会那般缜密，但是人文思想的体现却是毋庸置疑的。有论者指出，中国传统的人文精神与西方人文主义的最大差异就在于对“人”的不同理解。西方文艺复兴时期形成的人文主义强调人是具有理智、情感和意志的独立个体，并从人性论出发进而要求人的个性解放以摆脱封建等级观念和发展个人自由意志。中国的人文传统旨趣则重在“人文”与“天道”相契合，强调伦理中心与经世倾向，“民本”与“尊君”构成一体之两翼。③ 确实，我国古代的以民本为中心的人文思想更加强调人的社会性，或者说重视社会人格的发展。孟子提倡“仁义礼智”四端：“恻隐之心，仁之端也；羞恶之心，义之端也；辞让之心，礼之端也；是非之心，智之端也。”④ 孔子云：

① 《简明不列颠百科全书》第 6 卷，中国大百科全书出版社 1986 年版，第 761 页。

② ［德］康德：《道德形而上学原理》，苗力田译，上海人民出版社 1986 年版，第 87 页。

③ 参见冯天瑜：《略论中西人文精神》，载《中国社会科学》1997 年第 1 期。

④ 《孟子·公孙丑上》。

“礼之教化也微。其止邪也于未形，使人日徙善远恶而不自知。”[①]荀子认为：“权利不能倾也，群众不能移也，天下不能荡也。生乎由足，死乎由足，夫是之谓德操。”[②]

除却仁义礼智以及礼仪教化等人文体现，我国古代人文思想中更为重要的内容则是以省刑、慎刑、恤刑等为代表的儒家人文法律思想，这些思想对中国法律和中国文化的价值取向持续进行着全面塑造。孔子曰：“善人为邦百年，亦可以胜残去杀矣。诚哉是言也！”[③]孟子将“省刑罚”作为仁政的重要手段，认为“王如施仁政于民，省刑罚，薄税敛，深耕易耨。壮者以暇日修其孝悌忠信，入以事其父兄，出以事其长上，可使制梃以挞秦楚之坚甲利兵矣”[④]。董仲舒在继承孔孟“重德轻刑”思想的基础上提出了“德刑相辅、大德小刑”的统治方法。“刑者，德之辅；阴者阳之助也”；“教，政之本也；狱，政之末也。其事异域，其用一也。不可以不相顺”。[⑤]虽然儒家的人文思想被诟病为经过封建社会上千年的理论演化从而使得亲疏长幼有别、上下尊卑有序的人伦关系被强化为道德教条并成为一种与政治结合的统治术，这不仅导致了人文精神的失落，更使人文精神成为统治者伪善面目的遮羞布，[⑥]但是儒家人文思想从探讨人的价值、追求人在人伦关系中的实现出发，试图通过以人为本的基本理念来回应和解决现实社会问题，特别是儒家人文法律思想以“仁爱”为立基强调对人的关怀和教化，强调犯罪的区分对待以及刑罚的审慎适用，对于当下中国社会尤其是刑事司法实践无疑具有深刻的借鉴意义。

---

① 《礼记·经解》。

② 《荀子·劝学》。

③ 《论语·子路》。

④ 《孟子·梁惠王上》。

⑤ 《春秋繁露·精华》。

⑥ 参见洪修平：《论儒学的人文精神及其现代意义》，载《中国社会科学》2000年第6期。

（二）刑事诉讼人文精神的缺失

在刑事司法领域，人文精神的发展对于司法制度的变迁影响深远。人文精神强调尊重人的主体地位，这就要求实现当事人特别是被追诉人从诉讼客体到诉讼主体的地位转变，保证被追诉人拥有与国家公诉机关平等武装和对抗的机会，保证被害人能够通过刑事诉讼程序依法实现其合法权益。人文精神崇尚关怀人的价值尊严，这就要求刑事诉讼程序的设置以及运行应当能够符合人道主义的基本准则，应当摒弃野蛮的追诉方式和手段特别是刑讯逼供等非法取证行为，着力寻求刑事诉讼程序能够更好地实现人的价值意义和自由发展，而不是单纯地追求刑事制裁的威慑和恫吓。由此可以认为，刑事诉讼制度的演变史和文明史在一定程度上就是刑事诉讼人文精神的发展史和进步史，人文精神的觉醒和强化呼唤着诉讼制度的变革和科学。基于人文精神的内涵指引，对于犯罪的认识和理解亦当逐步趋于理性化和科学化，犯罪人的特殊性以及犯罪背后折射出的复杂社会因素值得重视。单纯无差别地适用刑罚、报复犯罪事实上已经不再具有正当性，而如何实现犯罪原因的真正消除以及犯罪人的有效复归成为人们所关注的问题。与之相适应，以非犯罪化为代表的一系列非刑事化、非司法化等刑罚替代措施在刑事司法领域逐步兴起并被广泛适用，片面追求打击犯罪、适用刑罚的陈旧做法得到有效改善，刑事司法的民主、文明、理性的程度得到大幅提升。

在当下的中国，不论是政策层面还是法律层面，强调以人为本、注重人权保障的人文精神已然得到基本确立。2003 年 10 月，党的十六届三中全会号召“坚持以人为本，树立全面、协调、可持续的发展观，促进经济社会和人的全面发展”。2004 年 3 月，十届全国人大二次会议审议宪法修改时增加规定“国家尊重和保障人权”内容。2007 年 10 月，党的十七大报告明确强调“科学发展观，第一要义是发展，核心是以人为本，基本要求是全面协调可持续，根本方法是统筹兼顾……尊重人民主体地位，发挥人民首创精神，保障人民各项权益，走共同富裕道路，促进人的全面发展，做到发展为了人民、发展依靠人民、发展成果由人民共享”。2012年3月，修正后的《刑事诉讼法》明确将“国家尊重和保障人权”纳入总则部分予以规定。2015年召开的中央政法工作会议[①]同样明确提出，要结合推进以审判为中心的诉讼制度改革，认真实施修改后的《刑事诉讼法》等法律制度，强化对当事人和其他诉讼参与人的合法权益的制度保障，重点健全落实罪刑法定、疑罪从无、非法证据排除等制度，落实好程序公正的要求，探索建立刑事案件申诉异地审查制度，切实加强刑事司法领域的人权保障。遗憾的是，尽管宏观层面的政策和法律立基已然存在，但是微观层面的人文精神法律实践尤其是刑事诉讼实践明显发展滞缓，这也是导致刑事诉讼过程中进行非犯罪化争议颇多、进退维谷的重要原因之一。

贝卡利亚曾经深刻地指出：“道德的政治结果不以不可磨灭的人类感情为基础的话，就别想建立起任何持久的优势。任何背离这种感情的法律，总要遇到一股阻力，并最终被战胜。”[②] 无论是个人尊严之维护、个人自由之保障，还是个人权利之实现、个人错误之宽容，这些深切体现人文精神的基本要素都未曾能够充分引起我国司法工作者的足够重视，进而导致整个刑事司法制度的运行难免给人以僵硬、冷漠、缺乏人文关怀的感觉。在实体法适用方面，往往偏重于刑事法网的严密以及刑事制裁的严格，忽视犯罪行为的有效预防和矫正以及犯罪处遇的个别化和人性化；在程序法适用方面，往往寄希望于刑事诉讼程序对犯罪行为进行充分甚至过度反应进而顺利实现对犯罪的认定和惩罚，甚至寄希望于通过刑事诉讼程序先行对被追诉人进行一定程度的惩罚并以此作为对社会公众的法制教育，而不愿对犯罪的诱因、犯罪者的人格背景等人性化因素加以细致考量，以发现是否“情有可原”，亦不愿通过更为人性化的

---

① 自2014年起，“全国政法工作会议”以中央的名义召开，改称为“中央政法工作会议”。

② ［意］切萨雷·贝卡利亚：《论犯罪与刑罚》，黄风译，北京大学出版社2008年版，第8页。

刑事诉讼程序来保障被追诉人行使其合法权利、体现其自身尊严。人文精神的缺失决定了我们在刑事司法过程中面对是否予以非犯罪化的抉择时往往倾向于给出否定答案，忽视刑法应当尽量减少对个人自由的干涉、进行法律判断时应当尽可能对人性的弱点予以宽容以及诉讼程序推进应当最大化实现当事人尤其是被追诉人的合法权益等能够贯彻和体现人文精神的当为之道。

（三）刑事诉讼人文精神的树立

"一种对于人性来说是过分凶残的场面，只能是一种暂时的狂暴，决不会成为稳定的法律体系。如果法律真的很残酷，那么它或者必须改变，或者导致犯罪不受处罚。"① 先哲贝卡利亚对于人性与法律的关系论述值得我们深思，人文精神在我国刑事法律特别是刑事程序法中的充分彰显理应加快步伐。当然，人文精神内容宏大、涵盖较广，在刑事司法中彰显人文精神实属一项系统工程，涉及刑事诉讼构造、刑事诉讼理念、刑罚适用原则以及司法人员素养等多个方面的内容。基于研究的需要，现仅从非犯罪化这一视角出发，针对我国现行司法实践中实现非犯罪化的掣肘因素提出树立刑事诉讼人文精神的应然路径：

1. 尊重个人之自由发展

人本精神的重要内容之一就是对人的价值和意义予以重视和关怀，而尊重个人之自由发展则是其中最为重要的一个方面。诉讼程序的具体运行以及通过诉讼程序最终形成的诉讼结果都应当建立在对个人自由予以充分尊重的基础之上，应当能够为个人留下足够的自由空间以保证其主体性的充分发挥。长期以来，我国刑事司法领域国家本位思想盛行，人文关怀明显缺失，无论是诉讼的发动还是刑罚的适用，都呈现出浓厚的国家本位色彩。英国学者鲍桑葵曾这样写道："国家在我们心目中显得如此重要，弄清楚它的真正独特

---

① ［意］切萨雷·贝卡利亚：《论犯罪与刑罚》，黄风译，北京大学出版社2008年版，第63页。

的权力和作用就尤为重要了。这种特点越难弄清楚，弄不清楚的危害性就越大。如果没有人对国家抱很大的希望，那就不会有什么危险，但是，当它受到普遍注意时，如果不准确地了解它实行干预的情况，那就将是致命的。”[①] 国家本位思想给刑事司法领域带来的消极影响之一就是在对待和处理犯罪时偏向于强调社会控制的需要以及社会秩序的维护，而犯罪背后的个人因素以及社会因素则被忽视，即过于强调有罪必罚和违法必究，而忽视了罪责刑相适应以及刑罚的个别化。“个人是如此渺小的一部分，个人的利益轻而易举就会成为敬献在公共利益和社会自身这一祭坛上的牺牲品。对于社会来说，再也没有比侵蚀和削弱这一信念更危险的事了。”[②] 强调刑事司法要尊重个人之自由发展，就需要摆脱国家本位思想特别是国本主义刑法观的桎梏，转而更加注重刑事司法中作为个体存在的每一位诉讼参与人特别是被追诉人的实际利益和发展空间，更加强调刑事司法程序的运行以及刑事法律制裁的适用必须以人为本，以尊重个人的自由发展为诉讼行为的准则和刑罚的适用标准，审慎衡量犯罪认定、刑罚适用的必要与否以及刑罚种类的选择，尽可能地为个人留下复归社会、接续发展的空间。具体到刑事诉讼程序和制度中，就是在决定适用强制措施时，应当尽可能选择非羁押性强制措施，避免和减少羁押性强制措施的适用，在确定适用羁押性强制措施后，应当继续对羁押必要性进行审查，不再符合羁押条件的应当及时解除羁押；在审查起诉时，应当着重对起诉的必要性进行认真审查，对于符合不起诉条件的应当坚持不予起诉，并在条件成熟时适当扩大不起诉的范围，赋予检察机关更为丰富和合理的起诉裁量权；在定罪量刑时，除却考虑必要的刑罚效应外，还应当同时充分考虑被告人的复归社会问题，尽可能地扩大非监禁刑的适用

① ［英］鲍桑葵：《关于国家的哲学理论（第二版）》，汪淑钧译，商务印书馆1996年版，第16页。

② ［英］史蒂文·卢克斯：《个人主义》，阎克文译，江苏人民出版社2001年版，第44页。

范围。

2. 宽宥犯罪之“情有可原”

情理作为体现司法人文关怀的重要方面，历来为我国古代法律所重视，无论是“以五声听讼狱、求民情”的规定还是“父为子隐、子为父隐”的亲亲相隐制度都不外乎如此。梁治平教授曾对我国古代的礼法制度作出这样一段描述：“理即是礼，即是义。而理与律、令具有完全的支配地位……在有的场合，它以其精神贯注于律、令等专门的法律形式之中；在另一场合，它直接被援用作为判决的依据。古人固然不曾把律、令等特定的法律形式与礼义相混同，但也不认为这些不同的规范、原则之间是互相对立或排斥的。法律应当符合礼义，顺应人情，这不仅是立法的精神，也是指导司法活动的原则。”① 时至今日，虽然我们更加强调法官审判的独立性（如司法独立）以及法律适用的严格性（如罪刑法定），以避免司法官员的恣意妄为以及法外因素的不良影响，但毋庸置疑，情理在现代司法中仍应占有一席之地。缺乏情理的司法往往导致裁判结果与民众的认知相互脱节甚至大相径庭，“许霆案”等典型案件一再为媒体所热炒并且在广大公众间引起的强烈反响更是为此进行了生动注解。情理之所以值得提倡，不仅因为其在我国具有深厚的文化基础，更是因为其体现了一种人文关怀。事实上，对未成年人犯罪实行“教育、感化、挽救”的基本方针以及对初犯、偶犯、邻里纠纷、情感纠纷等予以从轻、减轻甚至免除处罚都是刑事司法展现人文关怀的方式。遗憾的是，对于犯罪之必要原宥，当前刑事司法领域无论在观念上还是在制度上都还十分薄弱，这也是刑事诉讼中非犯罪化较难实现的重要原因之一。宋人胡石壁曾言：“法意、人情实同一体，拘人情而违法意不可也，守法意而拂人情，不可

① 梁治平：《寻求自然秩序中的和谐》，中国政法大学出版社 1997 年版，第 234 页。

也。权衡于二者之间，使上不违于法意下不拂于人情，则通行而无弊矣。”① 富于情理的司法，不但更具有说服力并增强民众对司法的信赖感，同样也使得民众不至于误认为司法只是冰冷地适用甚至套用法言法语以增加其精英感和神秘性。宽宥犯罪之“情有可原”是在刑事司法过程中体现司法情理的重要方式和手段，其要求司法人员对于犯罪的认识和处理不能过于机械和形而上学，除对犯罪要件的查明之外更需要对犯罪诱因、犯罪人品格等与犯罪相关的其他因素予以充分了解，准确加以区分对待，及时、适当地将可以原宥的犯罪予以非犯罪化、非刑罚化以及轻刑化处理。

3. 实现人权之有效保障

人权源自于人类本身的固有尊严。“无论哪一个国家都无法堂而皇之地否认人权，人权已经成为神圣的观念，全世界都在提倡对人权的保障和尊重。”② 由于界定标准的差异以及道德文化的多元，世界各国对于人权的具体理解并不完全一致，但这种分歧不影响各国在尊重各自特殊性的同时对一些获得普遍认可的人权范畴达成共识。根据《世界人权宣言》的相关规定，与刑事诉讼密切相关且需要加以保障的人权主要包括：不得加以酷刑，或施以残忍的、不人道的或侮辱性的待遇或刑罚；获得法律人格；法律面前人人平等；基本权利遭受侵害时获得补救；不得加以任意逮捕、拘禁或放逐；公正审判；无罪推定以及罪行法定；住宅、通信、私生活等不受任意干涉；财产不得任意剥夺等。人权保障是人文精神的法治要求，西方社会人文精神发展的重要成就就是通过法律手段来保障个人的基本权利不受侵犯。我国历史上虽然早已存在“以人为本”的法律思想，但是人权观念却并不发达，恰如有学者所言，“中国的文化传统里不存在西方那样的人与自然、人与人、人与神的分

① 转引自张晋藩：《中国法律的传统与现代转型》，法律出版社 1997 年版，第 51 页。

② ［日］大沼保昭：《人权、国家与文明》，王志安译，生活·读书·新知三联书店 2003 年版，第 75 页。

裂、对抗。先民们追求天人合一、孝悌忠义，讲究和为贵，不尚争斗。在当时的经济、政治和文化条件下，和谐观念的运用不免偏向连接、合一，强调礼让、奉献，因而未能创造出一套发达的权利制度和人权观念”①。随着法制建设的不断发展，我国的人权水平也得到了很大的提升，2004 年宪法修正案更是明确规定“国家尊重和保障人权”。2012 年刑事诉讼法修正案第一项内容即为对刑事诉讼的任务进行完善，规定“中华人民共和国刑事诉讼法的任务，是保证准确、及时地查明犯罪事实，正确应用法律，惩罚犯罪分子，保障无罪的人不受刑事追究，教育公民自觉遵守法律，积极同犯罪行为作斗争，维护社会主义法制，尊重和保障人权，保护公民的人身权利、财产权利、民主权利和其他权利，保障社会主义建设事业的顺利进行”。可以看到，“尊重和保障人权”在刑事诉讼法中的地位再次得到凸显。因此，强化刑事诉讼中的人本精神，保障诉讼参与人尤其是被追诉人基本人权的实现是其应有之义。尊重诉讼参与人的主体地位，实现诉讼参与人的有效参与，维护诉讼参与人的诉讼权利，追求被害人与被追诉人诉讼利益的共赢，保障被追诉人不受任意逮捕、获得更为人道的待遇以及更好地回归社会，这些国际刑事司法准则所规定的诉讼人权的基本要求无不与非犯罪化的程序法实现密切相关。所有这些，也正是我国当前的刑事诉讼制度和程序亟待完善之处，以使刑事诉讼制度更加公正、民主和人道，更加因应国际刑事司法的发展潮流。

三、诉讼运行规律的背离与遵从

从哲学范畴来看，规律一般是指在事物的发展过程中，同一类现象的本质关系或本质之间的稳定联系，是千变万化的现象世界中相对静止的内容。规律，不管是自然规律还是社会规律，都是事物本身所固有的，是客观存在且不以人的意志为转移的，其既不能被

① 夏勇：《人权概念起源》，中国政法大学出版社 1992 年版，第 189 页。

创造也不能被消灭，深藏于现象背后并且决定或支配现象。当然，人类在客观规律面前并不是完全消极被动的，人们在实践中通过大量的外部现象可以认识和发现客观规律，并应用客观规律来指导实践。诉讼运行规律作为社会规律的一种，是诉讼过程中不以人的意志为转移的、客观存在的根本性准则，对诉讼活动的具体运作和实际开展具有决定性的作用。只有正确认识和把握诉讼运行规律的本质内容，诉讼活动才能得以正常、有序地开展，诉讼所追求的实体正义和程序正义才能得以顺利、充分实现；否则，诉讼活动的运行必然会走向偏颇和恣意。当前，我国刑事诉讼中的非犯罪化之所以存在诸多实现困境，其主要原因还是在于刑事诉讼程序的运行、刑事诉讼制度的设置在某些方面背离了诉讼运行规律的基本要求，导致了非犯罪化的实施往往会与公安司法人员的职业要求以及利益实现存在龃龉、抵牾甚至根本冲突，进而使得公安司法人员即使能够认识到非犯罪化确系符合国际刑事司法潮流发展趋势的做法，也不愿意或者说不能够在司法实践中进行非犯罪化。

（一）专门机关相互关系的扭曲与理顺

我国刑事诉讼法中有一项极为重要的诉讼原则，就是“人民法院、人民检察院和公安机关进行刑事诉讼，应当分工负责，互相配合，互相制约，以保证准确有效地执行法律”，这一原则对刑事司法过程中我国公安司法机关的相互关系进行了总体性界定，即“分工负责，互相配合，互相制约”。所谓分工负责，是指公安机关、人民检察院和人民法院依照法律对于各自职权的划分规定分别行使相应的权力，各司其职，各负其责，既不能超越职权也不能相互推诿；所谓互相配合，是指公安机关、人民检察院和人民法院在遵从法律对各自职权明确分工的前提下互相合作，共同完成查明犯罪、惩罚犯罪、保障人权等刑事诉讼法的基本任务；所谓互相制约，则是指公安机关、人民检察院和人民法院进行刑事诉讼应当按照各自的职责分工，相互制约、相互平衡，及时发现对方工作中存在的问题和错误，并及时要求纠正。分工负责原则主要强调对刑事司法权力的行使进行合理分割，从而实现分权式的司法，避免单一机关集控诉、审判于一身的集权式司法所容易产生的任意追诉、侵犯人权等现象，这符合现代刑事诉讼运行规律的基本内容，司法实践中公安司法机关对于各自的职责范围亦大体存在着较为明确的区分界限。互相配合原则主要立足于公、检、法三机关虽然存在职责分工的不同，但是在查明案件事实、惩治刑事犯罪方面具有共同的义务和责任，因此在刑事诉讼过程中应当予以配合和协作，防止推诿、扯皮等阻碍刑事诉讼顺利进行现象的发生。互相制约原则主要是从权力行使的规范性角度出发，为防止公安司法权力行使的恣意和不受控制，要求三机关应当按照各自的法定职责和权利，对对方权力的行使进行监督制约，发现并及时纠正错误。① 但是互相配合原则和互相制约原则，却由于其固有逻辑关系的混乱以及司法实务对其操作的异化，进而导致了刑事司法实践中的诸多问题和矛盾丛生。

从立法目的来看，互相配合和互相制约应当是从正、反两个方面来对公安司法机关完成刑事诉讼基本任务、实现刑事诉讼基本目的进行总体要求和规定。其中，强调配合主要是为了防止不同机关之间推诿扯皮或者各行其是从而导致刑事诉讼放纵犯罪或者冤枉无辜，强调制约则主要是为了避免公安司法机关片面强调打击和配合而忽视司法工作中可能存在的错误和失当行为，进而造成冤假错案或者侵犯诉讼参与人的合法权利。暂且抛开配合原则和制约原则的立法合理性不谈，综观我国当前的刑事司法实践，配合制约这种本来强调一体两面的立法原意现已扭曲为公安司法机关共同打击犯罪的流水式作业，配合成为公安司法机关相互关系的主要外在特征甚至可以称之为唯一的外在特征，而制约则往往沦为完成一些硬性业务指标的无奈选择。分析我国刑事诉讼的全过程，从侦查到起诉再

① 王超：《分工负责、互相配合、互相制约原则之反思——以程序正义为视角》，载《法商研究》2005 年第 2 期。

到审判，实际上整体呈现出“追诉—复式追诉—确认追诉”的线性递进式发展特征，具体表现为：侦查机关最先发动侦查，对被追诉人开始进行追诉，收集相应证据，形成基本的追诉事实；检察机关根据侦查机关的案卷材料，进一步巩固和强化侦查机关的追诉结果，并在完成事实和证据固定后向法院提起公诉；审判人员在基于检察机关和侦查机关案卷材料的基础上，形成对案件结果的初步裁判，再通过庭审的进行来适度调整先前形成的案件认知进而作出最终结论，其在绝大多数情况下都会通过判决来维护和认可追诉机关的追诉行为。之所以刑事诉讼程序中公安司法机关的相互关系如此扭曲和异化，主要原因就在于公安司法人员过度强调刑事诉讼过程中的互相配合，而忽视各自应尽的职责，甚至会为了实现配合而丧失应有的立场和原则。

这种违背诉讼运行规律、过于追求互相配合的做法对于非犯罪化在刑事诉讼中的实现可谓危害尤重。片面强调配合，就会使得侦查、起诉、审判的顺序进行失去本应具有的程序必要性和实质合理性反思，进而演变为对先前程序结论的简单维护和对后续程序进行的盲目启动。例如，对于侦查机关移送审查起诉的案件，检察机关本应按照法律规定对起诉必要性进行严格审查，并且尽可能地将不需要提起公诉的案件予以不起诉或者缓起诉，但事实上，检察机关决定是否提起公诉往往并非仅从起诉必要性的角度予以考量，而需要基于配合的思想去考虑侦查机关对于案件处理的预设结论和基本态度，很多时候都只是在公安机关不予以反对的基础上方考虑作出不起诉的决定，甚至是对于能够作出不起诉决定的依然放弃作出决定而要求公安机关撤销案件。刑事诉讼程序的推进，本应表现为“漏斗式”的状态，每一步程序的进行都应当是在对先前程序予以反思的前提下对是否有必要存在启动下一步程序予以理性思考，从而保证刑事诉讼程序的经济性和合理性，而非简单地对先前程序的既有结果进行维护和确认。此外，公安司法机关在刑事诉讼中片面强调相互配合，极易使得三机关成为对被追诉人进行控诉的利益共同体，其唯一目的就是顺利完成所有刑事诉讼程序，实现对犯罪的有效追诉，而无暇去顾及是否确有必要对被追诉人予以定罪处罚。这种扭曲的公安司法机关相互关系，显然会大大压缩刑事诉讼中非犯罪化的实现空间，导致许多原本可以甚至应当进行非犯罪化的案件最终未能顺利实现非犯罪化。

对于如何遵从刑事诉讼运行的基本规律，消除“分工负责、互相配合、互相制约”原则对司法实践造成的不利影响，理论界见仁见智。有论者指出，从历史来看，分工负责、互相配合、互相制约原则是在新中国政权并不十分稳固、稳定压倒一切、法制建设刚刚起步、“人治”思想严重、公安司法机关是无产阶级专政工具等诸多特定历史条件下才逐步形成的，这一原则只有在上述特定历史条件下或者特定历史时期才具备其合理性和正当性。而如今，人们对刑事诉讼以及公、检、法三机关的性质、功能的认识已经发生了根本性地变化，刑事诉讼法也已不再一味地追求如何惩罚犯罪而是越来越强调程序正义和保障人权，要想使刑事诉讼法真正成为宪法的保障法，就必须彻底摈弃分工负责、互相配合、互相制约原则。① 也有论者认为，鉴于配合原则在司法实践中所存在的诸多问题，应当在保留分工负责和互相制约原则的基础上取消互相配合原则，改善检警关系、检法关系，加强和完善党对政法工作的领导，并改革检察机关在刑事诉讼中的地位和作用，强化司法独立。② 还有论者则指出，在我国刑事诉讼中确立这样一个原则是必要和正确的，不论从理论上还是实践中看都是具有科学根据的，而对于贯彻这一原则中存在的问题则要作具体分析，主要还是在理解与执行中发生偏差，而并非原则本身的问题。实际工作中发生的片面强调配合、忽视制约，或者片面强调制约、忽视配合的做法，都是对这一

① 参见王超：《分工负责、互相配合、互相制约原则之反思——以程序正义为视角》，载《法商研究》2005 年第 2 期。

② 参见聂洪勇：《分工负责、互相配合、互相制约原则的检讨与重构》，载《法律适用》2007 年第 1 期。

原则基本内容的违背，而解决的办法不是简单地取消这一原则，而是针对存在的问题来完善相应的具体实施措施。①

对于上述争议，目前比较现实的解决之道还是在坚持“分工负责、互相配合、互相制约”这一原则的基础之上，强化公安司法机关的各司其职、各守其责，特别是强化检察机关的监督职能以及审判机关的独立地位，坚决避免和抵制公安司法机关联合会商、协同办案等明显违背刑事诉讼规律的现象发生。2014 年，党的十八届四中全会通过《关于全面推进依法治国若干重大问题的决定》，决定在继续强调“健全公安机关、检察机关、审判机关、司法行政机关各司其职，侦查权、检察权、审判权、执行权相互配合、相互制约的体制机制”的同时，进一步要求“推进以审判为中心的诉讼制度改革，确保侦查、审查起诉的案件事实证据经得起法律的检验”。“以审判为中心”的提出，是对当前“分工负责、互相配合、互相制约”原则的进一步深化、完善和发展，其在不否定这一原则的同时，将审前程序和审判程序进行了明确区分，更加强调审判程序在刑事诉讼程序中的中心地位，保证庭审在查明事实、认定证据、保护诉权、公正裁判中能够发挥决定性的作用，力求避免配合有余而制约不足所造成的侦查中心主义和审判虚无主义。② 2015 年召开的中央政法工作会议也明确指出，“要强化制约监督，把宪法规定的分工负责、互相配合、互相制约制度落实好，人民检察院、人民法院要忠于事实和法律，防止事实不清、证据不足的案件或者违反法律程序的案件‘带病’进入起诉、审判程序，造成起点错、跟着错、错到底的现象发生。”

但从长远目标来看，不管是对“分工负责、互相配合、互相制约”原则予以彻底否定还是部分改良，鉴于司法实践中这一原

---

① 参见徐益初：《论我国刑事诉讼中的几个辩证关系——兼论完善我国刑事诉讼原则的问题》，载《中国法学》1990 年第 1 期。

② 樊崇义：《“以审判为中心”与“分工负责、互相配合、互相制约”关系论》，载《法学杂志》2015 年第 11 期。

则的突出矛盾主要还是对于配合原则的过度强调甚至是异化理解，进而导致了诸多违背诉讼运行规律的现象发生，未来还是应当在法律上对配合原则予以剔除，唯有如此，方能从根本上扭转长期以来固有的忽视诉讼规律、片面强调配合的错误观念和做法。就我国目前的刑事司法实践而言，配合原则的负面效应可谓根深蒂固，如若仅仅试图通过制度的改良而不从法律层面上对其予以彻底否定，实可谓“隔靴搔痒”之举，极易使得制度改良的努力最终亦会虚无和落空。除却取消配合原则外，还应当辅之以一系列制度上的措施来消除配合原则所存在的消极影响，如强化检察机关的监督、加强法院审判的独立、进一步落实“以审判为中心”的配套保障措施等，从而在制度上理顺公安司法机关在刑事诉讼中的相互关系，使得刑事诉讼程序的每一步都存在独立思考和理性裁量的空间，能够切实将那些不需要继续予以追诉的案件及时排除出刑事诉讼程序，这也是在刑事诉讼中进行非犯罪化必须予以着力解决的重要问题。

（二）司法决策形成的错位与复位

司法人员对于经由其审查或者审理的案件，根据既有事实和证据，按照法律规定，在自由心证的基础上作出裁量结果，这原本是体现司法亲历性、独立性等诉讼运行规律基本要求的重要内容。但在我国司法实践中，司法决策的形成却面临着司法亲历者与决策作出者相分离的困境，具体表现为如下几种制度：（1）审批审核制度。审批审核制度主要是指对于案件的处理结果，特别是需要作出不起诉、缓刑、无罪判决等决定的案件处理结果，需要经由部门负责人、主管院领导、院长或者检察长逐级审批、审核方能最终作出，有时还需要通过审判委员会、检察委员会作出决定，而案件承办人则一般没有最终决定权，只是提出对案件的处理意见。以法院的裁判文书签发为例，法院的判决书、裁定书由承办案件的法官拟制后，一般须报请合议庭审判长、审判庭庭长审查、核准签发，重要案件一般须报请分管院长或者院长审查、核准并签发，经由此方能作为法院的正式判决或者裁定制成文书予以发布。（2）案件请示制度。案件请示制度主要是指对于案情疑难重大复杂或者具有重大影响的案件，下级司法机关就实体问题和程序问题以口头或者书面方式向上级司法机关请示，上级司法机关予以答复。例如，《湖北省人民检察院关于请示、报告和情况说明工作的规定》要求，下级人民检察院对具体适用法律问题以及办理的重大疑难复杂案件，应当向上级人民检察院请示。此外，在司法实践中，下级法院在审理重大疑难复杂案件、舆情关注度较高的案件或者当事人信访可能较高的案件时，较为常见的做法是并不通过正式的上请程序，而是由承办法官或者合议庭通过征求意见、汇报等方式寻求上级法院业务部门对案件办理的指示。这一做法虽然最终形式上仍是由下级法院作出裁定，但实质上上级法院已经对案件予以定调，进而导致审级制度的既定功能被大大弱化。（3）审判委员会和检察委员会制度。审判委员会和检察委员会的重要职能之一就是对重大疑难复杂的案件进行审议讨论并作出决定，以供司法人员予以执行。最高人民法院 2002 年颁布的《关于人民法院合议庭工作的若干规定》第 12 条规定："对于下列案件，合议庭应当提请院长决定提交审判委员会讨论决定：（一）拟判处死刑的；（二）疑难、复杂、重大或者新类型的案件，合议庭认为有必要提交审判委员会讨论决定的；（三）合议庭在适用法律方面有重大意见分歧的；（四）合议庭认为需要提请审判委员会讨论决定的其他案件，或者本院审判委员会确定的应当由审判委员会讨论决定的案件。"最高人民法院 2013 年正式施行的《关于适用〈中华人民共和国刑事诉讼法〉的解释》第 178 条规定："合议庭审理、评议后，应当及时作出判决、裁定。拟判处死刑的案件、人民检察院抗诉的案件，合议庭应当提请院长决定提交审判委员会讨论决定。对合议庭成员意见有重大分歧的案件、新类型案件、社会影响重大的案件以及其他疑难、复杂、重大的案件，合议庭认为难以作出决定的，可以提请院长决定提交审判委员会讨论决定。人民陪审员可以要求合议庭将案件提请院长决定是否提交审判委员会讨论决定。对提请院长决定提交审判委员会讨论决定的案件，院长认为不必要的，可以建议合议庭复议一次。独任审判的案件，审判员认为有必要的，也可以提请院长决定提交审判委员会讨论决定。”此外，根据最高人民检察院 2008 年制定的《人民检察院检察委员会组织条例》的相关规定，检察委员会的职责共有八项，其中就包括审议、决定重大、疑难、复杂案件，审议、决定下一级人民检察院提请复议的案件，以及其他需要提请检察委员会审议的案件或者事项。

无论是审批审核制度、案件请示制度，还是审判委员会、检察委员会制度，其共同特点就是司法程序的亲历者与司法决策的形成者不具有同一性，造成了“审者不定、定者不审”的错位局面，这显然与诉讼运行规律不相符，违背了司法的亲历性和独立性，也使得诉讼参与人无法对最终司法结果的作出进行有效程序参与并施加实际影响，不符合程序正义的内在要求。事实上，我国曾经进行过“放权式”的司法改革，以强化司法决策形成的独立性。早在 1998 年，最高人民法院就推行过“关于加强合议庭和独任审判员职责问题”的改革，其后各地法院纷纷深入开展此项改革，包括将大部分法律文书的签发权回归合议庭，以强化合议庭的职能，并最终得到最高人民法院“一五改革纲要”及《关于人民法院合议庭工作的若干规定》的确认。检察机关亦通过推行主诉检察官制度来试图强化公诉人员的独立地位和责任意识。但近年来，随着信访、维稳压力的不断增大，“放权式”的司法决策形成机制逐渐又转变为“收权式”的司法决策形成机制，并且收权的范围有愈演愈烈之势，司法业务一度濒临重回高度行政化、集权化的危险。

司法决策形成的错位，是对诉讼运行客观规律的根本违背，也成为非犯罪化在刑事诉讼中实现的机制性障碍。一方面，由于司法决策的最终作出者并非司法活动的亲历者，其无法对案件的具体细节予以全面掌握，亦无法对被追诉人的人格特征、悔罪表现等进行全面了解，自然也就不能够对被追诉人是否存在继续追诉或者认定犯罪的必要作出准确判断，再加上追诉倾向的使然以及忌惮被害人方面的信访压力，其最终结果或者是忽视了本该实施的非犯罪化，或者是明知可以非犯罪化亦不予以实施。另一方面，对于司法人员来说，倘若要将被追诉人不作为犯罪处理，根据现行的司法决策形成机制，这一般并不属于其权力范围之内的事情，需要请示主管部门负责人以及分管院领导，甚至需要请示院长或者检察长乃至上级司法机关，这无疑给其现有的工作带来了一系列行政负担，如果非犯罪化的处理意见不被领导或者上级机关认可，无疑将给既有的司法工作造成更大地困扰，许多人也就因此怠于作出非犯罪化处理。笔者曾对北京市某基层法院从事刑事审判业务的法官进行访谈，据透露，受访法官所在的法院对被告人判处 1 年以下有期徒刑曾经全部需要经过主管副院长审批同意后才能作出，而这又涉及一系列的报批手续等文书工作，因而不少刑庭的审判人员对于能够判处 1 年以上且不违反量刑规定的，大都会选择判处 1 年以上有期徒刑。检察机关亦是如此。有论者即指出，检察机关的自侦案件拟不起诉决定需要报请上级检察机关批准，这些琐碎的程序也在相当程度上导致自侦案件的不起诉率偏低。如果将案件移交法院并按照简易程序进行审理，则在案件受理后 20 日内即可审结，对案件承办人而言工作量反而更少、工作效率更高。因此在相对不起诉的适用上，相当部分的检察官宁愿起诉让法院判缓刑、免处或单处财产刑也不愿意相对不起诉。①

因此，欲要在刑事诉讼过程中扩大非犯罪化的实施，就必须改变当前司法决策形成的错位局面，其中最为重要的莫过于强化司法人员办理刑事案件的独立性，实现案件亲历者和决定做出者的同一，这其实也就是司法独立的应然之义。美国学者埃尔曼认为，“如果司法过程中不能以某种方式避开社会中行政机构或其他当权者的摆布，一切现代的法律制度都不能实现它的法定职能，也无法

① 参见成懿萍：《刑事不起诉率偏低之实证分析——以某地 2003—2010 年刑事不起诉案件为分析对象》，载《中国刑事法杂志》2011 年第 8 期。

促成所希望的必要的安全与稳定。这种要求通常被概括为司法独立原则。”[①] 一般意义上的司法独立，要求司法机构及其所属官员独立地行使司法权并且仅仅是服从法律，而且应当在适用法律的过程中排除一切外来干预。与西方国家经典的司法独立表述不同，我国更加强调司法机关的整体独立，而非司法人员的个体独立。并且，我国司法机关的独立并非完全独立，而主要是业务独立，其需要接受党的领导、人大监督。法院系统论者对于司法独立的态度较为明确，“对于司法独立理念在人类历史进程中发挥的重要作用应当予以肯定，但是鉴于我国的具体国情，对司法独立的理念又决不能生吞活剥、生搬硬套，而应该保持清醒的头脑，区别司法独立理念的不同层次做具体分析：（1）对作为一种政治原则的司法独立理念，因其与我国国情不符，要坚决予以摈弃；（2）对作为一种司法技术规则的司法独立理念，要辩证地加以分析，不应当盲目崇拜。”[②] 学界也有论者指出，由于国家制度、政治体制和司法制度等各方面的原因，我国并不存在而且在现有制度框架内也不可能存在一般意义上的司法独立，而只能是一种中国式的司法独立。[③] 尽管如此，我们同样应当注意到，司法独立发展至今其实早已超脱了其产生之初那种通过强调司法权独立进而实现政体分权制衡的诉求，其更多的是体现出对诉讼运行规律的一种尊重和维护，是法治社会对于司法制度最为基本的要求，国际司法准则亦多次对司法独立予以明确要求。更重要的是，在我国呼吁和确立司法独立，与议行合一的政治制度以及党的领导并不存在根本冲突，恰恰相反，通过司法独立的有效确立进而实现司法公正、维护司法权威必然有利于进一步稳

① ［美］埃尔曼：《比较法律文化》，生活·读书·新知三联书店 1990 年版，第 134 页。

② 沈德咏主编：《中国特色社会主义司法制度论纲》，人民法院出版社 2009 年版，第 469 页。

③ 参见龙宗智、李常青：《论司法独立与司法受制》，载《法学》1998 年第 12 期。

定我国的根本政治制度并巩固党的领导地位。此外，虽然强调司法机关的整体独立有利于克服司法人员抗干扰能力偏弱以及法律素养不足等诸多缺陷，但是从诉讼运行的基本规律来看，唯有司法人员才是具体运用法律进行案件裁判的亲历者和践行者，才能准确感知案件事实的全部细节，单单强调司法机关的整体独立事实上并不能避免诸如前述非犯罪化实现困境的消极影响。特别是在面对过度行政化和集权化不断侵蚀着司法决策独立作出空间的情形时，强调司法人员的独立决策无疑具有更为现实的意义和价值。因此，逐步取消案件审批审核制度和请示制度，并转变审判委员会、检察委员会的职能，使其成为进行司法经验总结以及典型案例指导的业务机构而非作出具体案件处理结果的决策机构，强化司法人员的独立决策和责任意识，应当作为扩大非犯罪化在我国刑事诉讼中实现可能的必由之路。

值得注意的是，在当前我国开展的司法改革试点过程中，强化法官、检察官办理案件的独立性，严格限制审判委员会、检查委员会对于具体案件的参与和决策以及审批审核制度和请示制度，均是作为重点改革方向予以有效推进。以法院系统为例，最高人民法院2015年9月出台《关于完善人民法院司法责任制的若干意见》，其在开篇即明确指出，“为贯彻中央关于深化司法体制改革的总体部署，优化审判资源配置，明确审判组织权限，完善人民法院的司法责任制，建立健全符合司法规律的审判权力运行机制，增强法官审理案件的亲历性，确保法官依法独立公正履行审判职责，根据有关法律和人民法院工作实际，制定本意见”，并在第6条具体规定，“独任法官审理案件形成的裁判文书，由独任法官直接签署。合议庭审理案件形成的裁判文书，由承办法官、合议庭其他成员、审判长依次签署；审判长作为承办法官的，由审判长最后签署。审判组织的法官依次签署完毕后，裁判文书即可印发。除审判委员会讨论决定的案件以外，院长、副院长、庭长对其未直接参加审理案件的裁判文书不再进行审核签发。”同年出台的《关于全面深化人民法院改革的意见》第32条“改革审判委员会工作机制”亦强调，“合理定位审判委员会职能，强化审判委员会总结审判经验、讨论决定审判工作重大事项的宏观指导职能。建立审判委员会讨论事项的先行过滤机制，规范审判委员会讨论案件的范围。除法律规定的情形和涉及国家外交、安全和社会稳定的重大复杂案件外，审判委员会主要讨论案件的法律适用问题。”

（三）业绩评价体系的失当与改进

近年来，“业绩评价”一词逐渐被广泛运用到司法管理之中并成为评价和鉴定司法工作的质量、效率、效果等内容的重要依据。所谓业绩评价，大体是指收集、分析、评价和传递某人在其工作岗位上的工作行为表现和工作结果方面的信息的全过程。如今，业绩评价已经成为我国公安司法机关管理体系中必不可少的重要环节，其通过对公安司法人员的业务能力、专业知识、工作成绩以及工作态度等方面的综合分析，进而对公安司法人员的工作质量、效率、效果进行判断和评价，并以此作为进行奖惩、任用、职务或者职级晋升甚至薪酬管理的客观依据。《人民法院第三个五年改革纲要（2009—2013）》在“改革和完善人民法院队伍管理制度”中要求，“建立健全以案件审判质量和效率考核为主要内容的审判质量效率监督控制体系，以法官、法官助理、书记员和其他行政人员的绩效和分类管理为主要内容的岗位目标考核管理体系，以综合服务部门保障的能力和水平为主要内容的司法政务保障体系。”《人民法院第四个五年改革纲要（2014—2018）》不再使用“绩效考核”的概念，转而以“业绩评价”予以代替，提出“建立科学合理、客观公正、符合规律的法官业绩评价机制，完善评价标准，将评价结果作为法官等级晋升、择优遴选的重要依据。建立不适任法官的退出机制，完善相关配套措施”。《“十二五”时期检察工作发展规划纲要》亦明确提出“完善检察业务考评体系”的任务，并要求“科学设定考评内容，完善考评方法，规范考评程序，进一步建立健全符合司法工作规律和检察工作实际的业务考评机制，引导和促进业务工作健康发展”。

从我国目前司法效能普遍低下的现状来看，制定科学合理的业绩评价体系，对于公安司法人员正确适用法律、依法履行职责确实具有重要的推动和促进作用。通过考核的压力以及竞争的激励，能够提高公安司法人员工作的积极性和责任感，促进其进一步提高业务能力和法律素养，从而有效保障法律的正确适用和实施，维护社会公平与正义，实现法律效果和社会效果的相统一。对于刑事司法工作而言，鉴于业绩评价的主要内容还是着眼于侦查、检察和审判业务的高低优劣，甄别业绩评价是否科学合理的重要依据之一应当是评价指标是否符合诉讼运行规律的基本要求。多年来，我国自中央到地方各级公安司法机关一直在就如何优化业绩评价体系进行探索和尝试，亦取得了不小的进步和成就。但毋庸讳言，当前施行的业绩评价体系依然存在着一些不太合理和有欠妥当之处，最为典型的表现就是违背诉讼运行规律而人为制定一些硬性指标，从而导致刑事司法工作的实践异化甚至违法进行，这也正是我国非犯罪化在刑事诉讼中难以实现的重要缘由之一。

对于公安机关而言，批捕率、移送案件起诉率一般都是公安执法工作质量考核的重要标准，这就必然导致公安机关在司法实践中会高度重视并积极寻求这些考核数据的尽可能高企，而检察机关基于互相配合的思想一般亦不会在这些对于公安机关极为重要的指标上为难对方，进而导致了批捕率、移送案件起诉率等居高不下，而非犯罪化的实现则是举步维艰。例如，湖北省随州市公安机关检验执法质量优劣的重要标准就是综合执法比率的高低。所谓综合执法比率大致包含刑拘转捕率、批捕率、移送案件起诉率等。在 2008 年 10 月至 2009 年 10 月期间，随州市全市公安机关刑拘转捕率为 82.8%、批捕率为 99%、移送案件起诉率为 99%、取保候审监视居住打击处理率为46%，并以此作为执法优秀的评比标准。[①] 又如，浙江省丽水市莲都区公安机关在2007年至2009年间共查获涉嫌刑事犯罪人员2124人，其中刑拘1679人，取保候审441人，监视居住4人。在上述人员中，提请批准逮捕1437人，批准逮捕1354人，有罪不捕38人，批准逮捕率为96.9%，超过浙江省公安厅90%批捕率的要求；移送起诉1736人，起诉率为100%，准确率为99.8%；退查15起，退查率为0.9%，低于浙江省公安厅5%的要求。[②]

对于检察机关而言，其公诉案件的总体质量考评则主要围绕结案率、起诉率、撤诉率、改变定性率、无罪判决率等数据间的比率关系来进行。例如，辽宁省检察机关“两大考评体系”中明确规定“本院撤回起诉率不超过8‰，每降低2‰加1分，每超过2‰减1分”、“全地区公诉案件无罪判决率不超过1‰，每降低0.2‰市（分）院公诉工作加1分，每超过0.1‰市（分）院公诉工作减1分”、“全地区抗诉率不低于4‰，每超过0.5‰市（分）院公诉工作加1分”等。[③] 其中，与非犯罪化关系最为密切的当属不起诉率。1998年最高人民检察院曾发文要求控制不起诉率，2005年最高人民检察院制定的《检察机关办理公诉案件考评办法（试行）》对不起诉率作出统一要求，规定对普通刑事案件、破坏社会主义市场经济秩序案件、自侦案件设置的不起诉预警比例为2%、6%和12%，超过规定比例的则需要根据具体情况在考评中相应扣分。

① 参见《随州市公安机关2009年度执法质量考评情况的通报》，资料地址：http://www.hbzffz.gov.cn/hbfzb/preViewTextInfo.do? Id=4467&tId=2，最后访问日期：2016年5月1日。

② 参见《莲都区人大常委会执法检查组关于区公安机关实施〈刑事诉讼法〉情况的报告》，资料地址：http://www.ldqrd.gov.cn/Html/dysc/95411.html，最后访问日期：2016年5月1日。

③ 参见李勇、张森焱：《完善基层公诉工作考评机制之构想》，资料地址：http://www.fz-china.com.cn/fz-china/law.php? m=newsdetail&news_id=57397，最后访问日期：2016年5月1日。

2007年，为贯彻“宽严相济”刑事政策，最高人民检察院颁布了经修改后的《人民检察院办理不起诉案件质量标准（试行）》，适当放宽对不起诉的严格控制并鼓励对特殊案件予以不起诉，取消了对普通刑事案件不起诉率的考核指标，但自侦案件的不起诉率至今仍然被严格控制，系衡量公诉工作质量的一项重要指标。基于不起诉率在考核指标中的重要地位，对于可诉可不诉的案件，检察人员往往为了不影响对其个人以及部门的考核，即便是普通刑事案件且没有超过预警比例的也仍然会选择予以起诉，而自侦案件则更是不会例外。也就是说，“构罪即诉”已经成为我国检察机关公诉工作的常态，而不起诉这一实现非犯罪化的重要方式则往往由于顾及业绩考核指标的客观存在而放弃适用。

由此可以看出，我国公安司法机关在刑事诉讼中进行非犯罪化动力不足的重要原因之一就在于非犯罪化的实现与业绩评价指标的满足相互矛盾，选择前者就意味着牺牲后者，从而使得公安司法人员自身以及所在部门获得消极和负面的工作评价，甚至承担政治上的不利益。例如，不起诉是实现非犯罪化的重要路径，但是在公安机关的考核指标中，移送案件起诉率是重要内容，移送案件起诉率低就意味着公安执法工作质量不高，移送案件全部起诉就意味着执法工作质量优秀，公安机关自然会积极追求移送案件的起诉，检察机关亦不会轻易作出不起诉而导致公安机关的工作受到负面评价，这就使得审查起诉中非犯罪化的可能大大降低。检察机关对撤回起诉率以及不起诉率的限制亦是如此。

从诉讼规律的角度分析，无论是移送案件起诉率、不起诉率、撤回起诉率，还是定罪率、无罪判决率、抗诉率，将这些指标作为业绩评价的主要参考依据其实有欠合理与科学。一方面，诉讼认识从侦查到起诉再到审判是一个逐步加深的过程，证据的发现可能会随着诉讼的进行以及认识的加深而变得全面和准确，伴随着诉讼过程的不断推进，对案件作出不同的认定和处理结果是非常正常的事情，僵硬地要求不同诉讼阶段对于案件作出相同的结论认定，其实违反了“事物是变化发展的”这一唯物主义思想。另一方面，即使诉讼的后一阶段作出与前一阶段不相符的认定结论，也并不意味着前一阶段的认定结论就一定存在错误，这可能只是不同人员对于某一事实认识的差异甚至是后一阶段的认识错误，抑或是后一阶段出现了前一阶段并未出现的情形而导致了不同的法律适用。因此，人为地试图控制司法实践中诸如起诉率、不起诉率、撤回起诉率以及定罪率、无罪判决率、抗诉率等数据，虽然其初衷是为了实现侦查、起诉和审判工作的质量优化，但是这一做法本身却违背了诉讼运行的基本规律，使得公安司法人员往往基于对业绩和利益的追求而异化对案件的应然处理，以单纯满足业绩评价指标要求代替合理的裁量案件处理结果，进而导致本已薄弱的非犯罪化实现更加障碍重重。

近年来，有效解决业绩评价指标设置的弊端和缺憾，一直是我国司法改革的重要内容之一。2010 年，中央政法委和公安部都曾出台规定，要求各地取消“破案率”等考核指标，各地公安部门也出台了相应的规定。2013 年，随着一系列冤假错案的陆续曝光，中央政法委、最高人民法院、最高人民检察院以及公安部先后下发防止冤假错案的相关通知，均对业绩评价指标作出原则性的整顿规范要求，特别提出清理不合理、不科学、违背司法规律的指标。例如，中央政法委 2013 年颁布的《关于切实防止冤假错案的规定》第 14 条要求：“建立健全科学合理、符合司法规律的办案绩效考评制度，不能片面追求破案率、批捕率、起诉率、定罪率等指标。”公安部在其后出台的《关于进一步加强和改进刑事执法办案工作切实防止发生冤假错案的通知》第 4 条指出，“要严格执行中央政法委、公安部关于建立健全执法办案考评机制的有关文件精神，进一步健全完善执法办案考评标准，不提不切实际的‘口号’和工作要求，不得以不科学、不合理的破案率、批捕率、起诉率、退查率等指标搞排名通报，严禁下达‘刑事拘留数’、‘发案数’、‘破案率’、‘退查率’等不科学、不合理考评指标，积极引导广大民警既要多办案，更要办好案，坚决防止广大民警因办案指标和‘限时破案’压力而刑讯逼供、办错案、办假案。”最高人民检察院于同年出台的《关于切实履行检察职能防止和纠正冤假错案的若干意见》第26条强调，“要改变简单通过办案指标和各种统计数据排队形成绩效排位的做法，把结果考评与过程管理、定期考评与动态指导、综合考评与个案评查结合起来，把办案数量、质量、效率、效果、安全等因素结合起来综合评价业务工作，防止片面追求立案数、批捕率、起诉率、有罪判决率等。在与公安机关、人民法院沟通、协调的基础上，根据各执法环节的特点，确立科学合理的办案绩效考评体系。”2015年召开的中央政法工作会议再次明确要求，“要对各类执法司法考核指标进行全面清理，坚决取消不合理的考核项目，建立科学的激励机制，落实办案责任，确保干警依法办案、办好案。”

改革和规范业绩评价体系，确立符合诉讼运行规律的业绩考核指标，避免由于业绩评价体系设置不当而导致的公安司法人员放弃本该进行的非犯罪化，是在刑事诉讼中确保和扩大非犯罪化实现的关键环节。业绩评价指标的设置应当改变过去单纯将静态数据作为主要手段的做法，反对违反诉讼规律人为地扩大或者缩小与案件相关的比例指数，确立更加灵活多变且充分反映司法工作全貌的动态指标，摒弃落后的数量性、比例性指标，合理确定考核项目和评价标准。围绕刑事诉讼过程中非犯罪化这一目标的实现，未来业绩评价体系至少可以从如下几个方面予以改进：第一，科学界定错案或者瑕疵案件的标准和范围，不能片面地将检察机关不起诉一概作为公安机关的错案或者瑕疵案件，或者片面地将法院作出的无罪判决一概作为检察机关的错案或者瑕疵案件，而应当结合案件的证据采纳、事实认定、法律依据、办案程序等予以综合分析并在此基础上评价案件办理质量；第二，改变单纯以撤回起诉或者抗诉的数量和比例作为考核指标的做法，对于检察机关撤回起诉或者抗诉的，应当具体情况具体分析，区分是否明显存在事实认定或者法律适用错误，而不能“仅以数据论英雄”；第三，取消与撤销案件、不批准逮捕以及不起诉相关的考核指标，不能人为地对其进行硬性指标控制，而是应当着重加强对撤销案件、不批准逮捕以及不起诉的准确性和必要性进行评价，并且在坚持既有刑事政策以及法律规定的前提下，鼓励通过刑事诉讼程序的中断或者终结来处理刑事案件。

第五章　非犯罪化的制度实践

美国学者博登海默认为，“尽管法律是一种必不可少的具有高度助益的社会生活制度，但是，它像其他大多数人定制度一样也存在一些弊端。如果我们对这些弊端不给予足够的重视或者完全视而不见，那么它们就会发展成严重的操作困难。法律的这些缺陷，部分源于它所具有的守成取向，部分源于其形式结构中所固有的刚性因素，还有一部分则源于与其控制功能相关的限度。”① 客观承认并理性揭示法律制度的弊端所在，是保证法律制度能够日渐完善的基础和前提。综观我国当前有关非犯罪化的制度性规定，虽然种类并不算稀少，但是实际操作起来却限制颇多，在刑事诉讼中实现非犯罪化存在着理想与现实的巨大鸿沟，而这也导致了司法实践中一系列问题的产生。能否理性看待并妥善解决上述问题，关乎非犯罪化制度实践的兴衰成败。

一、非犯罪化的制度现状与反思

（一）非犯罪化的法定实现方式

根据刑事诉讼法以及相关法律法规和司法解释的规定，我国刑事诉讼中非犯罪化的可能实现路径主要有以下五种情形：一是免予追究刑事责任；二是不予立案；三是撤销案件；四是不起诉；五是自诉的放弃或者撤回。具体内容分述如下：

① ［美］E. 博登海默：《法理学、法律哲学与法律方法》，邓正来译，中国政法大学出版社 2004 年版，第 419~420 页。

1. 免予追究刑事责任

《刑事诉讼法》第15条规定："有下列情形之一的，不追究刑事责任，已经追究的，应当撤销案件，或者不起诉，或者终止审理，或者宣告无罪：（一）情节显著轻微、危害不大，不认为是犯罪的；（二）犯罪已过追诉时效期限的；（三）经特赦令免除刑罚的；（四）依照刑法告诉才处理的犯罪，没有告诉或者撤回告诉的；（五）犯罪嫌疑人、被告人死亡的；（六）其他法律规定免予追究刑事责任的。"对于上述六种情形，究竟何种情形存在非犯罪化的实现空间，是研究非犯罪化程序法实现需要厘清的问题。其一，无论是"情节显著轻微、危害不大，不认为是犯罪的"，还是"犯罪已过追诉时效期限的"，都属于本质上已经脱离刑法干预范围的情形，不应再行对其予以追诉并判处刑罚，自然也就无从言及非犯罪化的实现问题。其二，我国当前仅存在"不赦其罪，仅赦其刑"的特赦制度，而不存在"既赦其罪，又赦其刑"的大赦制度。与大赦制度相比，特赦制度显然仅仅是免除犯罪者原应承受的刑罚，但是在定罪方面却已经对犯罪者进行了刑法评价，也就是说依然给犯罪者留下了犯罪印记。因此，"经特赦令免除刑罚的"基于已经定罪的事实同样不存在非犯罪化的空间。其三，对于"犯罪嫌疑人、被告人死亡的"情形，刑法干预事实上已经失去了处罚对象，进行犯罪认定和刑罚惩罚已无可能，故而同样谈不上非犯罪化一说。综上所述，在《刑事诉讼法》第15条所规定的免予追究刑事责任的情形中，能够进行非犯罪化的仅是"依照刑法告诉才处理的犯罪，没有告诉或者撤回告诉的"和"其他法律规定免予追究刑事责任的"两种情形。对于告诉才处理的案件，没有告诉或者撤回告诉的结果就是被告人无须再行受到刑事追诉，即被告人即使实施符合犯罪构成要件的行为，也会因相对人的放弃告诉而不会被作为犯罪处理。如果能够通过妥善的司法程序（如法院的调解等）和司法外程序（如当事人之间的和解等）实现上述目的，显然就是实现了事实上非犯罪化。此外，"其他法律规定免予追究刑事责任的”属于法律的兜底条款，实现这一条款依赖于其他法律予以规定完善，条款本身并不具有实现非犯罪化的直接意义，只是为非犯罪化的程序法实现提供了一种法律上的可能性。

2. 不予立案

《刑事诉讼法》第 110 条规定:“人民法院、人民检察院或者公安机关对于报案、控告、举报和自首的材料，应当按照管辖范围，迅速进行审查，认为有犯罪事实需要追究刑事责任的时候，应当立案；认为没有犯罪事实，或者犯罪事实显著轻微，不需要追究刑事责任的时候，不予立案，并且将不立案的原因通知控告人。控告人如果不服，可以申请复议。”《公安机关办理刑事案件程序规定》第 175 条第 1 款规定:“公安机关接受案件后，经审查，认为有犯罪事实需要追究刑事责任，且属于自己管辖的，经县级以上公安机关负责人批准，予以立案；认为没有犯罪事实，或者犯罪事实显著轻微不需要追究刑事责任，或者具有其他依法不追究刑事责任情形的，经县级以上公安机关负责人批准，不予立案。”《人民检察院刑事诉讼规则（试行）》176 条规定:“侦查部门对举报线索初查后，认为有犯罪事实需要追究刑事责任的，应当制作审查报告，提请批准立案侦查，报检察长决定。对具有下列情形之一的，提请批准不予立案:（一）具有刑事诉讼法第十五条规定情形之一的；（二）认为没有犯罪事实的；（三）事实或者证据尚不符合立案条件的。”

根据上述规定，我国法律规定的不予立案的情形主要分为如下几种:（1）没有犯罪事实，或者事实或者证据尚不符合立案条件；（2）犯罪事实显著轻微，不需要追究刑事责任；（3）符合《刑事诉讼法》第 15 条规定情形之一的。对于第一种情形，因不存在犯罪行为或者该行为尚不构成犯罪，自然不属于非犯罪化的语义范围。第三种情形则在前文中已然作出说明，属于依法不予追究刑事责任的范畴，此处不再赘述。第二种情形则是显然已经具备犯罪事实，而之所以对其不予立案是因为犯罪事实轻微、不需要追究刑事责任。一般认为，我国法律在规定立案条件时，除要求有犯罪事实发生外，还要求追究刑事责任；如果公安司法机关认为不需要追究刑事责任，则即便存在犯罪事实也可以不予立案，法律实际上赋予了权力主体在立案上的裁量权。但也有论者提出，我国的立案规定中不需要追究刑事责任的前提是“犯罪事实显著轻微”，而这里的“犯罪事实显著轻微”实际上是《刑法》第13条规定的“情节显著轻微危害不大，不认为是犯罪”的情形，因此此处不需要追究刑事责任的情形实际上是在刑法和刑事诉讼法上都不认为是犯罪的情形，鉴于我国立法上并未规定即使案件符合法定条件，有关机关也可以在一定情况下不予立案，所以应当认为我国法律没有关于立案裁量权的规定。[①] 需要指出的是，“情节显著轻微危害不大，不认为是犯罪”和“犯罪事实显著轻微，不需要追究刑事责任”并不能予以等同，二者其实是两个不同层面的问题：前者是从犯罪定义的角度出发，强调对于违法行为如果情节显著轻微危害不大的，在实体法上不视为犯罪；后者则是从追究刑事责任的角度出发，其根本要义就是存在犯罪事实但是不需要追究刑事责任，而并非不视为犯罪。因此，刑诉法关于立案的规定实际上赋予了公安司法机关一定程度的立案裁量权，允许其将存在犯罪事实但是又显著轻微且不需要追究刑事责任的不予立案，此系非犯罪化的程序法实现路径之一。

3. 撤销案件

《刑事诉讼法》第161条规定：“在侦查过程中，发现不应对犯罪嫌疑人追究刑事责任的，应当撤销案件；犯罪嫌疑人已被逮捕的，应当立即释放，发给释放证明，并且通知原批准逮捕的人民检察院。”《公安机关办理刑事案件程序规定》第183条规定：“经过侦查，发现具有下列情形之一的，应当撤销案件：（一）没有犯罪

---

① 参见王守安：《谈诉讼裁量——以刑事诉讼为视角》，载《河南社会科学》2011年第2期。

事实的；（二）情节显著轻微、危害不大，不认为是犯罪的；（三）犯罪已过追诉时效期限的；（四）经特赦令免除刑罚的；（五）犯罪嫌疑人死亡的；（六）其他依法不追究刑事责任的。对于经过侦查，发现有犯罪事实需要追究刑事责任，但不是被立案侦查的犯罪嫌疑人实施的，或者共同犯罪案件中部分犯罪嫌疑人不够刑事处罚的，应当对有关犯罪嫌疑人终止侦查，并对该案件继续侦查。”《人民检察院刑事诉讼规则（试行）》第290条规定：“人民检察院在侦查过程中或者侦查终结后，发现具有下列情形之一的，侦查部门应当制作拟撤销案件意见书，报请检察长或者检察委员会决定：（一）具有刑事诉讼法第十五条规定情形之一的；（二）没有犯罪事实的，或者依照刑法规定不负刑事责任或者不是犯罪的；（三）虽有犯罪事实，但不是犯罪嫌疑人所为的。对于共同犯罪的案件，如有符合本条规定情形的犯罪嫌疑人，应当撤销对该犯罪嫌疑人的立案。”

根据上述规定，侦查机关撤销案件仅适用于三种情形：（1）符合《刑事诉讼法》第15条规定情形之一的；（2）没有犯罪事实的，或者依照刑法规定不负刑事责任或者是不是犯罪的；（3）虽有犯罪事实，但不是犯罪嫌疑人所为的。显然，符合第二种和第三种情形的，实际上并不存在非犯罪化的空间，因为犯罪成立的前提并不具备。正如前文所述，第一种情形实际上只有“依照刑法告诉才处理的犯罪，没有告诉或者撤回告诉的”以及“其他法律规定免予追究刑事责任的”才可能符合非犯罪化的基本要求。因而，总体来看，借由撤销案件来进行非犯罪化的空间可谓相当有限。

4. 不起诉

根据《刑事诉讼法》的相关规定，我国不起诉制度可以分为四种情形：一是法定不起诉，即符合《刑事诉讼法》第15条规定情形之一的，检察机关应当作出不起诉决定；二是相对不起诉，即对于犯罪情节轻微，依照刑法规定不需要判处刑罚或者免除刑罚的，检察机关可以作出不起诉决定；三是存疑不起诉，即对于补充侦查的案件，检察机关仍然认为证据不足、不符合起诉条件的，可以作出不起诉的决定；四是附条件不起诉，即对于未成年人涉嫌刑法分则第四章、第五章、第六章规定的犯罪，可能判处一年有期徒刑以下刑罚，符合起诉条件，但有悔罪表现的，检察机关可以作出附条件不起诉的决定。其中，法定不起诉不存在检察机关自由裁量的空间，必须依法对照相应的规定作出决定；存疑不起诉从根本上来说是案件达不到定罪的标准，既有证据不能够认定被追诉人存在犯罪事实，犯罪尚未成立，也就不存在非犯罪化的问题。相对不起诉和附条件不起诉则是我国在刑事诉讼中实现非犯罪化的重要方式和主要内容。相对不起诉的核心要义有三个方面：（1）业已构成犯罪；（2）犯罪情节轻微；（3）依照刑法规定不需要判处刑罚或者免除刑罚。可以看出，相对不起诉是在检察机关业已认定被追诉人行为构成犯罪的基础上，考虑到具体犯罪情节以及处罚必要性等因素，继而对被追诉人作出的不以犯罪论处的决定。附条件不起诉仅适用于部分未成年人犯罪，其构成要件之一就是“符合起诉条件”，既然符合起诉条件但是又暂时不对其予以追诉，而是对其设定一定考察期间并要求其遵守相关规定，期间届满后如果不存在违反规定的情形就不再予以追诉，这显然是典型的非犯罪化的程序法实现。

5. 自诉案件

根据刑诉法的相关规定，自诉案件包括以下三种情况：一是告诉才处理的案件；二是被害人有证据证明的轻微刑事案件；三是被害人有证据证明对被告人侵犯自己人身、财产权利的行为应当依法追究刑事责任，而公安机关或者人民检察院不予追究被告人刑事责任的案件。自诉案件属于当事人刑事自主处分权的范围，即当事人如果放弃行使自诉权，刑事诉讼就不会予以启动或者已经启动的会予以终结。如果事实上存在犯罪行为，但是自诉人经过与被告人和解或者经过调解放弃起诉或者撤回起诉的，被告人就无须再行受到刑事追诉，其犯罪行为也就无须作为犯罪予以处理，此即非犯罪化借由自诉案件的实现。

（二）非犯罪化的“超法规实现”

除却法律存在明确规定进而依法进行非犯罪化外，我国刑事司法实践中还曾经普遍存在着非犯罪化的“超法规实现”现象。所谓非犯罪化的“超法规实现”，是指公安司法机关在办理刑事案件的过程中，对于构成犯罪且法律没有规定将其不作为犯罪处理的特定行为，基于特殊事由而事实上不将其作为犯罪予以处理。非犯罪化之所以能够“超法规实现”，主要是因为公安司法机关在刑事诉讼过程中变通适用刑事诉讼的相关程序或者制度规定，如不予立案、撤销案件以及不起诉等。

例如，吉林省东丰县检察院2006年推出和解不起诉制度，对进行有罪答辩、可能判处3年以下有期徒刑、拘役等刑罚的案件或者未成年人犯罪的案件，在自愿的前提下，经办案人员调停，使受害人与犯罪嫌疑人直接商谈并已解决了刑事纠纷的，检察机关作出不起诉决定。[①] 我国相对不起诉的适用范围十分狭窄，东丰县检察院设定的“可能判处3年以下有期徒刑、拘役等刑罚的案件或者未成年人犯罪的案件”这一要件，在绝大多数的情形下可能并不严格符合刑诉法关于相对不起诉的范围限制，但是检察机关依然通过相对不起诉制度的变通适用实现了对相关犯罪行为的非犯罪化处理，此即非犯罪化的“超法规实现”。同年，山东省临沂市检察院出台的《审查起诉环节轻伤害案件委托人民调解委员会调解实施办法》规定，在审查起诉阶段对因民间纠纷引发的故意伤害致人轻伤，且是初犯、偶犯，未激起民愤，社会影响不大的案件，检察机关可根据双方当事人的意愿，委托纠纷发生地或当事人居住地的镇街道人民调解委员会在规定的期限内，依法、合理、合情地进行

① 参见《东丰县院推出和解不批捕不起诉制度》，资料地址：http://www.bffzb.com/old/classshow.asp? id=843，最后访问日期：2016年5月1日。

调解，并给予必要的协助。对于达成调解协议并履行完毕的案件，检察机关可以作出不起诉决定或者建议公安机关撤销案件。据当时统计，临沂市有120起轻伤害案件在审查起诉环节适用该办法，其中103起案件通过委托调解和当事人交流和解达到了撤案、不起诉、免于刑事处罚等“刑转民”的处理结果，“刑转民”案件占同期受理刑事案件总数的15%左右。①

又如，辽宁省公安厅2011年出台的《公安机关调解轻伤害案件暂行规定》规定，公安机关立案侦查的轻伤害案件，经公安机关调解或者经公安机关委托的人民调解委员会调解后双方当事人达成和解协议，“和解协议履行完毕，且受害人已提交《撤回控告申请书》的，由公安机关办案部门呈请、公安机关法制部门审核、公安机关负责人批准后，公安机关可以撤销案件。案件撤销后，依法应当予以治安管理处罚的，予以治安管理处罚。案件撤销前，已经对犯罪嫌疑人采取刑事拘留措施的，应当将羁押期限折抵行政拘留期限”。有论者在论述侦查阶段刑事和解的实现时，亦指出，“双方在立案之后达成和解的，公安机关有权撤销案件……公安机关对轻微的刑事案件没有实体处理权，只能移送检察机关作不起诉处理，致使诉讼过程明显拉长，诉讼成本增加，诉讼效率低下，犯罪嫌疑人和被害人也陷于讼累之中”。② 然而，根据当时《刑事诉讼法》以及《公安机关办理刑事案件程序规定》的相关规定，公安机关在侦查阶段撤销案件仅适用于两种情形：一是没有犯罪事实；二是符合刑诉法第15条规定情形之一。对于轻伤害案件，既然公安机关对其进行立案侦查就说明存在犯罪事实且需要追究刑事责任，其本质上并不属于“情节显著轻微、危害不大，不认为是犯罪”的情形，也就不能满足法律对于撤销案件情形的既有规定。

---

① 参见《山东临沂人民检察院试行“刑转民”新机制》，资料地址：http://news.sohu.com/20060714/n244254288.shtml，最后访问日期：2016年5月1日。

② 陈光中、葛琳：《刑事和解初探》，载《中国法学》2006年第5期。

司法实践中公安机关将经由其调解后当事人达成和解的轻伤害案件作出撤销案件处理，同样是超出了法律的既有规定内容。

（三）非犯罪化的现状反思

非犯罪化的“超法规实现”，从严格意义上来说属于于法无据的行为，只是由于形式上变通适用了法律规定的制度或者程序，并且事实上能够实现良好的社会效果和法律效果，从而获得了国家和社会一定限度的容忍和不干涉。德国学者赫尔曼亦指出：“我们不能陷入一种天真的法律证实主义思想，认为实际中的刑事诉讼程序在任何一个方面都是与法律的规定相吻合和一致的。我们应当是把刑事诉讼程序视为是一种具有生命的有机体，它如同其他任何一个在社会中产生功能的系统一样，时刻在经受着变化，也常常以偏离法律规定的方式自己在发生变化。我们尤其是可以在古老的法规那里看到法律实践偏离法律条文的变化。”① 但是，“超法规实现”毕竟属于刑事司法实践的权宜之计，其所折射出的深层次内容——我国当前刑事诉讼中非犯罪化实现的制度局限与不足，是值得我们深思的问题。

综观我国刑事诉讼法的相关规定，真正能够实现非犯罪化的其实只有“犯罪事实显著轻微、不需要追究刑事责任”的不予立案、“犯罪情节轻微、依照刑法规定不需要判处刑罚或者免除刑罚”的相对不起诉、针对部分未成年人犯罪的附条件不起诉以及自诉案件。而前两者从其范围限定就可以看出，如若严格执行起来适用范围是何等有限、适用空间是何等狭窄。而之所以如此严格限制公安司法机关的自由裁量权，应当还是考虑到当时我国司法水平良莠不齐的状态。但时至今日，我国的法治建设自改革开放至今已有三十余年，无论是普通公民的法律意识，还是司法人员的法律素养，抑或是整个国家的法治水平，都已今非昔比。就非犯罪化而言，如此

① ［德］约阿希姆·赫尔曼：《德国刑事诉讼法典》中译本引言，《德国刑事诉讼法典》，李昌珂译，中国政法大学出版社 1995 年版，第 3 页。

机械、僵硬的立法规定显然与生动、灵活的司法需求不相适应，能动司法的理念醒悟又使得司法机关和司法人员并不甘于就此受到束缚，转而寻求法律制度的所谓变通适用，甚至进行轻微的违法尝试，而“司法为民”等一系列政策口号的提出则对这种变通适用或者违法尝试提供了较大程度的“正当性”支撑。然而，一味容忍非犯罪化的“超法规实现”，容忍司法实践对法律的变通适用，其最终损害的将是法律的确定性和权威性，并存在为求司法效果和社会效果而将政策凌驾于法律之上的异化危险。基于此，完善非犯罪化在刑事诉讼中的多元化实现路径，化解非犯罪化“超法规实现”存在的潜在风险以及其带来的司法信任危机，实可谓势在必行。更为重要的是，随着刑事法网的逐步扩大，刑法罪名的逐步增多，如果不适当扩大刑事诉讼中的非犯罪化实现机制，适时、适度地对一些可以从轻处理的行为不再作为犯罪处理，从刑罚的正当性和必要性来说也是不合理的，更不用说会给刑事司法实践带来的案件压力和资源浪费等一系列负面影响了。

二、非犯罪化的范围界定——以犯罪轻重划分为基础

如何科学界定非犯罪化的适用范围，是完善刑事诉讼中非犯罪化实现机制需要先行解决的问题。当前理论界对于刑事诉讼中非犯罪化措施的适用争议，特别是正当性争议，主要亦是围绕其适用范围来展开的。根据界定标准的不同，非犯罪化的适用范围也存在着不同的界定方式，如根据犯罪主体的不同区分为未成年人、老年人和一般犯罪人，根据犯罪主观方面的不同区分为故意犯与过失犯等。其中，根据犯罪的严重程度对犯罪进行的轻重划分无疑是确定非犯罪化的适用范围最为直观和便利的方式。对犯罪进行轻重划分，除使人们能够更为形象地了解犯罪所对应的刑罚量的多少和强弱之外，更是为在实体法和程序法上进行差别处遇提供了更为明确的对象适用标准。在实体法方面，根据犯罪轻重的不同，在未遂犯、共犯、累犯、缓刑、前科消灭等多项制度上均存在不同的规

定，在犯罪追诉时效亦不相同（重罪的时效更长或者不受追诉时效的限制），甚至不同类型的犯罪所受到调整的法律层级都不相同。例如，《法国刑法典》第111-2条规定，“法律规定重罪与轻罪，并确定对此种犯罪行为人适用之刑罚。条例规定违警罪，并依法律所定界限和区分，确定对违警罪行为人适用之刑罚”。而在程序法方面，根据犯罪轻重的不同，可以分别设置不同的审判法庭（如法国的重罪法庭、轻罪法庭和违警罪法庭）和审判程序（如简易程序和普通程序），进行不同的诉讼制度适用（如对轻罪适用不起诉、缓起诉或者和解等），确立不同的刑罚执行场所（如我国对于刑期较短的即可在看守所，而刑期较长的则在监狱），甚至在证人作证资格上都有所区别（如美国普通法规定曾犯过重罪的人出庭作证，对其证言的可靠性提出怀疑是合理的，而曾犯过轻罪的则一般不应提出这种怀疑）①。对犯罪轻重从立法上予以准确划分，无疑是科学界定非犯罪化适用范围的重要前提。

（一）国外犯罪轻重的分类参考——以法定刑为标准

无论是英美法系国家，还是大陆法系国家，对犯罪轻重的划分一般均是以法定刑为标准，或者以自由刑刑期的不同为标准，或者以法定刑刑种的不同为标准，分类方法则存在“两分法”、“三分法”和“四分法”的差别。《法国刑法典》首开立法上罪分三类的先河，依据各种犯罪应当判处刑罚的不同将犯罪区分为重罪、轻罪和违警罪，并对这三种犯罪分别予以了明确定义。1994年的《法国刑法典》仍然保留罪分三类的传统做法，其在第111-1条规定：“刑事犯罪，依其严重程度，分为重罪、轻罪和违警罪。”该法典的第131-1至第131-49条分别规定了重罪、轻罪和违警罪应当适用的各种刑罚：违警罪是指除累犯之情形外，对某一犯罪仅科处不超过10000法郎罚金的犯罪；轻罪是指科处最高刑为10年监禁，罚金至少为25000法郎的矫正刑的刑罚的犯罪；重罪是指应当判处

① 参见童颜：《美国刑法中的重罪与轻罪》，载《现代法学》1984年第1期。

无期徒刑或终身拘押，或者30年、20年或15年有期徒刑或拘押刑罚的犯罪。德国原先在刑事立法上也是罪分三类，但1975年刑法取消了违警罪从而开始采用罪分两类的做法。2002年修订的《德国刑法典》继续将犯罪分为重罪和轻罪，所谓重罪是指最低刑为1年或1年以上自由刑的违法行为；轻罪是指最高刑为1年以下自由刑或科处罚金刑的违法行为。[①] 在美国，根据《模范刑法典》的相关规定，犯罪分为重罪（felony）、轻罪（misdemeanor）、微罪（petty misdemeanor）和违警罪（violation）四类，前三类被称为“实质犯罪”（crime），其处罚后果均可能涉及剥夺人身自由（微罪可处以最高不超过1年的监禁刑），违警罪则只能被处以罚金或其他民事制裁，而且不产生有罪认定所引起的限制能力或者法律上的不利。[②] 在俄罗斯，依照法定刑的轻重，将犯罪分为轻罪（最高刑不超过2年监禁）、中等严重的犯罪（不超过5年监禁的故意犯罪以及超过2年监禁的过失犯罪）、严重犯罪（不超过10年监禁）、特别严重的犯罪（10年以上监禁或更重的刑罚）。除了上述按照自由刑的刑期进行犯罪轻重划分，国外还存在以刑种作为划分标准的做法。例如，在意大利，犯罪分为重罪和违警罪，依法应当被判处徒刑或罚金的行为属于重罪，依法应当被判处拘役或罚款的行为属于违警罪。

（二）我国犯罪轻重的分类现状——分类标准的缺失

我国的立法并没有明确对犯罪进行分类，但是从刑法以及刑事诉讼法的一些条文用语表述上还是能够依稀看出重罪和轻罪之分。在实体法方面，《刑法》第7条第1款规定：“中华人民共和国公民在中华人民共和国领域外犯本法规定之罪的，适用本法，但是按本法规定的最高刑为3年以下有期徒刑的，可以不予追究。”第8

① 参见卢建平、叶良芳：《重罪轻罪的划分及其意义》，载《法学杂志》2005年第5期。

② 参见《美国模范刑法典及其评注》，刘仁文等译，法律出版社2005年版，第8~9页。

条规定："外国人在中华人民共和国领域外对中华人民共和国国家或者公民犯罪，而按本法规定的最低刑为3年以上有期徒刑的，可以适用本法，但是按照犯罪地的法律不受处罚的除外。"第17条第2款规定："已满十四周岁不满十六周岁的人，犯故意杀人、故意伤害致人重伤或者死亡、强奸、抢劫、贩卖毒品、放火、爆炸、投毒罪的，应当负刑事责任。"根据这一规定，相对负刑事责任年龄人需要对上述八种犯罪行为承担刑事责任，显然是将这八种行为理解为了重罪。第67条规定："犯罪以后自动投案，如实供述自己的罪行的，是自首。对于自首的犯罪分子，可以从轻或者减轻处罚。其中，犯罪较轻的，可以免除处罚。被采取强制措施的犯罪嫌疑人、被告人和正在服刑的罪犯，如实供述司法机关还未掌握的本人其他罪行的，以自首论。"第72条第1款规定："对于被判处拘役、3年以下有期徒刑的犯罪分子，根据犯罪分子的犯罪情节和悔罪表现，适用缓刑确实不致再危害社会的，可以宣告缓刑。"第81条第2款规定："对累犯以及因杀人、爆炸、抢劫、强奸、绑架等暴力性犯罪被判处10年以上有期徒刑、无期徒刑的犯罪分子，不得假释。"第87条规定："犯罪经过下列期限不再追诉：（1）法定最高刑为不满五年有期徒刑的，经过五年；（2）法定最高刑为五年以上不满十年有期徒刑的，经过十年；（3）法定最高刑为十年以上有期徒刑的，经过十五年；（4）法定最高刑为无期徒刑、死刑的，经过二十年。如果二十年以后认为必须追诉的，须报请最高人民检察院核准。"

在程序法方面，1996年《刑事诉讼法》第174条规定："人民法院对于下列案件，可以适用简易程序，由审判员一人独任审判：（1）对依法可能判处三年以下有期徒刑、拘役、管制、单处罚金的公诉案件，事实清楚、证据充分，人民检察院建议或者同意适用简易程序的；（2）告诉才处理的案件；（3）被害人起诉的有证据证明的轻微刑事案件。"最高人民法院《关于执行〈中华人民共和国刑事诉讼法〉若干问题的解释》第1条第2项规定："人民检察院没有提起公诉，被害人有证据证明的轻微刑事案件，人民法院可以直接受理。这些案件包括：故意伤害案（《刑法》第234条第1款）；非法侵入住宅案；侵犯通信自由案；重婚案；遗弃案；生产、销售伪劣商品案；侵犯知识产权案；属于刑法分则第四章、第五章规定的，对被告人可能判处3年有期徒刑以下刑罚的案件。”无论是简易程序的适用，还是自诉案件的范围，都显示了诉讼程序上轻罪与重罪的区别待遇。

综观我国当前关于犯罪轻重的理解与实践，主要的问题还是在立法上对于犯罪轻重的界定并不明确，犯罪的轻重区分并不存在一个明确的标准，而立法、司法解释的条文以及相关刑事政策中又往往提及犯罪的轻重之别，这就难免造成司法实践中犯罪轻重认定的迷茫和混乱，特别是在适用刑事政策解决具体案件时往往难以周全。例如，宽严相济刑事政策要求对轻罪从宽处理，但是“何谓轻罪”显然是正确适用该刑事政策需要首先加以解决的问题，否则一方面存在误用刑事政策的可能（错用或者漏用），另一方面亦无法说服当事人以及社会大众，当前理论界以及社会上对于刑事和解制度产生如此多的争议即是对上述困境的真实写照。

（三）我国犯罪轻重的分类设想——“三分法”的确立

科学确立犯罪轻重的划分标准是对犯罪进行正确划分的首要前提。对此，我国学者主要存在以下三种观点：一是“法定刑说”，即根据法定刑来确定犯罪的轻重，如论者指出，“根据每个罪的法定刑幅度和刑种，就能看出它的轻重”；[①] 二是“宣告刑说”，即根据宣告刑来确定犯罪的轻重，如有论者主张“应当判处的刑罚为3年以上有期徒刑的犯罪可视为较重之罪，应当判处的刑罚为不满3年有期徒刑的犯罪可视为较轻之罪”；[②] 三是“犯罪性质说”，即根据犯罪性质来确定犯罪的轻重，如有论者认为，“对于哪些犯罪属

① 赵秉志主编：《刑法新探索》，群众出版社1993年版，第336页。

② 周振想主编：《刑法学教程》，中国人民公安大学出版社1997年版，第271页。

于‘严重犯罪’并对其预备行为进行惩罚？从内容上看主要是根据该罪的性质和危害，即刑法保护利益的属性，以及预备行为造成危害的可能性，并结合各国具体情况加以判断”；[①] 四是“综合说”，即确定犯罪的轻重应当综合考察行为人的罪过、主观恶性、人身危险性、社会危害性、情节等因素。[②]

犯罪的轻重划分从根本上来说确实属于对犯罪性质的评价和判断，因为“从理性的角度看，犯罪的严重程度并不取决于对它当处刑罚的轻重，而应当反过来，对处刑之轻重起支配作用的，应当是犯罪的严重程度”。[③] 基于此，“犯罪性质说”是具有相当合理性的。但不容忽视的一点是，犯罪性质是一个比较抽象的概念，其在司法实践中很难为司法人员所准确把握，更不用说去谈划分尺度的统一了。如若以犯罪性质作为犯罪轻重的划分标准，那么可以想象司法实践中犯罪轻重的划分就属于司法人员见仁见智的事情了。至于以法定刑为划分标准，其可操作性无疑是具备的，并且，从前述国外法治国家关于犯罪轻重的立法分类来看，几乎都以法定刑作为其划分标准。但不容忽视的是，我国法定刑设置整体是偏重的，并且刑期的跨度较大，如果以法定刑作为划分标准，实践中会导致相当一部分犯罪被错误划入轻罪或者重罪的范围，从而使得刑事司法中的区别处遇有失公平。未来在法定刑整体设置更趋合理后，当然应当采取法定刑作为划分标准，但是就目前而言，还是应采用宣告刑作为轻罪重罪的划分标准较为适宜，事实上我国刑事诉讼法涉及刑期的相关规定都是以宣告刑作为衡量标准的，如逮捕的条件、附

① 邢志人：《犯罪预备研究》，中国检察出版社 2001 年版，第 208-209 页。

② 参见郑伟：《重罪轻罪研究》，中国政法大学出版社 1998 年版，第 62~144 页。

③ ［法］卡斯东·斯特法尼等：《法国刑法总论精义》，罗结珍译，中国政法大学出版社 1998 年版，第 185 页。

条件不起诉的条件等。[①] 至于“综合说”，其实质与“宣告刑说”并无二致，在此不再赘述。

鉴于我国刑事法网渐趋严密、刑法罪名逐步完善的设想，特别是取消劳动教养等长期限制公民人身自由的措施并将其中部分确实需要加以处罚的行为予以适度犯罪化的构思，未来我国犯罪轻重的分类应当摒弃当前学术界普遍提倡的重罪、轻罪的“二分法”，转而实行重罪、轻罪与微罪的“三分法”。以宣告刑为标准实行罪分三等，无疑比罪分两等更能突出轻缓刑在我国整体刑罚量中的比重，从而进一步推进我国刑罚立法设置的轻缓化，这也符合当今刑事司法潮流发展的主流趋势。此外，在坚持轻罪既有分类的同时增加微罪的立法分类，无疑将为刑事诉讼中进行非犯罪化的制度实践提供了更为现实、更具可能的样本。与此相对应，我国刑事诉讼中非犯罪化的适用范围则应当限定为轻罪和微罪，重罪案件一般不能予以非犯罪化，除非经过法律规定的特别程序方可进行。

关于重罪与轻罪的刑期分界线，则以 3 年有期徒刑为分水岭较为适宜。犯罪轻重划分的主要目的之一就是在司法实践中进行区别对待，包括适用非犯罪化等措施，这就需要考虑到公安司法人员以及社会大众的普遍观感，以 5 年或者 7 年为界显然难以使相关的制度适用得到普遍认同。笔者经过对一些基层法院从事刑事审判业务的法官进行访谈后发现，基层法院一审判处 7 年有期徒刑以上的案例比例很少，事实上 5 年以上的就已经较少，扩大到 5 年或者 7 年实无必要，而且有使重罪虚无化的可能。综观我国刑法分则的所有罪名，严重刑事犯罪的量刑起点一般都是 3 年，这在很大程度上说

---

① 当然，“宣告刑说”的固有缺点也是不容回避的。一方面，宣告刑的确定需要等待刑事诉讼程序全部结束，而犯罪轻重评价往往影响着刑事诉讼程序的进行，以宣告刑作为评价标准显然是本末倒置。另一方面，对犯罪轻重进行分类，应当是对犯罪行为本身进行评价，而宣告刑的确定则需要综合考量犯罪的社会危害性、犯罪人的人身危险性以及犯罪后表现等若干因素，其实质已经脱离了对犯罪的单纯评价而是包含对犯罪人的评价。因而之所以采用“宣告刑说”，实属于对我国法定刑设置失当的无奈之举。

明了立法对犯罪轻重程度的区分倾向，因而以3年作为重罪与轻罪的分界线，兼顾了总则与分则的罪刑结构体系，在刑事立法、司法两方面都具有较强的可接受性。[①] 而在程序法方面，透过刑事诉讼法以及相关司法解释的语义表述不难看出，以3年为界区分重罪与轻罪其实可以看作一定程度的认知共识。例如，《刑事诉讼法》第277条规定当事人和解的案件范围之一就是“因民间纠纷引起，涉嫌刑法分则第四章、第五章规定的犯罪案件，可能判处三年有期徒刑以下刑罚的”故意犯罪；又如，《刑诉法解释》第1条对自诉案件中“人民检察院没有提起公诉，被害人有证据证明的轻微刑事案件”进行细化解释时，就包括“刑法分则第四章、第五章规定的，对被告人可能判处三年有期徒刑以下刑罚的案件”，并同时明确“本项规定的案件，被害人直接向人民法院起诉的，人民法院应当依法受理。对其中证据不足、可以由公安机关受理的，或者认为对被告人可能判处三年有期徒刑以上刑罚的，应当告知被害人向公安机关报案，或者移送公安机关立案侦查。”至于轻罪与微罪的刑期分界线，则以1年有期徒刑为宜，以便于保证微罪所涵盖的范围确实属于犯罪体系中最为轻微的罪行，进而使得司法实践中对于微罪所采取的从轻、从宽处理措施更少阻力、更为合理。

综上所述，结合我国当前刑罚设置的特点以及司法实践的现状，按照宣告刑的不同，以“三分法”为立基，可以在立法上将犯罪区分为重罪、轻罪和微罪。所谓重罪，是指可能判处3年有期徒刑以上刑罚的犯罪；所谓轻罪，是指可能判处1年以上、3年以下有期徒刑的犯罪；所谓微罪，是指可能判处1年有期徒刑以下刑罚的犯罪。事实上非犯罪化的限度止于轻罪和微罪，即唯有轻罪和微罪方能成为刑事诉讼过程中进行非犯罪化的主要对象，重罪一般不能进行事实上非犯罪化，除非经过法律规定的特别程序予以批准。

---

① 参见王文华：《论刑法中重罪与轻罪的划分》，载《法学评论》2010年第2期。

三、非犯罪化的制度完善——以刑事司法裁量权适度扩张为主线

美国学者戴维斯认为：“在世界史上没有任何一个法律制度无自由裁量权。为了实现个体的正义（individualized justice），为了实现创设性正义（creative justice），为了实现还无人知道去制定规则的新纲领以及为了实现其某些方面不能够变为规则的老纲领，自由裁量都是不可缺少的。取消自由裁量会危害政治秩序，抑制个体正义。在我看来，那些禁止非以事先宣布的规则为基础的政治强制的人们误解了法律和政治的原理。”① 对于非犯罪化来说，其立足于刑事诉讼的根基就是刑事司法裁量权的行使，否则非犯罪化的程序法实现就不可能存在。所谓刑事司法裁量权，一般是指在刑事司法过程中，公安司法人员以法律规则、原则以及立法精神为依据，根据案件的具体情况在两个或两个以上的选项中进行斟酌并最终决定选择一项的权力。刑事司法裁量权是在肯定法律普遍性的基础上，寻求法律解决纠纷对实质正义的反馈与回应，进而实现形式合理性和实质合理性的有机结合。“只要人们在追求法律的普遍性、确定性和客观性的同时又不放弃追求妥当性、公正性和合理性，法治视域中的外部规则制约就不可避免地伴随着主体的自由裁量。”②

如前所述，我国司法实践中非犯罪化的实现之所以面临困境甚至引起混乱，主要还是因为非犯罪化的制度实现存在着明显的局限和不足，而这一问题的根源就是刑事司法裁量权的设置过于狭窄。不可否认，我国目前公安司法人员的法律素养确实普遍不够优异，司法不公或者司法腐败现象亦是屡有发生，但是如果仅仅因此就僵硬地反对和阻止刑事司法裁量权的适度与正常扩张，无疑是缺乏正

---

① 转引自张文显：《二十世纪西方法哲学思潮研究》，法律出版社 1996 年版，第 627 页。

② 焦宝乾：《德沃金的司法自由裁量权理论与中国实践》，载张文显、李步云主编：《法理学论丛》第 3 卷，法律出版社 2002 年版，第 444 页。

当性和科学性的，实属因噎废食之举。事实上，由于立法上的规定与司法中的需求严重不相适应和配套，实践中的公安司法机关已然为寻求法律效果和社会效果而一再逾越法律规定，进行着堪称为违法式的非犯罪化制度创新，而这一局面显然是任何一个法治国家都不应容许的，必须予以改变。与其机械和生硬地限制刑事司法裁量权，进而导致实践中非犯罪化“超法规实现”的一再发生，不如回应司法实践的切实需求，适当扩张刑事司法裁量权的界限，从立法上扩大刑事诉讼中非犯罪化的实现可能，并辅之以一系列的程序和制度予以规范裁量权的行使，这何尝不是任何一个理性法律人都应持有的基本立场？更为重要的是，鉴于刑法结构转向以及犯罪圈适度扩张的论断，倘若不通过强化公安司法机关的刑事司法裁量权以扩大刑事诉讼过程中进行非犯罪化的可能，未来越来越多的犯罪必然会成为我国刑事司法程序的“不能承受之重”，亦会使秩序与自由、控制犯罪与保障人权之间的动态平衡被打破，这无疑是法治建设的倒退。

基于此，以刑事司法裁量权的适度扩张为主线，完善刑事诉讼中非犯罪化的制度路径，诚可谓我国刑事司法改革的当为之举和必由之路。具体而言，可通过如下方式予以进行：

（一）侦查阶段的非犯罪化

刑事诉讼过程中警察能否具有自由裁量权是一个较具争议的话题，因为对于警察权的不信任甚至是畏惧似乎已经成为理论界一个不算共识的共识。但是理性来看，如果将警察限定为负责案件输入和输出的机器，必然会使根本没有必要继续追诉的案件仍被移送至下一个诉讼程序予以处理，这从诉讼经济的角度来看是毫无必要的，不仅不利于节约司法资源以及减轻当事人的讼累，更是对被追诉人的人权保障具有较大危害。贝卡利亚曾作过如下生动的描述：“诉讼本身应该在尽可能短的时间内结束。法官懒懒散散，而犯人却凄苦不堪；这里，行若无事的司法官员享受着安逸和快乐，那里，伤心落泪的囚徒忍受着痛苦，还有比这更残酷的对比吗?!"[①]事实上，综观一些西方法治国家警察权的配置，其亦不否定警察在刑事诉讼过程中进行非犯罪化裁量的可能，恰恰相反，警察的自由裁量权对于刑事诉讼而言往往有着重要的分流作用。

在日本，警察完成侦查以后，对于提起公诉可能性较小的轻微案件，如果没有特殊情况则可不移送检察官，由警察将这类案件按照轻罪予以处理。对于轻微犯罪的处理，警察可以对犯罪嫌疑人进行严重训诫，鼓励犯罪嫌疑人赔偿损失、向被害人道歉，要求亲权人或者雇主等对犯罪嫌疑人实行监督，以实现慰藉被害人以及防止犯罪嫌疑人再次犯罪的双重目的。警察的这种不移送处分权与检察官的起诉犹豫处分共同被视为"司法前处理"，即在审判以及裁判等司法处理以前的阶段对案件予以处理。需要指出的是，日本警察的不移送处分权是受到检察官的监督的，警察之所以能够将一些案件不移送检察官处分是由于检察官对这类案件存在"指定"，而检察官指定的案件范围则并无确切的标准，一般包括犯罪情节轻微、数额较小的盗窃、欺诈、赌博以及交通案件等。[②] 在英国，虽然《1985年犯罪起诉法》创设了皇家检控署（Crown Prosecution Service），以接手原先由警察承担的起诉职能，但是警察在侦查结束之后依然具有较大的自由裁量权，其中就包括作出起诉替代方式的决定，如进行正式警告或者发出定罚通知。[③] 正式警告是警察自由裁量权的重要内容，这一实践最初只是作为将未成年人排除出刑事司法程序的方式，但是《1988年犯罪和骚乱法》针对未成年人设

---

① ［意］切萨雷·贝卡利亚：《论犯罪与刑罚》，黄风译，北京大学出版社2008年版，第47页。

② 参见［日］松尾浩也：《日本刑事诉讼法（上卷）》，丁相顺译，中国人民大学出版社2005年版，第89~90页。

③ 定罚通知仅涉及一些道路交通犯罪，如停车罚单或者基于交通违章行为的罚单等，其在整个刑事司法体系中并不具有重要性。参见［英］约翰·斯普莱克：《英国刑事诉讼程序》，徐美君、杨立涛译，中国人民大学出版社2006年版，第94页。

置了一项新的训诫和警示计划以代替正式警告，因而目前正式警告仅适用于成年人。进行正式警告必须具备如下条件：一是证据必须足以证明起诉具有正当性；二是罪犯必须承认犯罪事实；三是适用正式警告符合公共利益的原则。① 可以看出，无论是日本的不移送处分制度还是英国的正式警告或者训诫和警示制度，都肯定了在刑事诉讼中赋予警察决定对那些不必要继续追诉的犯罪予以非犯罪化处理的自由裁量权。

反观我国，公安机关在刑事诉讼中实际上几乎不存在进行非犯罪化裁量的空间。虽然理论上其有不予立案或者撤销案件的裁量权，但无论是不予立案还是撤销案件都具有极为严格的条件限制，即犯罪事实显著轻微、不需要追究刑事责任。司法实践中倘若严格执行这一标准的话，能够适用的情形堪为寥寥无几，否则就只能是违法适用的情形了。毋庸讳言，我国的侦查程序确实存在着透明度不足、合法性缺失等问题，侦查权在行使的过程中亦较难予以有效监督和制约，因而对于公安机关裁量权的有无以及大小这一问题，不少论者都持谨慎态度，担心权力会遭到滥用，这确实是不容忽视的问题。但与此同时，我们也应该看到，伴随着犯罪圈扩张的将是越来越多的犯罪进入刑事诉讼程序之中，如果不从侦查程序开始就进行适当的非犯罪化实践，显然整个刑事司法系统是不足以有效地处理如此多的犯罪的，即使能够应付下来也必然导致案件处理质量的下降，这最终不仅难以保证司法公正，也会损害司法的权威。实际上，按照我国当前相关法律规定，公安机关其实是几乎不具有裁量权的，但是侦查权难以规范、侦查程序不受控制等问题却是现实存在且很难纠正的，这其实已经说明侦查制度的问题根源其实根本就不在于裁量权的有无和大小，而是我国刑事诉讼结构以及司法权力配置的错乱。此外，在取消公安机关劳动教养、收容教育

① 参见［英］约翰·斯普莱克：《英国刑事诉讼程序》，徐美君、杨立涛译，中国人民大学出版社2006年版，第91~94页。

等权力的同时赋予其一定的非犯罪化裁量权，从情感上来说，这种改革措施也更易于为公安人员所接受，减少改革的阻力。当然，在当前侦查权较为膨胀且难受控制的情形下，强化公安机关的非犯罪化裁量可能会存在裁量不公和腐败的危险。对此，或许罗尔斯的思考可以给我们解决问题提供一种新的思路："既然存在着激烈的不和，那么正如我们通常考虑的一样，是没有办法来避免某些不正义的。我们所能做的事情只是以最少不正义的方式来限制这些不正义。"①

基于上述分析，未来应当在侦查阶段就赋予公安机关一定范围的微罪处理权。所谓微罪处理，是指对于微罪案件，即可能判处 1 年以下有期徒刑刑罚的案件，如果犯罪情节轻微且犯罪嫌疑人自愿认罪，不再具有追诉必要的，公安机关在侦查终结之后可以决定撤销案件。公安机关适用微罪处理应当符合如下条件：第一，犯罪应当属于微罪范围，即为可能判处 1 年以下有期徒刑刑罚的犯罪，且不存在既往违法犯罪记录；第二，犯罪嫌疑人自愿认罪且同意适用微罪处理，如果犯罪嫌疑人不认罪的或者是犯罪嫌疑人不同意适用微罪处理的，则不能予以适用；第三，犯罪情节轻微且没有追诉必要，如犯罪嫌疑人不具有社会危险性、真诚悔罪、积极赔偿被害人、赔礼道歉等；第四，公安机关认为犯罪事实清楚，证据确实充分，依法能够予以认定犯罪，如果不构成犯罪的则应当撤销案件而不能适用微罪处理。有论者认为，在案情查明之前亦可以授权公安机关在征询有关人员意见、确信案件中并不存在重大纷争的基础上作出分流决定，因为从事实上来看警察已经对案件形成了一定的认识，这种尚未完全清晰、借助于裁量权形成的初步判断构成了其作出法律决定的事实基础，而从法律来看则由于警察看到正在追诉的

① [美] 约翰·罗尔斯：《正义论》，何怀宏、何包钢、廖申白译，中国社会科学出版社 1988 年版，第 241 页。

事项并不具有强烈的追诉利益，而产生了将案件分流的意愿。[①] 这一设想从诉讼经济的角度出发固然更有利于节约司法资源，但就目前中国的司法现状而言却并不适宜。一方面，尽管在证明标准上认为完全的客观真实无法达到已然逐步获得共识，但是查明案件事实不仅是公安司法人员的既有信念也是社会大众的基本认知，在案件事实没有查明之前就予以非犯罪化处理很难获得普遍认同，因而强调公安机关进行微罪处理应当至少是自认为“犯罪事实清楚，证据确实充分”可谓相对合理之策；另一方面，案件事实尚未查明则显然不能排除犯罪嫌疑人虚假认罪的可能，如果就此作出微罪处理决定，虽然最终犯罪嫌疑人亦不会被认定为犯罪，但是毕竟公安机关实际上认定了犯罪嫌疑人存在犯罪事实，这一方面与我国历来强调实事求是的基本精神格格不入，另一方面也存在着放纵犯罪的可能。

此外，为了强化对微罪处理权行使的监督，公安机关作出微罪处理决定后，应当将决定连同案卷材料、证据一并移送至同级检察机关审查。检察机关同意微罪处理决定的，则该决定立即生效；检察机关认为决定不正确的，应当通知公安机关撤销微罪处理决定，将案件重新移送审查起诉，公安机关接到通知后应当执行。被害人对于经检察机关审查同意适用的微罪处理决定存在异议的，可以向上一级检察机关申诉，请求其对微罪决定进行审查，上一级检察机关经审查后应当将审查决定告知被害人。公安机关在决定对犯罪嫌疑人进行微罪处理的同时，还可以视情形决定是否对犯罪嫌疑人附加进行监督考察。决定附加监督考察的，考验期为 6 个月以上 1 年以下，考察由社区矫正机构执行，犯罪嫌疑人在考验期内应当接受矫治和教育并遵守相关规定。对于决定附加考察的犯罪嫌疑人，如果其在考验期内违反相关规定或者重新犯罪或者发现漏罪的，则撤

---

① 参见姜涛：《刑事程序分流研究》，中国政法大学 2004 年博士学位论文，第 135 页。

销微罪处理决定，重新对其移送审查起诉；如果其在考验期内没有上述情况的，则不再对其进行追诉。公安机关决定作出微罪处理的，不论是否附加进行监督考察，都可以在作出决定的同时对犯罪嫌疑人予以训诫、警告，并且可以移送相关部门予以行政处罚或者其所在单位予以处理。

（二）起诉阶段的非犯罪化

检察机关享有起诉裁量权是现代公诉制度的特色之一，在起诉法定主义基础之上赋予公诉机关必要的起诉裁量权，以追求起诉的合理性与必要性是各国刑事公诉制度改革的重要内容。起诉裁量权作为刑事司法裁量权的重要内容，是指检察机关对于符合起诉要件的犯罪，根据案件具体情况以及公共利益考量，在法律规定的范围之内权衡作出是否予以起诉的决定。起诉裁量权主要具备两个方面的内容：一是起诉与否的裁量，即在起诉、不起诉或者缓起诉之间作出选择；二是起诉内容的裁量，即在不同起诉内容之间进行选择起诉或变更起诉。① 经由起诉裁量后作出的相对不起诉、缓起诉以及放弃部分起诉内容等决定，都会在事实上使得犯罪行为不再作为犯罪处理，自然也就成为非犯罪化程序法实现的重要内容所在。联合国《关于检察官作用的准则》第 18 条明确指出，“根据国家法律，检察官应在充分尊重嫌疑者和受害者的人权的基础上，适当考虑免于起诉、有条件或无条件地中止诉讼程序或使某些刑事案件从正规的司法系统转由其他办法处理。为此目的，各国应充分探讨改用非刑事办法的可能性，目的不仅是减轻过重的法院负担，而且也可避免受到审前拘留、起诉和定罪的污名以及避免监禁可能带来的不利后果。”

在我国，检察机关在起诉阶段能够进行非犯罪化的司法裁量主要表现为相对不起诉和附条件不起诉两种制度。相对不起诉是对于

① 参见卞建林、李晶：《宽严相济刑事政策下的公诉制度改革若干问题》，载《人民检察》2009 年第 11 期。

犯罪情节轻微，依照刑法规定不需要判处刑罚或者免除刑罚的，检察机关可以作出不起诉决定。1996 年修改刑事诉讼法时，在取消免予起诉的基础上，适当吸收其合理内容，将原来一些可以适用免予起诉的情形纳入相对不起诉的范围之内，在保留检察机关一定裁量空间的同时，也符合我国刑事诉讼法中定罪权由法院统一行使以及未经法院审判不能给任何人定罪的基本原则。但遗憾的是，我国相对不起诉的范围却极为狭窄，司法实践中真正能够符合“犯罪情节轻微，依照刑法规定不需要判处刑罚或者免除刑罚的”的情形实在有限，这一方面限制了检察机关进行相对不起诉的空间，另一方面也使得检察机关有时为了现实需要而以“变通适用”为名逾越法律限制进行相对不起诉。正如季卫东教授所言：“法律规定趋于严密周详是好事，但是如果这种细则化不是着眼于完备适用要件，而是着眼于否定适用裁量，那么就有可能导致法律僵化。”①

鉴于相对不起诉在司法实践中的适用困境，拓宽检察机关裁量不起诉空间的呼声日渐高涨，最终获得了国家立法部门的重视和认可。修正后的刑事诉讼法在“未成年人刑事案件诉讼程序”中增设了附条件不起诉的相关规定，即对于未成年人涉嫌刑法分则中侵犯公民人身权利、民主权利的犯罪、侵犯财产的犯罪以及妨害社会管理秩序的犯罪，如果可能判处一年有期徒刑以下刑罚，符合起诉条件但又有悔罪表现的，检察机关可以作出附条件不起诉的决定。从立法上肯定实践中操作已久的附条件不起诉无疑能使这一制度更具有正当性，解决不起诉的“超法规实现”问题。但是，相较各地检察机关已经进行的一些附条件不起诉的探索和试点，立法对于这一制度的态度还是相当保守的，不仅将附条件不起诉的适用对象限定为未成年人，而且在罪名方面以及刑罚方面亦存在诸多限制。因此，立法确定的附条件不起诉制度虽然较相对不起诉在适用条件

① 季卫东：《程序比较论》，载《比较法学研究》1993 年第 1 期。

方面有所放宽，但是适用对象却进行了收缩，该制度的适用前景保守估计还是较为有限的，可以看作是立法者对司法实践需求所进行的谨慎回应。

审查起诉作为刑事诉讼中承前启后的关键环节，其具有输入审判和案件分流的功能，本应成为非犯罪化的重要实现领域，但从我国当前的法律制度设计来看，即使检察人员想要实现非犯罪化也是“心有余而力不足”。综观西方一些法治国家的不起诉实践，检察官的起诉裁量权都并非像我国这般存在如此严格的限制，这一方面可能是由于我国立法者担心起诉裁量权过于广泛易于引起实践的滥用，另一方面还是因为我国立法和司法部门对于犯罪的主流认知依然坚持“有罪必罚、违法必究”，非犯罪化的观念和思想没有得到很好地吸收和借鉴。关于我国在刑事诉讼中实现非犯罪化的必要性已然论述颇多，此处自不赘言，但是即使从检察官的客观性义务以及我国检察机关的实际定位来看，适当扩张检察机关进行非犯罪化的裁量权也是理所应当的。

检察官在刑事诉讼中并非“一造当事人”，而是“法律的守护人”，具有客观性义务，“不但应一律注意于被告有利及不利之情形，亦得为被告之利益提起上诉、再审或非常上诉”，这不仅是刑事诉讼发现实体真实目的的一贯表现，也是平衡国家与被告实力差距的补偿措施。[①] 检察官的客观性义务就要求其不能徒以维护社会秩序为名片面地追求控诉的实施，同样需要对被追诉人的实际利益进行仔细考量，因而适当进行非犯罪化这一符合被追诉人利益的措施其实是检察官客观性义务的当然要求。此外，从我国的宪政框架以及检察原理来看，检察机关在刑事诉讼中不但不是单纯的一方当事人或积极追诉者，更是具有法律监督者的地位，监督宪法和法律的统一实施。公诉权作为检察机关职权的一

① 参见林钰雄：《刑事诉讼法》（上册、总论编），中国人民大学出版社 2005 年版，第 106～107 页。

部分，理应在内在属性以及外在表现上与检察机关的地位和立场保持一致，这体现在公诉工作中就是要求检察机关在履行控诉职能的过程中要恪守刑事诉讼法律的基本精神与要义，使得法律得到正确和适当的实施。随着“国家尊重和保障人权”相继写入《宪法》和《刑事诉讼法》之中，对于被追诉人合法权利的保障以及实现应当成为刑事诉讼法的核心要义，而对于不存在追诉必要的被追诉人予以非犯罪化自然是保障其人权的重要体现。因此，根据法律监督者这一宪法定位，本着尊重和保障人权的立法精神，我国检察机关亦当通过起诉裁量权的充分有效行使将那些不再具有追诉必要的犯罪排除出刑事诉讼程序。

基于以上论述，未来我国应当首先着力实现公诉理念的结构转型，从追求“起诉合法性”转变为注重“起诉必要性”，从追求“有罪必罚”到注重“罚当其罪”。唯有如此，非犯罪化在刑事诉讼中的实现空间才能真正得以打开。在此基础上，不起诉制度还可从如下两个方面予以改善：第一，扩大相对不起诉的范围。当前相对不起诉制度最大的弊端就是适用范围过于狭窄，从而导致实践中难以进行有效适用或者只能进行违法适用。未来可将属于微罪范围的犯罪作为相对不起诉的主要适用对象，即对于可能判处 1 年以下有期徒刑刑罚的案件，如果犯罪情节轻微，没有继续追诉必要的，检察机关可以作出不起诉决定。至于如何界定是否具有继续追诉的必要，则可由最高检察机关根据刑事政策以及诉讼经济等要求制定

操作标准，如借鉴英国的公共利益计算这一方法等；[①] 第二，完善

① 英国《皇家检察官准则》采取的计算公共利益的方法是先列出倾向于起诉的因素，然后列出对提起控诉有负面影响的因素。赞成起诉的公共利益因素主要有：(1) 定罪很可能导致一项重要的判刑；(2) 定罪可能导致法庭发布一项命令，此命令大于检察官通过有条件警告来颁发的命令；(3) 这宗犯罪包括使用武器或暴力恐吓；(4) 这宗犯罪是针对某个公众服务人员（如应急服务机构的成员；一名警察或监狱管理人员、一名健康或社会福利的专业人士或提供公共运输的人）的；(5) 这宗犯罪是有预谋的；(6) 有证据证明犯罪是有预谋的；(7) 这宗犯罪由一个群体进行的；(8) 这宗犯罪是当着一个孩子的面，或非常接近一个孩子实施的；(9) 这宗犯罪的动机是出于对被害者的民族或原始国籍、性别、残障、年龄、宗教或信仰、政见、性取向或性别同一性的任何形式的歧视；或嫌疑人根据受害人的任何那些特征表示的敌意；(10) 这宗犯罪是为了进行更严重的犯罪活动而实施的；(11) 犯罪中受害者处于易受攻击的境地，嫌疑人处于有利地位；(12) 犯罪实施的形式中存在受害人的腐败因素；(13) 嫌疑人和受害者的年龄相差很大，嫌疑人处于有利地位；(14) 嫌疑人和受害者在理解能力方面相差很大，嫌疑人处于有利地位；(15) 嫌疑人处于权威或托管地位，他或她因此处于有利地位；(16) 嫌疑人是犯罪团伙的首领或犯罪的组织者；(17) 嫌疑人有判罪前科或以前曾接受过庭外处理，这些前科与目前的犯罪有关；(18) 嫌疑人被指控违反法庭命令而犯罪；(19) 起诉将给维持小区信心带来重要和积极的影响；(20) 有理由相信这宗犯罪很可能会延续或重复。反对起诉的公共利益因素主要有：(1) 法庭很可能处以象征性的罚款；(2) 这宗犯罪的严重性和后果可以嫌疑人接受并遵守的庭外处理适当地处理；(3) 嫌疑人已经过适当的法律诉讼程序或刑事处罚或适当的民事处罚，这些处罚仍然有效或已经被令人满意地解除，并足够应对犯罪的严重性和涉及的任何违背信约问题；(4) 这宗犯罪是由于真正的错误或误解而造成的；(5) 所造成损失的或损害可以被看成较小的，而且是单个事件的后果，尤其是如果这是由一次判断性失误造成的；(6) 犯罪发生和审理的日期之间存在着长时间的延迟，除非：这宗犯罪是严重的；这个延迟已经全部或部分地由嫌疑人引起；这宗犯罪只是在最近才被发现；犯罪案件的复杂性意味着需要长时间的调查；或者已经使用新的调查方法再度检查以前未解决的犯罪问题，结果已经识别了一个嫌疑人；(7) 起诉很可能对受害人的身体或心理健康产生不利影响，切记犯罪的严重性及受害人对起诉给他或她的身体或心理健康造成影响的想法；(8) 嫌疑人在实施这宗犯罪中只起了很小的作用；(9) 嫌疑人已经弥补了由此引起的损失或损害（但是嫌疑人不能仅仅因为他或她做出了补偿或偿还了他或她非法获得的金钱而免于起诉或庭外处理）；(10) 嫌疑人现在或在犯罪时曾患有严重的精神或身体的疾病，除非这宗犯罪是严重的或有真正的可能性会被重复。检察官运用内政部关于如何处理精神病罪犯的方针，必须处理好嫌疑人的精神或身体的疾病与保护公众或为这些人提供照顾服务的人的需要的关系；(11) 起诉可能要求将那些可能会损害信息来源、国际关系或国家安全的细节公布于众。参见《皇家检察官准则》，资料地址：http://www.cps.gov.uk/publications/docs/code2010traditional_chinese.pdf，最后访问日期：2016 年 5 月 1 日。

附条件不起诉制度。在将相对不起诉制度的适用对象扩大为微罪的基础之上，附条件不起诉的适用对象亦应相应地调整为属于轻罪范围的犯罪，即可能判处 3 年以下有期徒刑刑罚的案件。至于附条件不起诉的适用标准，则应当较相对不起诉而言更严格把握，罪名限制可保持现有附件不起诉制度规定的三种类型不变，其他制度亦可参照修正后刑诉法的相关规定执行。此外，笔者建议增设特殊的附条件不起诉制度，以建立我国的“污点证人制度”。对于重大危害国家安全犯罪、恐怖活动犯罪、特别重大毒品犯罪、特别重大黑社会性质组织犯罪以及特别重大贿赂犯罪，如果犯罪嫌疑人的供述或者提供的线索与案件重要待证事项具有重大联系，且借由其他路径确实无法获得相关证据的，经省一级检察机关批准，可以对犯罪嫌疑人实行附条件不起诉。污点证人制度从本质上来看与非犯罪化的基本思想并不完全吻合，因为其并不是着眼于收缩犯罪圈，而是国家为了追诉重大犯罪的需要所采取的“以小换大”之策。但是从效果上来看，这一制度确实起到了将犯罪行为不作为犯罪处理的作用，与非犯罪化的效果并无二致。污点证人制度虽然一定程度上放纵了犯罪，且国家通过类似买卖式的手段与被追诉人进行利益交换亦难以称之为“法治”，但是这种制度其实正是因应了罗尔斯所提倡的以较少的不正义来消除更大的不正义，是一种正义实现的无奈之举。也正因如此，污点证人制度的适用必须加以严格限制，必须保证是在穷尽其他手段之后方能对污点证人进行附条件不起诉，且必须符合比例原则的相关规定，即所带来的利益必须超过甚至需要远远超过可能造成的不利益。唯有如此，这一制度方能符合社会大众对于司法公正的普遍观感和认知，方能在司法实践中避免引起不必要的争议和质疑。

（三）审判阶段的非犯罪化

根据当前有关的法律规定，法院并不具备进行非犯罪化的裁量空间，案件经由法院审理后方能够形成的判决为三种：一是案件事实清楚、证据确实充分的有罪判决；二是依法认定无罪的无罪判决；三是证据不足、指控犯罪不能成立的无罪判决。无论是何种形式的无罪判决，其都已经从根本上否定了犯罪的成立，故自然不存在非犯罪化的必要。在审判阶段如果能够归类于非犯罪化实践的，当属撤回公诉制度。撤回公诉早在 1979 年刑诉法中就有所体现，当时规定法院对提起公诉的案件进行审查后认为不需要判处刑罚的，可以要求检察机关撤回起诉。但是此时的撤回公诉制度是建立在法院对案件在庭前进行实体性审查的基础上，因而也就一直被理论界以审判权干预公诉权、违背控审分离、弱化庭审作用以及不利于被告人权利保障等为由加以诟病和抨击，最终在 1996 年刑诉法修改时对庭前审查撤回公诉的规定予以废除。虽然 1996 年刑诉法没有从立法上确认撤回公诉制度，但是其后最高人民法院和最高人民检察院的司法解释对撤回公诉制度予以了再次肯定。根据司法解释，我国当前的撤回公诉制度主要存在两种情形：一是检察机关在判决宣告前发现不存在犯罪事实、犯罪事实并非被告人所为或者不应当追究被告人刑事责任的，可以要求撤回起诉，法院经审查撤诉理由后作出是否准许的裁定，这也是典型的撤回公诉制度；二是按照撤回公诉处理，即对于因补充侦查而宣布延期审理的案件，补充侦查期限届满后，经法庭通知，人民检察院未将案件移送人民法院，且未说明原因的，人民法院可以决定按人民检察院撤诉处理。对于检察机关认为不应当追究被告人刑事责任而选择撤回公诉的，司法实践中检察机关随后会对被告人作出不起诉决定，因而可以将此种类型的撤回公诉制度看作是非犯罪化的间接实现。

当然，借由司法解释而建立的撤回公诉制度依然没有逃脱出被批评的命运。有论者即指出，司法实践中撤回公诉制度存在三大误区：一是通过司法解释创设该制度是司法权对立法权的僭越；二是司法解释关于撤回公诉的具体内容规定是公诉权对审判权的侵犯；三是司法实践中撤回公诉的现状严重损害司法公正，侵害被告人合法权益，降低诉讼效率并浪费司法资源。① 的确，从撤回公诉制度的实际运行情况来看，其更多的只是对于那些法院可能会作出无罪判决案件的程序回流，这种意义上的撤回公诉与其说是公诉权的积极裁量行使，倒不如看成法院帮助检察机关挽回颜面的不得已之计，而这无论结果意义上如何，从程序正义的角度来予以评价都是不正当的。就连司法机关对于以“撤回公诉”之名行“避免无罪判决”之实亦并不讳言。例如，广州市检察院在对撤回公诉和无罪判决案件进行调查后就明确承认，虽然撤诉案件和无罪判决案件二者性质不同，但是实践中大部分撤诉案件都是法院认为案件可能判决无罪并建议检察机关撤诉的。② 又如，广西壮族自治区检察院在《2005 年 1 月至 5 月全区刑事案件撤诉情况分析》中亦指出，“2003 年，全区撤回起诉案件数量同比上升 81. 6%；2004 年，全区撤回起诉案件数量同比上升 63. 9%；2005 年 1 月至 5 月，全区撤回起诉案件数量同比上升 104. 4%。2004 年以来全区大幅度降低了公安案件无罪判决率……但同时也应当看到同期直线上升的撤回起诉率，是为了降低无罪判决付出的高昂代价。”③

毫无疑问，撤回公诉异化为无罪判决的替代措施这一现象必须予以纠正，即使二者在处理结果上可能趋同，但是如果任由其发展，实际上就是对公诉权恣意行使的纵容以及对被追诉人合法权益的侵犯。但是是否就此认为应当撤回公诉制度？答案是否定的。暂且不从撤回公诉是否属于公诉裁量权应有内容这一角度予以论述，仅就非犯罪化在审判阶段的实现问题举一例就能够看出，如果废除撤回公诉制度对于当下中国的刑事诉讼而言非但没有必要，更会导

① 参见顾永忠、刘莹：《论撤回公诉的司法误区与立法重构》，载《法律科学》2007 年第 2 期。

② 参见广州市人民检察院课题组：《关于撤诉案件和无罪判决案件的调查报告》，载《中国刑事法杂志》2003 年第 5 期。

③ 陈云龙：《检察基础理论前沿问题研究》，中国检察出版社 2006 年版，第 81 页。

致司法不公。例如，如果被追诉人在审判阶段和被害方达成和解协议，而结合其犯罪情形，如果案件尚处于起诉阶段完全可以作出不起诉决定，但是因为已进入审判阶段，而审判阶段又并不具有类似不起诉的非犯罪化措施，如果没有撤回公诉的话，那么对于被追诉人而言最为有利的处罚可能也就是定罪免刑了，这从实体公正的角度来衡量显然是不公正的。如果上述事例尚可能由于被追诉人自身因素而延误非犯罪化实现，从而不足以说明取消撤回公诉制度所带来的问题的话，那么如果是由于检察机关恣意行使公诉权从而导致本应不起诉的案件进入到了审判阶段，那么这种不公正的体现无疑会变得更加强烈。

从有利于实现非犯罪化、保障被追诉人权益这一立场出发，撤回公诉制度的存在还是合理和正当的，解决其实践异化的当为之道不是废除而是规范。第一，撤回公诉的情形应当限定为符合不起诉的要件规定，包括法定不起诉、相对不起诉和附条件不起诉。也就是说，撤回公诉所可能带来的利益必须完全归属于被追诉人。检察机关不得以证据不足或者尚待需要补充侦查为由而申请撤回公诉，否则就是对公诉权行使失当和恣意的纵容。第二，检察机关撤回公诉应当在一审程序辩论终结之前提出，因为辩论尚未终结法院就并未真正形成对案件的实体处分意向，于辩论终结之前提出可以最大限度地避免公诉权对审判权的不当侵扰和干预。第三，检察机关撤回公诉应当以书面形式向法院提出，并在撤回起诉书中载明撤回起诉的理由，对此法院应当准予撤诉。撤回公诉毕竟是属于检察机关的起诉裁量权，通过限定为在辩论终结之前提出以及以书面方式提出已经能够保证公诉权对审判权的充分尊重，因而法院对撤回公诉所进行的应当是形式审查而非实质审查。第四，撤回起诉书经法院形式审查后立即发生效力，其效力等同于不起诉决定，即撤回起诉书应当视为不起诉决定书，至于其具体类属于何种形式的不起诉，可由检察机关在撤回起诉书中援引不起诉的相关法条予以确认。第五，检察机关应当将撤回起诉书送达被告人、辩护人以及被害人及其法定代理人，被害人对于撤回公诉决定不服的，可以向上一级检察机关申诉，请求提起公诉。

除通过完善审判阶段的撤回公诉制度以强化非犯罪化实现、保障被追诉人权益外，对法院进行非犯罪化实践的路径缺失这一问题同样当予重视。定罪与量刑作为法院审理案件的两大基本任务，本应获得同等程度的关注，但是我国基于“有罪必罚”的错误思想以及过高定罪率的司法现实，目前关于法院刑事司法裁量权内容的讨论大都是围绕量刑裁量进行，定罪与否的裁量也基本纠结于犯罪认定的合法性，而犯罪认定的必要性裁量则没有获得应有的重视。鉴于公安机关和检察机关都或多或少地能够进行非犯罪化的裁量实践，如果不赋予法院这一司法裁量权最为典型也最理所当然的适用主体以适当的非犯罪化裁量权，显然不太合理，对于那些本可无须进入审判阶段的被告人来说亦是不公正的。由于法院没有定罪必要性裁量，案件进入审判程序之后，如果被告人行为符合法定犯罪要件，就必须认定为犯罪，而不能像在侦查程序和起诉程序中那样可以不作为犯罪处理。更为重要的是，我国当前审前程序最大的问题就是控诉色彩过于浓厚而人权保障特别是被追诉人的权益保障较为薄弱，无论是侦查机关还是起诉机关都呈现出较为强烈的追诉犯罪、惩罚犯罪倾向。在这一情形之下，赋予审判机关这一理论上最为中立的司法主体以定罪必要性裁量权，显然能够对追诉机关片面地强调控诉形成有效缓冲，也有利于被追诉人权益的充分保障。

基于此，未来我国应当尝试在审判阶段建立免诉判决制度，以使法院能够对检察机关的起诉行为（主要是起诉必要性）进行理性评价和适当制约。所谓免诉判决，是指法庭辩论终结之后，如果法庭根据案件事实和相关证据认为被告人虽然构成犯罪但是依法对其不需要加以处罚，且公诉的提起属于不必要之情形，则可以对被告人作出免除诉讼的判决，即既不对被告人加以定罪，又不对被告人科以刑罚。法院认为需要作出免诉判决的，可以视情形决定是否附加考验期对被告人进行监督考察，附加考察的具体制度设计可参照当前检察机关的附条件不起诉制度予以进行。对于法院决定附加考察的，如果被告人在考验期内违反相反规定，则法院有权撤销免诉判决，重新对被告人进行定罪量刑。

免诉判决与定罪免刑不同，后者所免除的仅仅是刑罚的执行，但是在实体上被告人依然被认定为有罪，而免诉判决所免除的是犯罪的认定，获得免诉判决的被告人在法律上是未曾受到犯罪认定的，即不存在犯罪记录。免诉判决与无罪判决在处理结果上具有类似性，二者都是使得被告人既未被定罪也未被科刑。但是，免诉判决亦不同于无罪判决，因为免诉判决的作出并非认定被告人的行为不构成犯罪，而是认定被告人的行为不需要作为犯罪处理。免诉判决改变了我国当前在审判阶段只能对被告人作出有罪判决或者无罪判决的简单做法，转而注重对定罪必要性进行裁量，以避免被告人不适当地被贴上犯罪标签，从而更有利于被告人的利益实现。此外，免诉判决并不否定被告人犯罪行为的客观存在，法院作出免诉判决其实已然意味着对被告人行为的否定评价，只是基于特定事由将符合犯罪要件规定的行为不作为犯罪处理，而这恰恰符合我国历来强调的“实事求是”原则，因此也就更能为立法者、司法者以及普通大众所接受。

（四）审前羁押的尽量避免

在我国，审前程序中羁押率过高已经是个不争的事实。[①] 有论者考察了 1997 年至 2008 年间我国逮捕的案件、人数以及公诉的案件、人数后发现：1997 年至 2001 年逮捕的案件和人数与公诉的案件和人数基本持平；2008 年是逮捕的案件和人数与公诉的案件和人数相差最大的一年，但是逮捕人数仍占公诉人数的 82.36%；其他各年虽然逮捕的案件和人数少于公诉的案件和人数，但逮捕人数

① 我国刑事诉讼法规定的审前羁押制度其实包括拘留和逮捕两个方面的内容，其中，逮捕是较长时间剥夺犯罪嫌疑人人身自由的刑事强制措施。为了保证论述的集中性，本书对我国审前羁押制度的研究将主要围绕逮捕制度予以展开。

占公诉人数的比例都高于2008年。[①] 羁押率过高，其危害并不仅仅在于导致被追诉人遭到不必要的关押进而侵犯其诉讼人权，更当予以重视的是羁押采取与缓刑适用之间具有的潜在背反关系，即审前羁押往往使得被追诉人丧失了缓刑等从轻处理的机会。在司法实务中，但凡在审前程序中被采取羁押性强制措施的，法院进行判决时一般都不对其适用缓刑，从而避免引起国家赔偿等不必要的麻烦，甚至进行着所谓“实报实销”的处理，而非犯罪化的实现更可谓天方夜谭。因此，意图在刑事诉讼中扩大非犯罪化的实现空间，降低审前程序的高羁押率非常必要并且迫切。此外，避免审前羁押与实现非犯罪化的暗合仅从程序法意义上即能得以印证，因为避免羁押意味着被追诉人在刑事诉讼中具有更为独立的人格，也更易于实现个人自由，而这些恰恰也是非犯罪化所追求的价值理念。由此可以认为，审前程序的避免羁押其实是刑事诉讼中非犯罪化的实现酝酿。

对羁押性强制措施功能定位的偏差是我国审前羁押比例过高的重要原因之一。林山田教授指出：“强制处分虽然无可避免地限制或者剥夺个人之自由与权利，但并非对于受强制者个人之处罚，而只是为达下列目的之强制措施：（1）确实掌握犯罪嫌疑人或被告，使其确实得以在场，始终参与刑事程序；（2）发掘或保全刑事证据；（3）确保刑事诉讼程序之顺利进行；（4）确保审判结果之执行，以建立刑法与刑事程序之威信。”[②] 羁押系强制措施的重要内容，理当符合强制措施诉讼保障的功能定位，即只能用于保障刑事诉讼顺利进行、排除刑事诉讼的不当妨碍。当然，除却诉讼保障外，强制措施还有另外一个功能当予强调，这就是人权保障。如果徒以诉讼保障作为强制措施唯一目的的话，显然就等于默许国家追

① 参见顾永忠：《1997—2008年我国刑事诉讼整体运行情况的考察分析——以程序分流为视角》，载《人民检察》2010年第8期。

② 林山田：《刑事程序法》，台湾五南图书出版有限公司1998年版，第170页。

诉机关可以仅凭追诉需要而毫无限制地适用强制措施尤其是羁押性强制措施，因为处于被羁押状态的被追诉人无论是在生理上还是心理上都更易受到控制。但在我国，非但羁押性强制措施的人权保障功能并未得到应有的重视，其诉讼保障功能也一再被异化，这使得羁押性强制措施事实上具备惩罚教育、刑罚预支、证据发现以及犯罪预防等多重功能。司法实践中的以押代侦、公捕大会、超期羁押以及看守所深挖余罪等行为无疑是对上述功能异化的真实写照。因此，降低审前程序中的羁押适用，就必须首先从功能定位上将羁押性强制措施的功能回归为诉讼保障和人权保障。

我国羁押性强制措施适用比例过高的另一重要原因就是羁押制度设置的不合理。现行审前羁押制度没有区分“逮捕”与“羁押”，“逮捕”本身即意味着羁押，这使得存在于“逮捕”之后、“羁押”之前以防止羁押滥用的司法审查制度在我国无从确立。从国际通行的审前羁押制度来看，为防范对公民人身自由的不必要侵犯，法治国家一般都实行逮捕与羁押分离的制度，对公民人身自由的剥夺要经由“令状主义原则”和“司法审查原则”的双重规制。但在我国，逮捕本身就意味着羁押，公安机关在依检察机关的逮捕决定抓捕犯罪嫌疑人后就当然地享有对犯罪嫌疑人予以持续羁押的权力，而无须再将犯罪嫌疑人交由检察机关审查是否存在继续羁押的必要，这就使得犯罪嫌疑人丧失了可能重获自由或者被适用非羁押性强制措施的机会，也使检察机关丧失了通过讯问犯罪嫌疑人以发现不应当或不必要羁押的机会，从而导致了羁押适用范围的泛化。此外，逮捕与羁押不分以及司法审查制度的缺失亦使得检察机关在作出逮捕决定时时常陷入两难境地：不批准逮捕，将可能导致有羁押必要的犯罪嫌疑人因未被羁押而实施妨害诉讼的行为；批准逮捕，因再无通过直接讯问犯罪嫌疑人以确定羁押必要性的机会，可能导致将并无羁押必要的犯罪嫌疑人予以持续羁押。①

① 参见卞建林：《论我国审前羁押制度之完善》，载《法学家》2012 年第 3 期。

修正后的刑诉法虽然试图在审查批准逮捕程序中引入犯罪嫌疑人、证人、辩护律师等多方诉讼参与人以保证羁押适用的审慎，并且增设了逮捕后羁押必要性审查制度以防止错误羁押的发生，但逮捕和羁押混同这一问题的症结仍未能得到彻底改变。未来应当从根本上对我国的审前羁押制度进行改革，逮捕和羁押是不同的强制措施，具有不同的法律后果，适用不同的诉讼情形，应当加以有效区分，实现逮捕和羁押相分离，将逮捕定位于羁押的前置程序，实行“逮捕前置主义”，继而设置独立的羁押审查程序，以控制羁押的适用。这种以逮捕为前置的羁押制度，一方面能够适当放宽逮捕的适用要求，以满足侦查机关侦查犯罪的现实需要，另一方面则能够严格羁押的适用程序，通过强化羁押的司法审查来规范和控制羁押措施的适用。

具体而言，审前羁押的审查与批准应当包含三方面的内容：首先是对逮捕的审查批准。检察机关在收到公安机关的逮捕申请之后，应当对犯罪嫌疑人是否符合逮捕要件进行严格的书面审查。经审查决定批准逮捕的，检察机关应当签发逮捕令状并交由公安机关执行，逮捕的令状应当明确被逮捕人、逮捕事由和执行时间等。其次是逮捕后对被逮捕人是否予以羁押的审查。公安机关逮捕犯罪嫌疑人之后，认为需要对其予以羁押的，应当在逮捕之后的法定时间内（如 24 小时）向检察机关提出羁押申请。检察机关应当对羁押的事实依据、法律依据和羁押必要性进行审查。羁押审查应当以聆讯的方式进行，检察机关应当告知犯罪嫌疑人所涉嫌的犯罪事实以及罪名，告知其有权委托律师作为辩护人。审查时应当讯问犯罪嫌疑人并听取其辩护律师的意见，可以要求办理案件的侦查人员到场说明情况，陈述羁押的理由与必要性。检察机关经审查后，应当根据具体情况作出批准羁押、不批准羁押或者予以取保候审、监视居住等决定。最后是羁押后对羁押必要性的审查。检察机关批准羁押之后，仍应当定期对羁押的必要性进行审查，对于因情况变化而不需要继续羁押的，应当及时解除羁押措施；需要采取其他强制措施的，亦应作出相应的决定。

当然，在强调逮捕与羁押相分离的同时，丰富羁押的替代措施也非常关键。倘若在羁押与释放被追诉人之外并不存在很大的选择空间，特别是不存在能够有效保证刑事诉讼顺利进行的可靠措施，则必然会导致公安司法机关在放弃适用羁押时心存顾忌。综观当前我国强制措施的种类构成，拘传主要用于强制被追诉人到案接受讯问，拘留则主要适用于案情紧急的现行犯和重大嫌疑分子，取保候审相对适用较多但现实约束力不强，监视居住难以执行且易于演变为变相羁押，除此之外办案机关缺乏其他选择。这种羁押替代措施的选择困境成为导致司法实践中羁押率过高的一个现实因素。未来在对现有的羁押替代措施加以修改完善的基础上，也应当积极借鉴国外的立法经验创设其他限制人身自由程度不同、轻重有别的羁押替代措施，如定期报告行踪、限制从事特定活动、强制接受医疗检查与治疗等，并实现羁押替代措施的权利化改造，即除法律规定的特殊情形外，被追诉人都有权向公安司法机关申请适用取保候审等羁押替代措施以不受羁押。①

① 参见卞建林：《我国刑事强制措施的功能回归与制度完善》，载《中国法学》2011年第6期。

第六章　非犯罪化的风险控制

德国学者贝克指出："风险是个指明自然终结和传统终结的概念。或者换句话说：在自然和传统失去它们的无限效力并依赖于人的决定的地方，才谈得上风险。风险概念表明人们创造了一种文明，以便使自己的决定将会造成的不可预见的后果具备可预见性，从而控制不可控制的事情，通过有意采取的预防性行动以及相应的制度化的措施战胜种种（发展带来的）副作用。"① 非犯罪化之所以能够在刑事诉讼中得以实现，有赖于公安司法人员在准确理解法律以及深入分析案件的基础上作出适当的裁量决定，这种对人的依赖也就使得风险具备了存在的空间。更为重要的是，对于当下中国的司法而言，暂且抛开司法恣意甚至司法腐败等行为不谈，由于司法人员法律素养的参差不齐而导致司法决定可能存在的失当风险就足以值得我们警醒。理性评估刑事诉讼中非犯罪化的实现风险，积极采取制度化的措施进行有效控制和预防，尽量减少风险存在的空间，显然是保证非犯罪化规范化、科学化、正当化实现的关键所在。

一、被追诉人品格证据的运用

科学评估被追诉人人身危险性的有无和大小，是公安司法机关决定是否对被追诉人适用非犯罪化措施的重要依据，也是避免刑事诉讼中非犯罪化的实施失于准确以及引起争议的关键因素。日本学

① ［德］乌尔里希·贝克等：《自由与资本主义》，路国林译，浙江人民出版社2001年版，第119页。

者菊田幸一指出，“对犯罪人的素质、性格、精神状态、知识水平、健康状况以及对悔改的态度等，特别是对本人的生育史、家族、近邻、学校、同学、工作等情况，不进行全面地了解、调查和鉴别，那就无法对他的人格上的危害程度作出正确恰当的决定”。①在刑事诉讼过程中，对被追诉人的品格进行准确、全面调查，进而提出其良好品格证据或不良品格证据，是确定被追诉人的人身危险性有无及大小的主要参考标准，自然也就成为规范非犯罪化在刑事诉讼中实施的重要方面。

（一）品格证据的效用分析

品格证据，在我国亦被称为“品性证据”②、“性格证据”③ 或者“才德证据”④，是指能够用于证明某人品行或者特定品格特征的证据。所谓“品行”，是指他人对某人品格的综合评价；所谓“特定品格特征”，是指对某人的内在品格观察，如是否个性冲动或者粗心大意等。对于品格证据的表现形式，英国学者墨菲认为“品格”在证据法意义上至少包括三个方面的含义：（1）某人在其所居住的社区中享有的名誉或者名声（Reputation）；（2）某人以一定方式行事的性格倾向（Disposition）；（3）某人先前的特定行为事件（Specific Incidents），如犯罪前科等。⑤ 但是更为广泛的理解共识则是将先前特定行为事件排除在品格证据的表现形式之外。例如，美国学者麦考密克指出，所谓“品格”就是“对某人性格倾向的一种概括性描述，或者是对性格倾向的一般特征（如诚实、

① ［日］菊田幸一：《犯罪学》，海沫等译，群众出版社1989年版，第178页。

② ［美］罗纳德·J. 艾伦、理查德·B. 库恩斯、埃莉诺·斯威夫特：《证据法——文本、问题和案例》（第3版），张保生、王进喜、赵滢译，满运龙校，高等教育出版社2006年版，第260页。

③ 高忠智：《美国证据法新解——相关性证据及其排除规则》，法律出版社2004年版，第57页。

④ 周敦厚：《证据法论》，台湾五南图书出版公司1999年版，第405页。

⑤ Peter Murphy, *Murphy on Evidence*, seventh edition, Blackstone Press, 2000, p. 131.

忍让或者平和等）的描述”[①]；美国学者贝斯特认为，“在证据法中，‘品格’意指某人是什么样的人：诚实、不诚实、慷慨、自私、友善、坏心眼、草率、谨慎、急躁或镇定等等”[②]；我国留美学者高忠智认为，“性格是指一个人在特定情况下实施或者不实施某种特定行为的性情或者倾向，例如某人特别善良或者邪恶，某人脾气特别暴躁或者温和，某人特别谨慎或粗心等”[③]。值得注意的是，《美国联邦证据规则》则将具体行为事例作为品格证据的表现形式，其第405条规定，证明品格的方法：（a）通过名誉或者意见。当某人的品格或者品格特性的证据具有可采性时，该证据可以通过该人名誉的证言或者意见形式的证言予以证明。在对品格证人的交叉询问中，法院可以允许调查该人行为的相关具体事例。（b）通过具体行为事例。当某人的品格或者品格特性作为一项指控、主张或者抗辩的重要因素时，该品格或者品性也可以通过该人行为的相关具体事例予以证明。虽然“一次做贼，终身是贼”的论断无论如何都不应当予以成立，并且与名誉证据或者意见证据相比，先前的特定行为更易产生偏颇，但是先前发生的特定行为实例在一定程度上还是能够证明某人行事的风格和品格的特点，具有一定的证明价值，只是在具体适用时应当予以慎重并区别对待。

在英美法系国家，品格证据一般不具有相关性，其在诉讼过程中的适用受到严格限定，原则上不得用于证明某人的行为与其品格相符合，此即习性推论（Propensity Inference）的禁止。习性推论之所以不被允许，主要原因有两点：一是认为习性推论可能导致错

① Edward W. Cleary, *McCormick's Handbook of the Law of Evidence*, second edition, West Publishing, 1972, p. 462.

② ［美］Authur Best：《证据法入门——美国证据法评释及实例解说》，蔡秋明、蔡兆诚、郭乃嘉译，台湾元照出版公司2002年版，第42页。

③ 高忠智认为美国证据法中的性格（character）一词包括两种含义：（1）性格，如在殴打案件中被告人是否有暴力倾向或者是否平和等；（2）品格，如在伪造案件中被告人是否诚实等。参见高忠智：《美国证据法新解——相关性证据及其排除规则》，法律出版社2004年4月版，第57页。

误的结论；二是认为支持习性推论的证据往往会导致不公平的偏颇效应。[①] 美国学者麦考密克指出，“任何形式的品格证据——名声、通过观察而形成的意见或者特定行为——一般都不会被接纳来证明某人在某种特定场合下从事了某种行为或者带着某种特定目的从事了这样的行为，即所谓的品格的环境证据作用。其理由是我们常见的，即可能导致的偏见大于证明价值。用于此目的的品格证据，虽然具有相关的些微价值，但常常带来危险的偏见、注意力的分散和时间的浪费”。[②] 英美法律国家之所以强调品格证据适用的严格控制，主要还是防止品格证据误导司法人员、混淆诉讼争点，进而造成审判迟延以及影响对案件事实的准确认定，特别是避免对被追诉人不良品格证据的适用导致司法人员形成对被追诉人先入为主的不利判断甚至是有罪推定。但事实上，品格证据在刑事司法中的适用并不囿于事实认定这一单一层面。意大利学者格拉·马蒂卡作为社会防卫运动的激进倡导者，其主张用以调查人格为主的“社会防卫程序”来取代刑事诉讼程序，并将社会防卫程序划分为三个阶段：一是观察阶段，即证据收集阶段，这里的证据是指行为人反社

---

① 当然在特定的情形下，品格证据对于待证事实的证明依然具有相关性。具体而言，主要包括如下四种情形：第一，当品格本身成为案件争议事实，即品格处于争议中（Character in Issue）时，品格证据自然应当具有可采性，如刑事案件中的诽谤罪等；第二，虽然原则上品格证据不得用于证明某人的行为与其品格相符，但在一些例外情形下，品格证据具有相关性。《美国联邦证据规则》第404条（a）明确表示，除若干例外情形外，某人的品格或品格特征的证据被用证明此人在特定场合下从事与其品格或特征相符的行为时，不具有证据能力；第三，由于证人的可信性关乎其证言的采纳与否，控辩双方为使诉讼结果有利于己方都必须在审判中通过交叉询问攻击对方证人的可信性，因而品格证据通常用于弹劾或支持证人的可信性；第四，品格证据用于证明动机、意图等其他类似情况，如某人的其他犯罪、不法行为或行为的证据不得为显示本案行为与其品格相符，而用于证明其品格。但若为其他目的，如用于证明动机、机会、意图、预备、计划、认识、人犯同一性、无错误或意外时，则被允许。参见李晶：《美国联邦品格证据规则研究——兼论我国品格证据规则的构建》，中国政法大学2009年硕士学位论文，第7~8页。

② ［美］约翰·W. 斯特龙主编：《麦考密克论证据》（第5版），汤唯建等译，中国政法大学出版社2004年版，第367页。

会的行动及其人格方面的证据；二是判决阶段，即在上述收集证据阶段的基础上，进行反复分析并选择最适合该行为人人格的社会防卫处分；三是执行阶段，即以行为人的生活治疗和道德恢复为目的，在确保实效性的基础上通过对人格的不断观察与评价来对已判决的处分进行变更。[①] 虽然马蒂卡的设想被批评为过于偏激和理想，夸大了行为人主观要素在刑事司法中的作用，所设置的程序非但不太符合现代社会对基本自由的需求并且可能会显著增加修复法律秩序和社会关系的司法成本，但是其强调刑事诉讼程序应当充分考虑被追诉人人格这一个体因素并以此作为刑事司法处遇的依据，为我们重新思考品格证据在刑事诉讼中的地位和作用提供了有益思考。

具体而言，之所以认为品格证据对于非犯罪化的准确实施具有重要作用，主要是基于以下两种因素考虑：

第一，品格证据具有较强的稳定性。品格证据是某人品行优劣以及性格好坏的综合反映，其并非朝夕可以形成亦不能瞬间予以改变，进而呈现出较强的稳定性。我国当前无论是理论界还是司法实务部门，对于被追诉人是否认罪、悔罪等行为尤为重视，并将此视为是否非犯罪化的重要依据，而被追诉人的品格证据却未能引起足够重视，这实在是有失偏颇之举。之所以如此，一方面固然是被追诉人认罪、悔罪等行为更为直观，在司法实践中更容易把握，而品格证据的调查则较为耗时耗力且难以准确把握，另一方面则是对被追诉人认罪、悔罪等行为还欠缺全面和深刻的认识。不可否认，被追诉人认罪、悔罪等行为确实反映了其对于犯罪行为的一种良好态度和姿势，但其毕竟是一种短期之内形成的行为表示而并不具有类似品格证据那般的稳定性和可靠性，尽管这些行为很可能确实反映了被追诉人的良好品格，但亦不能排除被追诉人为了求得公安司法

① 参见马克昌主编：《近代西方刑法学说史略》，中国检察出版社 1996 年版，第 320 页。

机关的有利处理而故作姿态，因而单纯地以被追诉人认罪、悔罪等犯罪后的表现作为从宽处理的依据显然欠科学。品格证据则不然，其固有的稳定性完全可以使其成为证明被追诉人人身危险性有无和大小的真实、可靠、有效的依据，尽可能地避免被追诉人由于投机钻营而获得宽大处理现象的发生。

第二，品格证据具有更少的争议性。品格证据不是被追诉人自己对自己的评价，亦不是公安司法人员对其所作的判断，而是熟识被追诉人成长经历和生活环境的人对被追诉人的品行和性格特征所作的客观陈述和综合评价，具有较强的客观性。刑事诉讼中的一些非犯罪化措施之所以会引起民众和舆论的诸多争议和质疑，主要还是因为民众担心诉讼过程中存在着司法不公甚至腐败进而导致对犯罪的放纵。鉴于品格证据的形成主要是与诉讼利益无涉的普通公众对其所熟识的被追诉人进行的描述和评价，无论是评价主体本身与其他社会公众具有同质性从而获得情感认同和共鸣，还是评价内容完全属于评价人根据自己对被追诉人的长期了解和认识进而较为客观，都显然有利于消除社会公众对公安司法机关所作出的非犯罪化决定的疑虑，使非犯罪化的实施更具有说服力。

（二）品格证据的适用现状

苏力教授认为："在传统的社会中，他/她在乡里的一贯表现出来的人格（无论好坏）都在一定程度上得到传统司法或纠纷解决机制的承认，是一种证据；而如今这在很大程度上已经不是了。人格不再是一种证据，他/她必须收集和保留现代司法可能处理和可以辨别的证据，没有这些证据的生活是危险的。"[①] 苏力教授比较看重和强调的是符合法定证据种类的证据在现代司法中的重要性，这本身并无不妥，但如果就此而否认品格证据在现代司法中的适用则可能显得有失公允和客观。尽管我国当前的法律并未明确对

---

① 苏力：《送法下乡——中国基层司法制度研究》，中国政法大学出版社 2002 年版，第 235~236 页。

品格证据的相关内容予以规定，但是从一些司法解释的相关内容以及司法实践的具体做法来看，还是能够依稀觅得品格证据在我国刑事司法中的运用，尤其在涉及未成年人刑事司法方面，基于宽严相济刑事政策的贯彻需要，品格证据的运用还是颇受重视的。

《最高人民法院关于执行〈中华人民共和国刑事诉讼法〉若干问题的解释》（以下简称《刑诉法解释》）第190条规定："审判长宣布开庭，传被告人到庭后，应当查明被告人的下列情况：(一) 姓名、出生日期、民族、出生地、文化程度、职业、住址，或者被告单位的名称、住所地、诉讼代表人的姓名、职务；(二) 是否受过法律处分及处分的种类、时间；（三）是否被采取强制措施及强制措施的种类、时间；（四）收到起诉书副本的日期；有附带民事诉讼的，附带民事诉讼被告人收到附带民事起诉状的日期。被告人较多的，可以在开庭前查明上述情况，但开庭时审判长应当作出说明。"这里所述的"是否受过法律处分"就是被告人的前科记录，属于品格证据中的先前特定行为事例的范畴。第476条规定："对人民检察院移送的关于未成年被告人性格特点、家庭情况、社会交往、成长经历、犯罪原因、犯罪前后的表现、监护教育等情况的调查报告，以及辩护人提交的反映未成年被告人上述情况的书面材料，法庭应当接受。必要时，人民法院可以委托未成年被告人居住地的县级司法行政机关、共青团组织以及其他社会团体组织对未成年被告人的上述情况进行调查，或者自行调查。"第484条则进一步对涉及性格特点等内容的调查报告或者类似书面材料的地位和作用予以明确，即"对未成年被告人情况的调查报告，以及辩护人提交的有关未成年被告人情况的书面材料，法庭应当审查并听取控辩双方意见。上述报告和材料可以作为法庭教育和量刑的参考"。《最高人民检察院关于在检察工作中贯彻宽严相济刑事司法政策的若干意见》在"对未成年人犯罪案件依法从宽处理"部分要求："办理未成年人犯罪案件，应当坚持'教育、感化、挽救'的方针和'教育为主、惩罚为辅'的原则。要对未成年犯罪嫌疑人的情况进行调查，了解未成年人的性格特点、家庭情况、社会交往、成长经历以及有无帮教条件等情况，除主观恶性大、社会危害严重的以外，根据案件具体情况，可捕可不捕的不捕，可诉可不诉的不诉”。由此可以看出，上述司法解释中所谓的“性格特点”无疑是品格证据最为直观的体现，而诸如社会交往、成长经历等亦与品格证据的形成具有密切联系，是用于证明某人品格的重要参考内容。

在司法实践中，各地公安司法机关在考虑是否对被追诉人适用不逮捕、不起诉、从轻或者减轻处罚等措施时，几乎都会将品格证据作为重要考察内容和决定依据。自 2006 年下半年开始，浙江省乐清市法院即在全国率先推行社会调查员制度，聘请 17 名离退休干部、教师、心理咨询师等担任社会调查员，在审理未成年人刑事案件时，安排社会调查员于开庭审理前就未成年被告人的自然情况、性格特点、家庭情况、社会交往、成长经历以及实施被指控的犯罪前后的表现等情况进行调查并写成书面材料，在庭审时向法官出示，作为对未成年被告人量刑的一个参考性情节。① 2009 年 7 月，四川省成都市成华区检察院与成华区公安分局联合制定《未成年犯罪嫌疑人品格社会调查暂行办法》，正式确立了未成年人品格调查制度，将未成年人的品格社会调查作为非羁押可行性评估的重要依据。品格调查的内容主要包括以下四方面：一是在校表现调查；二是社区表现调查；三是家庭情况调查；四是非在校未成年犯罪嫌疑人已参加工作的，对其工作单位进行调查；对非在校未成年犯罪嫌疑人未参加工作的，对其主要社会活动进行调查。品格调查的方式则较为灵活，包括访谈、函调等，有条件的亦可进行心理测

① 参见陈东升：《定罪量刑参考未成年被告人的品格证据　乐清法院全国首推“社会调查员”》，资料地址：http://news. sohu. com/20070322/n248893344. shtml，最后访问日期：2016 年 5 月 1 日。

试作为对其品格评价的参考。[①] 2010 年，广东省江门市新会区检察院制定的《新会区人民检察院附条件不起诉工作规定》第 8 条和第 9 条分别要求，“拟作附条件不起诉的案件，应当对犯罪嫌疑人作品行调查”，“品行调查应当在犯罪嫌疑人所在单位或居住区域的熟悉犯罪嫌疑人的人员中进行。被访人员不得少于三人，以保证调查结果全面、客观、公正”。同年，浙江省宁波市北仑区检察院出台《附条件不起诉实施规则（试行）》，要求适用附条件不起诉的案件必须是犯罪情节较为轻微，依法可能被判处 3 年以下有期徒刑、拘役、管制或者单处罚金的案件，同时根据犯罪情节、悔过表现及个人情况，对犯罪嫌疑人适用附条件不起诉确实不致发生社会危险性，并明确指出，检察机关应当对犯罪嫌疑人进行品行调查。[②]

结合上述我国司法解释的有关规定以及司法实践的相关做法，我国当前有关被追诉人品格证据的适用状况整体上表现为如下三点特征：第一，适用范围较为有限。对被追诉人的品格证据加以详细调查，进而作出是否对其予以非犯罪化等从宽处理的决定，这一模式主要还是集中适用于未成年人的刑事司法方面，而在普通刑事案件中品格证据则一般不被重视，唯有被追诉人的前科劣迹会被记录在案并大多作为从重处罚的依据，而被追诉人的良好品格则无法有效作为对其从轻处罚的参考；第二，适用依据较为缺乏。我国并不存在一部规范证据运用的证据法典，有关证据适用的问题大多分别规定在各类诉讼法律法规当中。然而就我国目前与刑事诉讼相关的法律法规而言，并不存在任何一部法律法规、司法解释对品格证据

① 参见胡建：《未成年犯罪嫌疑人品格调查制度初探》，资料地址：http://legal.scol.com.cn/2010/11/19/2010111904924402.667.htm，最后访问日期：2016 年 5 月 1 日。

② 参见曾祥生：《宁波北仑检察院出台规则确保附条件不起诉案件质量》，资料地址：http://news.jcrb.com/jiancha/jcdt/201006/t20100629_379929.html，最后访问日期：2016 年 5 月 1 日。

的概念、范围以及种类等作出清晰的界定，也没有对品格证据如何形成、如何适用作出系统地规定，品格证据的相关规定在立法上基本处于空白状态，各地公安司法机关都是基于法律的基本精神尽量在不违背法律规定的前提下自行制定相应的操作规范；第三，适用实践较为混乱。法律的不确定必然导致实践的混乱和无序。由于对品格证据缺乏正确的理解和共同认知，再加上法律规范的缺失，实践中各地公安司法机关都是按照各自对品格证据的朴素认识进行着形式各异的适用操作，毫无统一性可言，品格证据的误读、误用以及漏用等现象不在少数。

（三）品格证据的适用完善

为了进一步规范刑事司法过程中非犯罪化的实施，避免因非犯罪化处理不当所带来的消极影响和负面效应，强化对被追诉人的品格调查，将被追诉人的品格证据作为非犯罪化与否的衡量标准非常必要。针对目前品格证据的适用范围相对局限的现实，未来在坚持对未成年人刑事司法案件中重视品格证据调查和运用的基础上，应当将品格证据的适用扩大到普通刑事案件，即规定，对于需要进行非犯罪化的普通刑事案件，公安司法机关应当就被追诉人的品格证据进行充分调查，并将调查结论作为是否予以非犯罪化的重要依据。特别需要强调的是，品格证据的调查不应仅限于审查起诉阶段和审判阶段，在侦查阶段公安机关同样需要对犯罪嫌疑人的品格进行调查。一方面，品格证据可以作为公安机关决定对犯罪嫌疑人是否提请适用逮捕的重要依据；另一方面，品格证据可以提高在侦查阶段实现非犯罪化的准确性。与此同时，中央司法机关应当尽快联合制定出相应的司法解释，从法律上确立品格证据的地位和作用，并对品格证据的基本概念、调查程序以及司法适用等进行详细规定，改变司法实践中各行其道的操作方式，强化公安司法机关在刑事司法中调查品格证据的规范性和统一性。

当然，在品格证据的适用完善方面，最为关键的环节就是如何科学有效地调查被追诉人的品格进而形成调查结论，这是品格证据准确性、客观性的重要保证。具体而言，规范品格证据的调查可从如下几个方面予以努力：

1. 品格证据的调查范围

调查被追诉人的品格证据，应当主要围绕其名誉名声和性格倾向两个方面予以进行，因为无论是名誉名声还是性格倾向，都具有较强的稳定性和可靠性，能够准确客观地反映被追诉人一直以来的品格状况。具体而言，能够体现被追诉人名誉名声和性格倾向的内容包括如下几个方面：（1）身心状况，包括被追诉人的健康状况特别是心理健康状况、兴趣爱好、性格气质以及智力情况等；（2）家庭情况，包括被追诉人的家庭结构状态、家庭和睦情况、家庭经济状况等。客观来讲，家庭情况并不直接决定被追诉人的品格状况，但是却在很大程度上对被追诉人品格的形成有着重要影响，对于被追诉人的矫正和帮教亦具有重要的作用；（3）学习和工作表现，包括被追诉人的学习和工作态度、法纪规章的遵守情况以及与师生、同事、领导等的相互关系等。需要指出的是，司法实践中有些公安司法机关在进行品格调查时较为看重被追诉人的教育背景，这种观念需要纠正。教育背景与品格好坏并无直接关联，不能认为被追诉人学历的高低就决定着其品格的优劣；（4）成长经历与社会交往状况，包括被追诉人是否存在不良嗜好、恶习、不良人际交往等，被追诉人的邻里、乡亲对其的印象和评价；（5）犯罪后表现，包括被追诉人是否有自首、立功、坦白、积极退回赃物并赔偿被害人损失、积极避免或减少犯罪损失发生等。除却被追诉人的名誉名声和性格倾向，被追诉人的先前特定行为实例也能够在一定程度上反映其品格良好与否，但是需要辩证分析并且严格控制适用。被追诉人先前特定行为实例包括前科劣迹（犯罪记录以及行政处罚记录）以及不良行为（尚未达到违法程度因而未被行政和刑事处罚）。运用先前特定行为实例证明被追诉人品格需要对该行为实例进行客观分析，区分偶发性与必然性、轻微性与严重性等，即查明是被追诉人品格必然导致的行为还是纯属意外事件或者偶发现象，是轻微不良行为还是严重不良行为甚至是违法行为，单纯运用某一先前特定行为实例来证明被追诉人品格是不客观的。尤其是对于未成年人的先前不良行为实例，鉴于国际上未成年人的刑事污点消灭制度已成惯例，更应当在品格证据调查中予以严格限制，尽量不予适用以强化对未成年人教育和挽救目的的实现。

2. 品格证据的调查主体

结合我国各地公安司法机关有关品格调查的探索实践，品格证据的调查主体主要存在以下五种形式：（1）公安司法机关自行调查，包括由承办案件的公安司法人员进行调查以及由非承办案件的公安司法人员进行调查两种形式；（2）公安司法机关委托社区矫正组织（当地的司法行政机构）进行调查，江苏省、北京市朝阳区、重庆市沙坪坝区均采用这一做法；（3）公安司法机关委托专门成立的社会调查机构进行调查，如上海市长宁区的“青保办”；（4）公安司法机关聘请专门的社会调查员进行调查，如广东省广州市的“羊城少年法庭之友”；（5）公安司法机关委托社会团体机构进行调查，如安徽省合肥市由团委从社会招募志愿者进行社会调查；等等。① 从调查的中立性、客观性以及准确性出发，通过独立的社会组织机构来对被追诉人的品格证据进行调查确认是较为合理的，其所形成的调查结论亦更具有说服力，更能够消除公众特别是被害人的疑虑。因而，有条件的地方应当推广通过委托与公安司法机关不相关联的具有独立性的社区矫正组织或者社会团体机构进行对被追诉人的品格调查，条件暂不具备的可通过公安司法机关自行聘请的社会调查员来进行调查。由公安司法人员直接进行调查则不太适宜，一来调查的独立性不强，难免会产生不必要的争议；二来公安司法人员本来办案压力就较重，其难以保证有充分的时间来对被追诉人品格进行认真细致地调查。

---

① 参见赵刚：《沙坪坝社会调查“社区”做》，载《人民法院报》2010年10月18日第5版。

3. 品格证据的调查程序

调查被追诉人的品格证据，最为理想的程序模式就是通过听证会进行。听证会由负责进行调查的有关组织或者机构主持。听证会应当邀请对被追诉人生活、学习、工作较为知悉和了解并且能够代表被追诉人生活、学习或者工作的地方大多数居民观点的人员参与，被调查人员在数量上应当不低于3位以尽量保证对被追诉人品格评价或者意见的客观和全面，出具能够证明被追诉人品格优劣的文件材料，被害方可派代表参与听证会并提出本方的观点和立场。为了鼓励被调查人员能够对被追诉人的品格进行真实评价，被追诉人一般不直接参加听证会，而是在听证会结束之后将听证会形成的初步调查内容告知被追诉人并允许其提出申辩意见，听证主持人针对被追诉人提出的申辩意见进行调查核实后作出最终的调查结论并送交公安司法机关，公安司法机关结合调查结论以及其他相关内容作出最终的处理决定。当然，通过听证会进行品格调查近期来看全面实施还存在着较大难度，有条件的地区可先行推广试点，条件尚未具备或者实行确有难度的地区可暂时通过调查机构综合采取实地访谈、问卷调查、文件调阅等方式予以进行，将访谈的结果告知被害方和被追诉人并允许其提出自己的意见和建议，在核实相关意见和建议后形成调查结论。

二、刑事被害人利益实现的多元

美国学者戈尔斯坦曾作过这样一段论述："犯罪被害人在刑事司法程序中的作用已经降到最低。人们认为他最好的状况是被看作这个制度中'被遗忘的人'，最坏的状况是二次受害，而这第二次侵害正是来自于他寻求公正的制度。他不再能够从一个成功的起诉中获得经济利益……在同时期的刑事司法中，被害人仅作为一个取得结果的手段，那就是被当作国家达到对被告定罪的一个证据。”①随着被害人权利运动的兴起以及被害人学说的发达，刑事被害人在诉讼中无论是其诉讼地位还是诉讼权利都得到有效改善和提高。我国亦不例外。1996 年修改刑事诉讼法时即赋予被害人以“公诉案件当事人”的地位，并辅之以申请回避权、委托诉讼代理人的权利、申诉权以及请求抗诉权等一系列作为当事人的应有权利。这些变化使得被害人在刑事诉讼中的地位和作用得到了增强，并为被害人有效地维护自身合法权益提供了保障。尽管如此，综观我国司法实践中刑事被害人利益实现的实际情况，总体而言依旧是路途多艰，被害人因犯罪而致贫致困的现象不在少数。刑事被害人利益实现的困境，不仅会造成纠纷解决的理想与现实之间横亘巨大的障碍，更会成为非犯罪化实现的巨大风险，因为要求一个正当权益尚无法满足的被害人去谅解和接受加害人的非犯罪化难免会强人所难，这样的刑事诉讼也难言公平。基于此，妥善解决刑事被害人的利益实现问题，对于刑事诉讼中的非犯罪化而言至关重要。

（一）加害人赔偿的困境与歧途

联合国《为罪行和滥用权力行为受害者取得公理的基本原则宣言》第 8 条明确规定：“罪犯或应对其行为负责的第三方应视情况向受害者、他们的家属或受养人作出公平的赔偿。这种赔偿应包括归还财产、赔偿伤害或损失、偿还因受害情况产生的费用、提供服务和恢复权利。”② 由加害人对刑事被害人进行赔偿，是被害人的利益实现最为正当和直接的方式。但在司法实践中，加害人的这种赔偿却往往无法得到落实。有报道指出，自 2001 年以来，我国每年的刑事犯罪立案均在 400 万件以上，刑事案件中约有 80%的被

---

① 转引自［美］埃米利·希尔弗曼：《美国刑事赔偿制度（上）》，刘孝敏译，载高铭暄、赵秉志：《刑法论丛》（第 10 卷），法律出版社 2006 年版，第 249 页。

② 《为罪行和滥用权力行为受害者取得公理的基本原则宣言》，资料地址：http://www.unodc.org/pdf/compendium/compendium_2006_zh_part_03_02.pdf，最后访问日期：2016 年 5 月 1 日。

害人或其家属得不到赔偿，接受采访的最高人民法院对此表示，现实中，被告人及其他赔偿义务人没有赔偿能力或赔偿能力不足的情况大量存在，有的刑事案件发生后难以查获犯罪嫌疑人或者证据不足无法认定责任者，致使刑事被害人依法要求赔偿经济损失的权利不能实现，一些被害人及其近亲属的生活经常由此陷入困境。[①] 此外，根据广东省东莞市中级法院统计，从2003年至2006年，在该院提起附带民事诉讼要求犯罪人赔偿的533个案件中，被告人在判决生效后主动赔偿被害人经济损失的为0；因得不到赔偿而向法院申请对犯罪人强制执行的案件有266件，约占提起附带民事诉讼总案数的49.9%；真正有财产可供执行的案件只有34件，只占总案数的6.3%；实际强制执行到位的标的额平均只占到申请执行标额的2%；相对判决所确认的赔偿，刑事附带民事诉讼能够对被害人实际进行的救济约占到赔偿总额的0.75%。[②]

除却因加害人无力承担赔偿以及不愿进行赔偿外，加害人赔偿还存在由于赔偿范围限制进而导致赔偿数额普遍不高的问题。我国《刑事诉讼法》第99条第1款规定，“被害人由于被告人的犯罪行为而遭受物质损失的，在刑事诉讼过程中，有权提起附带民事诉讼。被害人死亡或者丧失行为能力的，被害人的法定代理人、近亲属有权提起附带民事诉讼。”《刑诉法解释》进一步明确限制了通过附带民事诉讼判决所获得的赔偿金额范围，其第155条规定：“对附带民事诉讼作出判决，应当根据犯罪行为造成的物质损失，结合案件具体情况，确定被告人应当赔偿的数额。犯罪行为造成被害人人身损害的，应当赔偿医疗费、护理费、交通费等为治疗和康复支付的合理费用，以及因误工减少的收入。造成被害人残疾的，还应当赔偿残疾生活辅助具费等费用；造成被害人死亡的，还应当

① 参见李恩树：《刑事被害人救助工作“落地”两年，地方司法机关执行给力》，载《法制日报》2011年2月10日第5版。

② 参见广东省东莞市中级人民法院课题组：《论建立统一的刑事被害人司法救济制度》，载《法律适用》2010年第1期。

赔偿丧葬费等费用。驾驶机动车致人伤亡或者造成公私财产重大损失，构成犯罪的，依照《中华人民共和国道路交通安全法》第七十六条的规定确定赔偿责任。附带民事诉讼当事人就民事赔偿问题达成调解、和解协议的，赔偿范围、数额不受第二款、第三款规定的限制。”根据上述规定，除交通肇事案件外，赔偿义务人应当赔偿的范围为被害人已经遭受的实际物质损失和必然遭受的物质损失，且不包括死亡赔偿金和伤残赔偿金。值得注意的是，《最高人民法院关于审理人身损害赔偿案件适用法律若干问题的解释》（以下简称《人身损害赔偿解释》）第 18 条规定：“受害人或者死者近亲属遭受精神损害，赔偿权利人向人民法院请求赔偿精神损害抚慰金的，适用《最高人民法院关于确定民事侵权精神损害赔偿责任若干问题的解释》予以确定。精神损害抚慰金的请求权，不得让与或者继承。但赔偿义务人已经以书面方式承诺给予金钱赔偿，或者赔偿权利人已经向人民法院起诉的除外。”此外，《人身损害赔偿解释》第 25 条规定了残疾赔偿金的计算标准，第 29 条规定了死亡赔偿金的计算标准，第 31 条规定：“人民法院应当按照民法通则第一百三十一条以及本解释第二条的规定，确定第十九条至第二十九条各项财产损失的实际赔偿金额。前款确定的物质损害赔偿金与按照第十八条第一款规定确定的精神损害抚慰金，原则上应当一次性给付。”由此可见，《人身损害赔偿解释》明确将残疾赔偿金和死亡赔偿金界定为财产损失，在性质上属于物质损害赔偿，已经不属于精神损害抚慰金，而《刑诉法解释》显然没有吸收这一立场。对此，有论者呼吁：“为了使被害人和近亲属能够得到合理救济，在不改变刑事案件被害人不得提起精神损害民事诉讼的模式下，可要求赔偿残疾或死亡赔偿金能够在一定程度上纠正利益失衡，使受害人和近亲属获得相对公正的司法救济，否则致人残疾和死亡的赔偿会出现严重失衡。残疾和死亡赔偿金属于财产性质的赔偿，是对被害人残疾或死亡后实际收入减少后进行的补偿，规定这两个赔偿项目，以弥补减少的实际收入及家庭收入等实际损失，是合情合理的，将其纳入物质赔偿范围内，有利于赔偿目的的实现并易于为社会公众所接受。”①

也正是基于加害人赔偿普遍存在困境的现实，当事人和解制度应运而生并已然获得立法确认。当事人和解制度缓解了加害人赔偿难以落实且数额受限的困境，回应了刑事被害人利益补偿的基本诉求，在一定程度上可谓实现了诉讼各方的利益共赢。与零和博弈的此消彼长不同，利益共赢（共赢式博弈）强调在确保至少任何一方的利益都不会比原先减少的基础上，最大可能地实现参与方利益的增加。“除共赢外，其他任何一种双边关系，都可能在双方之中或其外出现利益受损者和失败者，即在一部分人获得利益、取得成功之际，在其他地方留下创伤。相形之下，共赢是一种无创伤行为，是一种能够保证自我与环境协调发展的行为。”② 对于加害人而言，通过当事人和解可以获得公安司法机关对其不予追究刑事责任或从轻、减轻处罚的处理结果；对于被害人而言，通过当事人和解所获得的赔偿，无论是数额还是执行效率，都相较附带民事诉讼或者另行起诉而言显著提高。

不可否认，当事人和解对于解决被害人利益实现难的问题确实具有良好的效果，但是其亦并非化解所有问题的妙方良药。从司法实践的具体落实来看，当事人和解有着被引入歧途的危险。根据刑诉法的相关规定，当事人和解的达成并不必然以加害人赔偿损失为要件，而是包括赔礼道歉、真诚悔罪等多种方式。学者亦呼吁“加害人对被害人的赔偿并不能弥补其对社会公共利益所造成的损害，对于刑事部分的处理应当综合全案情况作出判断，履行赔偿仅仅是需要考虑的一个因素，赔偿并不能当然地作为轻缓处罚的理

---

① 周瑞牛：《刑事案件被害人的民事赔偿范围探析》，资料地址：http://www.chinacourt.org/article/detail/2015/06/id/1658322.shtml，最后访问日期：2016 年 5 月 1 日。

② 李习彬、李亚：《共赢思维——当代领导思维新模式》，载《中国行政管理》2001 年第 8 期。

由，更不应成为加害人与国家讨价还价的‘筹码’”。[①] 地方司法机关同样一再申明当事人和解制度并不等同于“花钱赎刑”，而是需要在适用条件、适用程序、被追诉人主观因素等诸多方面予以规制。[②] 但是毋庸置疑的一个事实是，当事人和解之所以能够达成，绝大多数定然是由于当事人之间关于赔偿数额的共识。那么，当事人和解难免就会面临一个巨大的正当性拷问：富人可以借由可观数额的金钱赔偿来获得被害人的一纸谅解意见，那么穷人呢？理性来看，我们当然不能机械地拒绝一个有能力而且愿意进行巨额赔偿的加害人对被害人进行赔偿，以求得所有案件加害人的所谓一视同仁或者同等对待，若果真如此其实也是不公平的一种体现，因为具备赔偿能力本来不应受到消极评价。恰恰相反，我们甚至应当将加害人的积极赔偿作为其悔罪的表现予以考量。但是如果一个诉讼制度的设计仅仅是能让少部分人得利的话，显然这个制度是不公正的，对于社会公众也不能够形成良好的价值导向。若果真如此，当事人和解制度堪为走入歧途。2012 年修改刑事诉讼法时，立法者也正是考虑到当事人和解制度可能存在的风险以及正当性争议，因而在确立这一制度合法性的同时，采取了较为保守的范围，对和解的范围进行了较为严格的限制。《刑事诉讼法》第 277 条规定：“下列公诉案件，犯罪嫌疑人、被告人真诚悔罪，通过向被害人赔偿损失、赔礼道歉等方式获得被害人谅解，被害人自愿和解的，双方当事人可以和解：（一）因民间纠纷引起，涉嫌刑法分则第四章、第五章规定的犯罪案件，可能判处三年有期徒刑以下刑罚的；（二）除渎职犯罪以外的可能判处七年有期徒刑以下刑罚的过失犯罪案件。犯罪嫌疑人、被告人在五年以内曾经故意犯罪的，不适用本章规定的程序。”《公安机关办理刑事案件程序规定》第 323 条

① 宋英辉等：《我国刑事和解实证分析》，载《中国法学》2008 年第 5 期。

② 《北京市一中院出台刑事和解新规　并非“用钱赎刑”》，资料地址：http://www.chinanews.com/gn/news/2009/07-27/1792436.shtml，最后访问日期：2016 年 5 月 1 日。

进一步对不能进行和解的案件予以明确，即“有下列情形之一的，不属于因民间纠纷引起的犯罪案件：（一）雇凶伤害他人的；（二）涉及黑社会性质组织犯罪的；（三）涉及寻衅滋事的；（四）涉及聚众斗殴的；（五）多次故意伤害他人身体的；（六）其他不宜和解的”。

（二）被害人利益实现的多元化构建

如前所述，借由加害人赔偿来维护被害人利益这一路径似乎陷入了迷茫，或者因为加害人赔偿能力的不足、赔偿意愿的缺乏、赔偿范围的局限等因素而导致被害人无法获得有效赔偿，或者因为当事人和解制度可能的歧途走向而招致“花钱赎刑”的正当性拷问。面对加害人赔偿的现实困境，扩大被害人利益实现的方式和途径已然迫在眉睫，强化刑事被害人利益实现过程中的国家道义或者国家责任也越发得到国家和社会的普遍重视。

联合国《为罪行和滥用权力行为受害者取得公理的基本原则宣言》第12条规定，“当无法从罪犯或其他来源得到充分的补偿时，会员国应设法向下列人等提供金钱上的补偿：（a）遭受严重罪行造成的重大身体伤害或身心健康损害的受害者；（b）由于这种受害情况致使受害者死亡或身心残障，其家属、特别是受养人。”在我国，继2008年《关于深化司法体制和工作机制改革若干问题的意见》中明确提出在新一轮司法体制改革中要“建立刑事被害人救助制度，对因犯罪侵害而陷入生活困境的受害群众，实行国家救助”之后，2009年全国人大法工委与最高人民法院、最高人民检察院、公安部、司法部、财政部、民政部等中央八部门联合印发《关于开展刑事被害人救助工作的若干意见》，首次在中央层面上确立了刑事被害人的救助制度，明确了救助工作的重要意义、指导思想、总体要求、基本原则等内容，规定了救助对象的范围标准、救助资金保障与管理、救助审批与发放等问题，并要求在全国范围内积极、稳妥、有序地开展刑事被害人救助工作。在这一背景下，全国不少地方均已进行不同层级的刑事被害人救助立法工作，宁夏回族自治区更是出台了我国首部对刑事被害人进行救助的省级地方立法，这些立法规范推动着被害人救助工作的有序开展。

所谓刑事被害人救助，一般是指因严重暴力犯罪造成被害人伤残或死亡，无法获得或者无法及时获得有效赔偿，且其本人或由其赡养、抚养、扶养的近亲属有特殊生活困难，由国家给予的一次性临时救助。与被害人国家补偿相比，我国目前实施的被害人救助无论是性质还是内容都有所差别。刑事被害人国家补偿主要是指在被害人未能获得或者难以获得赔偿的情况下，国家基于法律规定的替偿义务而给付被害人或其他法定权利人一定额度的补偿费用，以弥补其因刑事犯罪所招致的损失。刑事被害人救助是国家对特困被害人的道义扶助，其并不具有法律上的强制性；而刑事被害人补偿则是国家对被害人的法定责任，是国家在加害人无法进行有效赔偿后进行代替补偿，这种替偿义务具有强制性。有论者指出，由于我国经济、社会、文化发展水平与发达国家还存在较大的差距，且目前正处于社会转型时期，扩大就业、社会保障、发展社会事业等问题较被害人救助需要优先考虑，因而尚不具备推行刑事被害人国家补偿制度的主客观条件。①

诚然，被害人国家补偿较被害人国家救助而言，从法律地位而言更为明确，从实现效果来看也更有保障，有利于被害人利益更好地维护和实现。但我国还是一个各地发展并不均衡的国家，不同身份之间、同一省份的不同城市之间发展差异都较为突出，如果在社会福利和社会保障都尚不健全的前提下就贸然全面推行被害人国家补偿制度，无疑难度和阻力都较大，即使推行也可能因无法落实而沦为一纸空文，反而会造成被害人丧失对司法乃至对国家的信赖。与此同时，即使是刑事被害人救助制度，亦应当理性地看待，不能寄予过高期望，将其视为一举解决被害人利益实现所有问题的

① 参见陈彬：《由救助走向补偿——论刑事被害人救济路径的选择》，载《中国法学》2009年第2期。

“救命稻草”。事实上，我国当前的刑事被害人救助制度依然具有较大的局限性，救助对象一般仅限于严重刑事犯罪的特困被害人，救助数额亦并不太高且都是一次性救助，这种救助制度只能说是有效缓解了被害人“求偿无门”的被动局面，并不能普遍惠及于刑事被害人。

因此，在非犯罪化的实现过程中，为了更好地维护和实现刑事被害方的利益，降低非犯罪化的实现风险，就应当综合运用加害人赔偿、刑事被害人救助、刑事被害人国家补偿等多种方式对被害方利益予以多元化保障：

首先，应当坚持将加害人赔偿作为刑事被害人利益实现的首要路径。有论者即指出，犯罪人赔偿是基于对其犯罪行为的对等惩罚和报应的法理基础，其意义在于发挥了赔偿和惩罚的双重实用功效，有利于对犯罪人的惩罚和教育改造。① 犯罪最为直接的表现就是加害人对被害人实施侵权行为，虽然加害人可能招致刑罚的惩罚，但是由加害人承担经济上的不利益以补偿被害人利益的损失也是应当和必需的，这也是刑事司法公平正义的体现所在。无论是刑事被害人司法救助还是刑事被害人国家补偿，都不可能完全代替加害人赔偿所固有的法理基础。对于加害人的赔偿范围，其实当事人和解之所以能够赔偿数额高企，一定程度上就是因为其实际上已经包含了精神损害赔偿的内容。然后，根据当前刑诉法以及相关司法实践，对于刑事案件的精神损害赔偿，除却经由法院调整达成协议外，通过判决形式予以实现却于法无据。《刑诉法解释》第 138 条规定：“被害人因人身权利受到犯罪侵犯或者财物被犯罪分子毁坏而遭受物质损失的，有权在刑事诉讼过程中提起附带民事诉讼；被害人死亡或者丧失行为能力的，其法定代理人、近亲属有权提起附带民事诉讼。因受到犯罪侵犯，提起附带民事诉讼或者单独提起民事诉讼要求赔偿精神损失的，人民法院不予受理。”第 164 条进一

① 参见汤啸天等：《犯罪被害人》，甘肃人民出版社 1998 年版，第 275 页。

步强调：“被害人或者其法定代理人、近亲属在刑事诉讼过程中未提起附带民事诉讼，另行提起民事诉讼的，人民法院可以进行调解，或者根据物质损失情况作出判决。”也就是说，被害方无论是提起附带民事诉讼，还是单独提起民事诉讼，法院如果径自予以判决的话，只能够包括物质损失，而不包括精神损害赔偿。如果被害方主张精神损害赔偿，则只能寄希望于法院的调解。当然，立法部门之所以在刑事附带民事诉讼中将赔偿范围限制为物质损失而不包括精神损害赔偿，当然有诉讼效率的考量，也涉及刑事案件审理法官的专业性问题。在2012年修改刑事诉讼法时，《刑诉法解释》更是将附带民事诉讼的赔偿范围进一步限缩，除交通肇事案件另行规定以外，其他案件均不再包括伤残赔偿金和死亡赔偿金，这一做法主要也是基于即使是物质损失的赔偿金额，在司法实践中也是难以得到有效执行，导致判决赔偿金额与实际赔偿数额之间存在较大的鸿沟，这一方面影响判决的权威性，另一方面恐怕还有维稳息访的因素。但从法律的统一性和公平性来看，民事诉讼对于因民事侵权行为而导致的精神损害赔偿是持肯定态度的，刑事诉讼对于刑事侵权行为而导致的精神损害赔偿却持否定态度，这种截然不同的法律立场显然缺乏逻辑上的正当性，刑事侵权行为明显比民事侵权行为为害尤重。因此，在加害人赔偿方面，在鼓励双方当事人通过调解达成赔偿的协议的同时，亦不应该完全否定精神损害赔偿通过法院判决予以实现的可能性。综合考虑诉讼效率和司法实际，未来附带民事诉讼的赔偿范围还是以限定在物质损失为宜，但是应当增加死亡赔偿金和伤残赔偿金，以强化附带民事诉讼的公平性和合理性，也有利于保持法律规范之间的统一性。如果被害方在附带民事诉讼中主张精神损害赔偿的，人民法院可以进行调解；调解不成，被害方坚持主张精神损害赔偿的，人民法院应当告知被害方单独提起民事诉讼。被害方在刑事诉讼过程中未提起附带民事诉讼，另行提起民事诉讼主张精神损害赔偿的，人民法院应当予以受理。

其次，在加害人赔偿无法有效实现的前提下，国家应当依法对符合条件的刑事被害人进行救助。十八届四中全会通过的《关于全面推进依法治国若干重大问题的决定》在“建设完备的法律服务体系”部分明确提出，要“健全司法救助体系，保证人民群众在遇到法律问题或者权利受到侵害时获得及时有效的法律帮助”。《人民法院第四个五年改革纲要（2014—2018）》也强调，“推动完善司法救助制度。明确司法救助的条件、标准和范围，规范司法救助的受理、审查和决定程序，严格资金的管理使用。推动国家司法救助立法，切实发挥司法救助在帮扶群众、化解矛盾中的积极作用。”结合现有的刑事被害人救助工作的实践探索和立法经验，未来可在全国范围内建立统一的刑事被害人救助制度，明确救助工作开展的责任主体、受益对象、操作程序、管理保障等内容，实现刑事被害人救助由地方自发立法到全国统一规范的转变，从而进一步扩大救助工作的开展范围并提高救助工作的开展质量，有条件的地区可以通过地方性立法来试点探索建立刑事被害人国家补偿制度。

最后，随着我国经济社会的不断发展，特别是社会保障事业的日益进步，未来可以尝试将被害人纳入社会保障体系之中，将被害人利益实现的方式由国家救助或者补偿转变为社会帮助或者扶助，将被害人一次性的救助或者补偿转变为长期的社会保障，使其能够享有最低生活保障、医疗保险、养老保险等，这也是分配正义的应然内容。有论者认为，社会的安定是促进每个社会成员幸福生活的前提，每个人的命运同整个社会的命运紧密相连且不可分割，因而关心和救助被害人对于整个社会来说是应尽的责任和义务，对于社会中的每个人来说也是义不容辞的社会责任。[①]

三、刑事司法裁量权行使的规范

尽管我们不能过于夸大权力欲在人类事物中所具有的作用，但

① 参见赵可等：《一个被轻视的社会群体——犯罪被害人》，群众出版社 2002 年版，第 276 页。

是历史经验早已表明并持续证明，“一个被授予权力的人，总是面临着滥用权力的诱惑，面临着逾越正义与道德界限的诱惑”①。非犯罪化的实现依赖于刑事司法裁量权的行使，如何规范这一权力的行使以防止其恣意和失当自然关乎非犯罪化的成败。刑事司法裁量权的规范涵盖内容较为广泛，包括改善刑事诉讼构造、优化司法裁量权设置、提高司法人员素养等许多方面的内容，结合非犯罪化的具体需要以及司法实践的主要问题，择其要者简述如下：

(一) 裁量权行使的原则设定

“法律原则是社会一般法律意识和道德意识的产物，是社会成员的共同的根本的道德价值和标准的法律化或法律形式。法律原则的浅层内容是法律化的道德规范和道德准则，深层内容是一个社会的一般的根本的价值标准和准则，其深深根植于一个道德共同体的‘经久的社会舆论’（波斯纳语）和经济、政治和文化之中。”② 作为共同法律意识和道德意识的产物，法律原则在法治社会中的作用不言而喻，特别是在进行宽泛意义的规范解释方面。刑事司法裁量权的行使必须遵循一些基本的法律原则，以确保这一权力运作行为在宏观意义上存在正确导向进而在微观意义上得出适当的结论。概括而言，刑事司法裁量权的行使至少需要注重三个基本原则：

1. 合法性原则

合法性原则要求刑事司法裁量权应当按照法律规定的程序，在法律赋予的权限范围内予以行使。其一，合法性原则要求无论是实体性事项还是程序性事项抑或是证据性事项，公安司法人员进行刑事裁量时都应当遵守法律预先设定的边界或者说是界限，对此不能逾越，不能进行违法裁量。例如，司法实践中一些检察机关对于可以作出相对不起诉决定的案件却为了业绩考核指标而放弃适用不起

① ［美］E. 博登海默：《法理学、法律哲学与法律方法》，邓正来译，中国政法大学出版社 2004 年版，第 377 页。

② 李可：《原则和规则的若干问题》，载《法学研究》2001 年第 5 期。

诉，转而退回侦查机关要求其撤销案件，这种做法实际上就超出了裁量权的界限，违反了合法裁量的原则。其二，合法性原则要求刑事司法裁量权的作出必须遵循法定规定的程序，不能在程序之外自行裁量，这也是正当程序的基本要求。其三，合法性原则还应当包括裁量必须遵循法律的基本原则进行这一内容，即当被裁量的事项没有具体的法律规范予以规定时，就要遵循宪法、刑法、刑诉法、证据法及其他相关法的基本原则，如罪刑法定原则、无罪推定原则、人权保障原则等，以保证裁量决定的准确和公正。①

2. 比例原则

比例原则要求国家行使权力所使用的“手段”与所欲达到的“目的”之间必须合乎比例，抑或说具有相当性关系。比例原则包括适合性原则、必要性原则与狭义比例原则三方面内容：适合性原则是指一定行使权力的手段的采取必须适合或有助于既定目的的有效实现；必要性原则是指国家机关唯有在无法采取其他更为有效且对公民基本权利限制更少的手段时，方能采取其预先设定的手段以实现特定目的；狭义比例原则是指采取这一手段对公民权利所造成的不利益，在程度上不应超过所欲维护的利益。比例原则在肯定国家公权力行使的前提下，通过强调权力行使必须审慎、必要且预先进行利益衡量进而实现法律对基本人权的保障，使得国家权力对公民的干预降到最低限度。比例原则虽然主要被用于限制强制措施的适用，但是其对整个刑事司法过程中的裁量权的行使同样具有重要的规范意义。强调比例原则，就要求公安司法人员在作出某一裁量决定时必须要考虑决定的作出与目的的达成之间是否合乎比例，是否存在过轻或者过重等裁量不当的情形。例如，在决定是否不起诉时，就需要按照比例原则来考虑起诉所带来的利益以及所造成的不利益，如果起诉这一行为会导致不利益超过利益的话，那显然就不

① 参见周长军：《刑事司法裁量权的控约机制研究》，载《河北法学》2005年第10期。

应予以起诉。

3. 诚信原则

晚近以来，“私法公法化、公法私法化”成为大陆法系法律发展中一个引人注目的趋向，诚信原则也随之从私法领域逐步扩充到公法领域并发挥着重要作用。有论者指出，诚信原则是道德原则的法律化，是被吸收到法中的人类生活关系要素，在上升为法律的过程中立法者不过是把这一内在于人类行为的原则扩张到全部人类行为最广泛的领域。[①] 从消极方面来看，诚信原则要求法律主体在实施法律行为时不应存有某种不良的内在动机；从积极方面来看，诚信原则要求法律主体应当善良地行使权利、承担义务并对他人权益保持足够的尊重。诚信原则是司法裁量权赖以存在的基础，也就是说，之所以赋予司法主体裁量权，就是信赖司法机关能够诚实信用地行使这些权利。具体而言，诚信原则对刑事司法裁量权的行使提出了如下两点要求：第一，公安司法人员应当正直、诚实地进行司法裁量行为，不得恣意损害任何一方诉讼参与人的合法利益，不得以不适当的方式甚至以欺骗的方式进行裁量；第二，公安司法人员进行裁量时，应当分辨诉讼当事人的相关行为是否确实属于诚实和无过错的，并基于辨别的结果决定给予相关当事人诉讼上的利益或者不利益。

（二）国家刑罚权的必要维护

秩序对人类来说，就是维系自身作为人类的存在物的需要，是人的社会性的表现与需要。人类离开了秩序就没有安全，就没有良好的发展，就没有真正的幸福。[②] “秩序的概念，意指在自然进程与社会进程中都存在着某种程度的一致性、连续性和确定性。”[③]

① 参见徐国栋：《诚实信用原则研究》，中国人民大学出版社 2002 年版，第 29 页。

② 卓泽渊：《法的价值论》（第 2 版），法律出版社 2006 年版，第 386 页。

③ ［美］E. 博登海默：《法理学：法律哲学与法律方法》，邓正来译，中国政法大学出版社 1999 年版，第 219 页。

无论是国家，还是体现国家意志的法律，对于秩序，都存在着天然的追求。即使是普通民众，其作为社会群体的一员也对秩序有着强烈的需求，这是维系其安宁、幸福生活的最基本要素。正如博登海默所言："历史表明，凡是在人类建立了政治或社会组织单位的地方，他们都曾力图阻止出现不可控制的混乱现象，也曾试图确立某种适于生存的秩序形式。这种要求确立社会生活有序模式的倾向，绝不是人类所做的一种任意专断或'违背自然'的努力。"[①] 国家通过刑事实体法和程序法来追诉犯罪，其目的就包含对秩序的追求，使受到破坏的秩序得到恢复。为实现这一目的，法律赋予国家机关以强大的财力、物力、人力，并赋予特殊的权力，包括对公民权利的适当干预与限制，这些都是追求秩序使然，是法的秩序价值的深刻体现。

虽然对秩序的追求具有无可争议的正当性，但对秩序的追求往往伴随着对自由、人权等其他价值一定程度的损益，并使得价值相互之间出现冲突和对峙。这种冲突究其实质是法的价值冲突。法的价值冲突是必然的，价值主体的多元性、多样性、多层次性以及社会需要、社会生活的广泛性、复杂性等诸多因素决定了冲突的发生实则不可避免。[②] 在面临法的价值冲突时，我们就需要在不同的价值之间进行取舍。例如，在自由与秩序之间，当我们认为对自由的追求高于对秩序的强调时，就可以实现非犯罪化，将法律规定为犯罪的行为不作为犯罪处理。但是，在现实司法实践中，对于秩序价值的追求往往走向两个极端。极端之一就是过于重视对秩序的维护，偏爱从重从快地打击犯罪，无节制地采取羁押措施限制公民人身自由，这当然是需要加以反对的，之所以在刑事诉讼中强调非犯罪化的实现，一定程度上也是对这一维护秩序的极端方式予以纠

① ［美］E. 博登海默：《法理学：法律哲学与法律方法》，邓正来译，中国政法大学出版社 1999 年版，第 220 页。

② 卓泽渊：《法的价值论》（第 2 版），法律出版社 2006 年版，第 605~608 页。

正。与此同时，另一个极端就是忽视对秩序价值的维护，借由刑事司法裁量权行使的便利，将刑事司法过程异化为作秀式改革的“试验场”或者进行权力寻租的“开放地”，无原则、无节制地进行非犯罪化，这同样是需要加以极力反对的。

在刑事司法裁量过程中，必须注重对秩序价值的底限或者说是对最低限度的秩序价值予以维护，否则不仅会使得裁量结果失去正当性，更会导致社会秩序的失控以及公众对司法失去信心，社会的稳定、司法的权威也都会就此丧失。如何实现秩序价值的底限维持自然就是接下来需要解决的问题。对此，有论者指出，“为了维护国家与社会的集体存在与法秩序的整体统一，国家对关乎重要法益保护的核心刑罚权必须予以垄断性与强制性的行使，不仅不能允许加害人或被害人根据其个人意志或私利随意左右或变更刑法的适用，而且也不能许可司法者根据其个人好恶而任意放弃或变更刑法的适用，除非其基于公共政策的考虑而认为刑法的适用无效、不经济甚至反而有害。”①

日本学者内藤谦认为，“社会并不是脱离个人的、超个人的实体，社会组织、社会过程终究是为了个人利益，保护社会法益必须从保护个人法益出发；保护国家法益也不是将国家作为超个人的具有自身目的的存在来保护的，而是将国家作为保护个人的生命、身体、自由、财产的机构来保护的。”② 虽然内藤谦特别强调个人法益的独立价值，这也为非犯罪化的制度实践提供了良好的理论基础，但是完全将国家利益和社会利益虚无化也是不恰当的。实践中，一些公安司法机关只要当事人之间达成和解就一概适用撤销案件或者不起诉或者从轻处罚，这明显误解了私主体是否达成合意与刑罚权是否予以行使之间的相互关系，纵容了私主体合意对国家刑

① 梁根林：《死刑案件被刑事和解的十大证伪》，载《法学》2010 年第 4 期。

② ［日］内藤谦：《法益论的一考察》，载《团藤重光博士古稀祝贺论文集（3）》，有斐阁 1984 年版，第 15 页以下；转引自张明楷：《法益初论》，中国政法大学出版社 2003 年版，第 149 页。

罚权的不当侵蚀。事实上，当前不少社会公众之所以对诸如刑事和解、附条件不起诉等制度存在忧虑甚至质疑，重要原因之一就是认为“花钱赎刑”是不正义的，会造成富贵者得利、贫穷者受损的不公平局面。

不可否认的是，非犯罪化之所以能够在刑事诉讼中得以实现，就是公安司法机关基于特殊事由或者特定情形的考量而放弃刑罚权的行使，但是这种放弃并非没有限制或者没有原则的。唯有基于公共利益或者追诉利益的理性考量，在认为追诉确实不再具有必要性甚至继续追诉会产生严重的负面影响时，刑罚权的放弃行使才是正当的。现代刑事司法虽然普遍承认当事人私主体之间可以在诉讼过程之中或者之外进行契约的订立、合意的达成，但是无论如何，私主体之间的契约或者是合意都并不构成国家刑罚权当然放弃行使的充分条件，而只是作为予以考量的因素之一。在进行非犯罪化的刑事裁量时，我们在对个人利益予以充分尊重的同时，还应当将社会利益以及国家利益独立于个人利益之外予以综合判断，维护国家刑罚权特别是核心刑罚权的必要、适当行使，唯有此才能保证在实现非犯罪化的同时亦能对秩序价值进行必要维护，才能使得司法裁量结果在社会公众中具有更为广泛的可接受性，避免司法裁量的过程落入受制于私主体合意操控的局面。

此外，对于那些不是单纯涉及或者并不涉及个人法益保护的犯罪，如贪污贿赂犯罪、危害公共安全犯罪等，虽然不存在私主体对国家刑罚权行使的不当侵蚀的可能，但是却由于直接受害人的缺乏导致了刑罚权行使的更加难受控制，刑罚权放弃与否完全任由司法人员决定。事实上，这类犯罪在实践中进行非犯罪化的情形确实不在少数，尤其是职务犯罪。例如，新疆维吾尔自治区米泉市检察院（现为乌鲁木齐市米东区检察院）从 2002 年至 2005 年共审查决定不起诉案件合计 6 件 7 人，其中相对不起诉案件 5 件，占不起诉案件总数的 83.3%，存疑不起诉案件 1 件，占 16.7%，这些案件全部是职务犯罪案件。就连该检察院自行作出的调查报告都承认，

“从中也不难发现这样的决定不利于有效地遏制犯罪。在人们心目中会有一种错觉，认为只要认罪态度好，积极退赃就作不起诉，用钱赎罪，并且从轻发落，这就会使社会上的不法分子不顾自己的犯罪行为，这也是此类犯罪多发的一种因素，很容易形成恶性循环，也就不能有效地预防犯罪”。[①] 虽然不能一叶障目地就此认为在我国非犯罪化实践中职务犯罪占有过大比例，但是不可否认的是，由于缺少直接受害人，类似于职务犯罪案件的非犯罪化裁量如果存在司法恣意甚至腐败的话，显然会更加隐蔽、更难发觉。这种恶性循环倘若继续下去，对于犯罪的预防和秩序的维护都为害尤重。当前许多地方司法机关都试图对此类案件的非犯罪化适用进行量化控制，如限定职务犯罪不起诉的数量和比例等，但这仅仅是治标之道，并且缺乏科学性，甚至可能导致因为指标的稀缺而使得裁量权寻租的价值更大。治本之道还是应当强化对刑罚权裁量行使的外部监督和制约机制，以消除任意和不当放弃国家刑罚权的可能空间。

（三）裁量权行使的程序控制

“在考虑法制建设时，我国的法律家更多地强调令行禁止、正名定分的实体合法性方面，而对在现代政治、法律系统中理应占据枢纽位置的程序问题则语焉不详。偶有论及者，也并未把程序看作一个具有独立价值的要素。”[②] 时至今日，程序正义已经发展成为一个超越国家和法系界限的、具有普适意义的法律概念与价值，成为国际刑事司法准则的重要内容，是一国推行法治建设、实现人权保障不可或缺的因素。有论者指出，程序正义应当包含以下几点：（1）受刑事裁判直接影响的人充分而富有意义地参与裁判制作过程；（2）裁判者在控辩双方之间保持中立；（3）控辩双方受到平等的对待；（4）审判程序的运作符合理性的要求；（5）法官的裁

① 沈荣：《检察机关适用不起诉的调查分析》，资料地址：http://www.xj.yfw.com.cn/shownews.asp? id=57700，最后访问日期：2016年5月1日。

② 季卫东：《程序比较论》，载《比较法研究》1993年第1期。

判从法庭审判过程中形成；（6）通过程序能够及时产生判决结果，并使被告人的刑事责任得到最终确定。① 另有论者认为，程序正义的基本要求应当是获得听审的机会、法官公正、提供判决理由和形式正义②。③ 尽管对于程序正义的具体内容理解见仁见智，但是重视程序的独立价值，设置正当的法律程序，以规范刑事纠纷的有效解决并保证裁决结果的正确形成，追求形式正义和实质正义的共同实现，却是理论界对于程序正义达成的基本共识。按照程序正义的基本要求，刑事司法裁量权的行使应当注重如下内容的实现：

1. 参与性

参与性是指公安司法机关应当保证与裁量事项利益相关的当事人以及其他诉讼参与人能够参与到裁量过程之中，能够就裁量事项发表自己的意见和看法并提出相应的证据，从而对裁量决定的作出发挥有效的影响和作用。美国法学家贝勒斯指出："程序价值的存在基础在于解决争执的内在目的。我们已经知道，工具主义方法主要是针对查明真相这一目的，除了因解决争执要靠正确的判决而与解决争执有所牵涉外，它并不过问解决争执这一目的。法律程序有助于从心理层面上和行动层面上解决争执。法律程序的诸多内容无助于判决之准确性但有助于解决争执。"④ 随着权利意识的觉醒和增强，人们希冀借由诉讼程序所得到的已然不仅仅是一个"正确"的判决或者决定，而是一个"满意"的判决或者决定。在刑事过程中进行非犯罪化与否的裁量，其不仅需要考虑被追诉人的利益，

---

① 参见陈瑞华：《刑事审判原理论》，北京大学出版社 1997 年版，第 60 页。

② 所谓"形式正义"，一般是指保持刑事司法的一致性，其表现在两个方面：对先例的遵循和对规则的遵守。先例原则的适用提供了一致性，但对一致性来说，这并不是必要条件。对先例的遵循提供了时间上的一致性，而逻辑上的一致性只关注同时的判断。遵守规则意味着根据一个既定的规则或者一套既定的规则判决案件。参见宋英辉：《刑事诉讼原理》，法律出版社 2003 年版，第 50~51 页。

③ 参见宋英辉：《刑事诉讼原理》，法律出版社 2003 年版，第 41 页。

④ ［美］迈克尔·D. 贝勒斯：《法律的原则——一个规范的分析》，张文显等译，中国大百科全书出版社 1996 年版，第 32 页。

同样需要考虑被害方的感受，因而寻求一个“满意”的刑事裁量结果是非常重要的，这关乎非犯罪化能否顺利实现以及实现的效果如何。

注重非犯罪化的利害关系人对刑事裁量程序的有效参与，是保证各方“满意”刑事裁量结果的重要方面。利害关系人能够积极有效地参与到与其利益相涉的程序之中并有足够机会阐述其立场与理由是其信赖并尊重程序结论的基本前提。如果一个人难以参与到影响其利益的裁判或者决定的形成过程中，其必然会在情感上认为遭到裁判者或者决定者的忽视，进而产生强烈的公正性疑虑，甚至会对那些即使对其有利的结论也依然产生抵触情绪。在刑事司法裁量过程中，程序的参与性要求：（1）裁量事项的利害关系人应当参与到裁量过程之中，直接利害关系人无法参加的应当派代表参加；（2）利害关系人应当能够拥有足够的时间对裁量事项进行必要的准备，包括整理己方的观点以及收集相关的证据等；（3）利害关系人参与到裁量过程中时，应当能够无障碍地提出己方对于裁量事项的意见和看法，提出证明这一意见或者看法的证据，并对不利于己方的意见、看法、证据等予以反驳；（4）公安司法机关自行收集的证据、查证的事实应当告知利害关系人，并听取其意见，以便其及时提出异议；（5）利害关系人在裁量过程中提出的意见、看法和证据应当受到裁量者的重视，如果属实的，应当作为裁量决定的作出依据。

根据刑事司法裁量所处诉讼阶段的不同，利害关系人参与到裁量程序之中可以经由不同的方式进行。在侦查阶段，侦查机关进行是否撤销案件的裁量主要可通过调查、询问以及讯问等方式听取利害关系人的意见和看法，并允许其提供相关证据，必要时可以通过听证的形式将利害关系人召集起来就裁量事项进行辩论。在起诉阶段，公诉机关进行是否不起诉的裁量应当主要以听证的方式进行，如果利益各方对于公诉机关的裁量事项不存在异议，则亦可无须经由听证即作出裁量决定。在审判阶段，审判机关决定是否作出免诉判决的裁量则必须满足正当程序的一般要求，有效保证利害关系人在审判过程中各项法定权利的充分实现。

2. 说理性

说理性是指公安司法机关在最终形成的刑事司法裁量决定中必须阐明之所以如此决定的理由和根据，包括依据的事实和证据、进行的推理和解释以及适用的法律规范等。裁量决定的说理性要求公开刑事司法裁量的心证过程和法律依据，是司法公开的应有体现，也是刑事司法裁量正当化的程序性需求。有论者在论述量刑公正时即强调说理的重要性，“为了公正，法律并不要求量刑始终相连贯一致。一定种类的自由裁量权允许灵活性的运用，而且对不同的罪犯作出不同的量刑也有其合理性。但是作出这种不同量刑的理由必须明确地表述出来。”① 强化说理机制，对于刑事司法的许多方面都可谓颇有裨益，尤其是对于刑事司法裁量而言，其所具有的意义和价值更为明显：其一，强调说理性，就要求公安司法人员需要将其如何进行裁量以及为何如此裁量的事实、证据以及法律依据通过文书的形式公之于众，这在促进公安司法人员进行规范裁量的同时亦能避免恣意裁量的产生；其二，强调说理性，对于刑事司法裁量的利害关系人来说，就能够更为清晰明确地了解裁量作出的缘由，消除其对“暗箱操作”等司法不公现象的忧虑，也使得其接受并信服裁量决定更为可能。

综观我国当前公安司法机关所进行的非犯罪化裁量，无论是撤销案件，还是不起诉，决定书中都只是行政命令式的结论陈述，而对于为何作此决定却一般仅仅以“根据……法律规定”敷衍了事。即使是判决书这一最应规范化、细致化的法律文书，判决理由也往往是对公诉理由的大体抄袭，全文充斥着“本院予以采信”、“本

① ［英］尼古拉·裴多菲尔德：《量刑与公正——关于刑罚理论及量刑法的一篇英文报告》，载中国政法大学刑事法律研究中心等编：《中英量刑问题比较研究》，中国政法大学出版社 2001 年版，第 242 页。

院不予采信”、“不符合法律规定”等极为粗糙的语言表述，而对于为何作此决定却不予细化陈述。如果说富于说理性的裁量文书是刚柔并济、以理服人的话，那么我国目前公安司法机关的裁量决定诚可谓“简单粗暴”。此外，说理性的缺乏甚至可能导致错误结论的产生。“法秩序没有任何理由可以把不是双方意指的含义强加给他们。假使受领表示者对表示的理解，与表示者所意指者不同，在法律上既非当然取决于事实上所意指者，亦非当然取决于实际上所理解者。”① 为了规范非犯罪化的司法裁量过程，提高利害关系人以及社会公众对于裁量结果的接受度和认可度，增强刑事司法裁量决定的准确性，未来必须在刑事司法裁量中建立说理机制，以缜密的法律推理、清晰的法律适用、严格的司法表述保证裁量决定的正当性。有论者担心，由于我国公安司法人员的文化、专业素质总体仍然偏低，基于这一现实要求普遍说理确实有一定的难度。② 强调说理是现代司法的通行做法，即使是大陆法系国家，虽然其说理并不如英美法系国家那般缜密和翔实，也还是具备充分的裁判理由描述。我国刑事司法实践归根结底其实并不是说理性不强的问题，而是普遍根本不存在说理机制的问题，这种缺乏说理的司法即使正确也不符合程序正义的基本要求。再者，强调说理性的效用就在于提高司法人员的业务素养，以业务素养低下作为司法说理不强的理由，看上去逻辑成立，但亦可视为倒因为果，这倒颇似“鸡生蛋，蛋生鸡”的问题。不论谁因谁果，强化刑事司法裁量的说理性都是刻不容缓的。

具体而言，刑事司法裁量的说理可从两个方面予以进行：第一，在刑事司法裁量权的行使过程中进行充分的说理工作。公安司法机关在进行刑事司法裁量时，应当充分尊重当事人的主体地位，

---

① ［德］卡尔·拉伦茨：《法学方法论》，陈爱娥译，商务印书馆2003年版，第179页。

② 参见万毅、林喜芬：《从“无理”的判决到判决书“说理”——判决书说理制度的正当性分析》，载《法学论坛》2004年第5期。

尽可能地将裁量权行使的目的、法律依据和最终效果等内容向当事人予以释明；第二，在刑事司法裁量决定或者裁判文书中进行适当的说理工作。当然，文书说理工作的详略繁简应当围绕案件的难易、当事人之间争议的大小等方面予以综合考虑，以免造成司法资源的不必要浪费。正如《人民法院第四个五年改革纲要（2014—2018）》在“推动裁判文书说理改革”部分所指出的，要“根据不同审级和案件类型，实现裁判文书的繁简分流。加强对当事人争议较大、法律关系复杂、社会关注度较高的一审案件，以及所有的二审案件、再审案件、审判委员会讨论决定案件裁判文书的说理性。对事实清楚、权利义务关系明确、当事人争议不大的一审民商事案件和事实清楚、证据确实充分、被告人认罪的一审轻微刑事案件，使用简化的裁判文书，通过填充要素、简化格式，提高裁判效率。重视律师辩护代理意见，对于律师依法提出的辩护代理意见未予采纳的，应当在裁判文书中说明理由。完善裁判文书说理的刚性约束机制和激励机制，建立裁判文书说理的评价体系，将裁判文书的说理水平作为法官业绩评价和晋级、选升的重要因素”。

3. 救济性

救济性是指如果裁量事项的利害关系人认为公安司法机关作出的裁量决定确有不当或者错误，应当赋予其一定的救济渠道和救济手段以保证其合法诉求得到伸张、正当权益得以实现。没有救济的权利必然是镜花水月、空中楼阁。建立健全非犯罪化裁量的救济机制，一方面能够督促公安司法机关更为规范地行使刑事司法裁量权以避免走向失当和恣意，这是实体正义的基本要求；另一方面也能够保证被追诉人、被害人乃至公安司法机关自身的合理利益诉求得到有效回应，这是程序正义的应有内容。我们应当看到，我国当前对于非犯罪化裁量还是存在着一定的救济机制。对于公安机关决定不立案侦查的，被害人可以申请检察机关进行立案监督，如果属于侵犯自己人身、财产权利的亦可以直接向法院提起自诉；对于检察机关决定不起诉的，公安机关可以要求复议并在复议不被接受时向上一级检察机关提请复核，被害人可以向上一级检察机关申诉或者不经申诉直接向法院起诉，属于相对不起诉的被不起诉人可以向检察机关申诉，属于附条件不起诉的未成年犯罪嫌疑人及其法定代理人如提出异议则检察机关应当起诉。此外，由于检察机关是我国的法律监督机关，其可对刑事诉讼进行全程监督，因此公安机关作出的非犯罪化裁量决定在理论上当然属于检察机关进行诉讼监督的范围。

与此同时，我国对非犯罪化裁量的救济机制的不足之处亦是显而易见的：第一，对于公安机关撤销案件的决定，虽然理论上存在检察机关进行诉讼监督的可能，但法律却不存在关于撤销案件的相关监督规定，事实上检察机关亦无法有效予以监督；第二，对于检察机关自行侦查的案件，并不存在有效的外部监督和制约机制，陷入了“谁来监督监督者”的逻辑困惑；第三，对于公安机关和检察机关不予追究被告人刑事责任的案件，被害人虽然可以自行向法院提起自诉，但是被害人无论是收集证据还是应用法律的能力都相当欠缺，要求其自行起诉很难保证此类案件的有效解决。更有论者担心，“如果允许被害人以自诉的方式否定公诉机关不起诉决定的效力，从理论上说，是对检察机关公诉权的否定，是对不起诉决定稳定性和终止诉讼权威的一种损害。尤其是对检察机关的起诉裁量权构成巨大的冲击，从某种意义上说使检察机关的自由裁量权形同虚设。应该说这是违背立法者本意的”①。

解决公安机关非犯罪化裁量的救济问题相对而言较为简单，强化检察机关法律监督职能的行使即可，这在我国的现行体制下具有充分的法律依据和操作可能。例如，检察机关自行或者经被害人请求后认为公安机关不予立案、撤销案件等决定不正确的，应当通知公安机关立案侦查，公安机关应当予以执行。较为棘手的问题是如

① 尹丽华：《检察机关自由裁量权及其被害人救济之管见》，载《中国刑事法杂志》2004 年第 1 期。

何妥善解决检察机关不起诉的救济问题，特别是化解“公诉转自诉”所固有的实践弊端。有论者提出应当借鉴德国的“强制起诉制度”，赋予法院对检察机关不起诉决定的司法审查权，被害人在不服检察机关不起诉决定时可向法院申请进行司法审查，如果法院审查认为需提起公诉的则以裁定形式通知检察机关起诉。[①] 这种设想乍看较为理想，但实际上在我国却不具有可行性。因为我国的法院从宪法定位来说就只是“审判机关”，而并非像西方国家的法院那样承担着司法审查职能，甚至能够解释宪法，法院职能的局限性就决定了其根本没有权力也没有权威去强制检察机关进行强诉。基于此，有论者转而青睐日本的“准起诉制度”，即对于被害人经申诉后检察机关维持不起诉决定的，被害人可以申请法院对不起诉决定进行审查，法院经审查后认为应当起诉的则指定律师来承担公诉，履行检察官的职务。[②] 这一设想无疑回应了法院无法对检察机关予以强制的现实，但是也存在着固有的不足。准起诉制度与强制起诉制度一样，都是建立在法院具有司法审查权的基础上，从这一点来说，我国不具备实行准起诉制度的法理基础。退一步来讲，暂且不谈我国法院是否具有进行司法审查的可能，正如台湾学者林钰雄所担忧的那样，“交付审判的制度设计，是建立在不信任检察官的基础之上，所以才委由法院介入其不起诉处分。此一制度本来就有扩张法官权限并压缩检察官的倾向，若是审查过度，甚至于可能架空自控诉原则以来的审检关系，形成法官独揽大权的‘新纠问制’”[③]。至此，如何通过第三方的存在来对检察机关的不起诉决定进行有效监督和救济似乎是不可能完成的任务。

---

① 参见尹丽华：《检察机关自由裁量权及其被害人救济之管见》，载《中国刑事法杂志》2004 年第 1 期。

② 参见万毅：《刑事不起诉制度改革若干问题研究》，载《政法论坛》2004 年第 6 期。

③ 林钰雄：《刑事诉讼法》（上册、总论编），中国人民大学出版社 2005 年版，第 79~80 页。

面对不起诉等裁量决定进行救济的“山重水复疑无路”，人大监督这一历来为学界疾呼当予规制甚至废除的既有体制内规定或许能够使问题的解决变得“柳暗花明又一村”。在日本，除准起诉制度外，还有检察审查会制度。所谓检察审查会制度，是为了通过反映民意而实现公诉权的正当实施而建立的一种公诉审查制度。检察审查会根据利害关系人（控告人、举报人等）的申述或者依据职权审查不起诉处分是否适当，并公布评决的结果。如果检察审查会认为不起诉不适当的，检察官必须重新考虑对案件的处理，虽然没有义务必须提起公诉，但是一般对于评决会充分尊重。① 借鉴日本检察审查会制度的合理因素，结合我国司法体制和司法制度的实际情况，未来可以建立“检察审查委员会”制度。检察审查委员会受各级地方人大常委会领导，对人大常委会负责，其成员由一定数量的检察机关所在地方的人大代表担任。检察审查委员会的职责主要包括如下两个方面：第一，对检察机关直接受理立案侦查的案件，进行侦查行为的合法性监督，包括超期羁押、违法侦查等；第二，对检察机关作出的不予立案、撤销案件以及不起诉决定是否适当进行评议。据此，如果刑事司法裁量事项的利害关系人不服检察机关裁量决定的，经申诉无效后可以向检察审查委员会提起申诉，请求检察审查委员会对裁量决定进行合法性和必要性的审查。如果检察审查委员会认为检察机关不予立案、撤销案件决定不正确的，检察机关应当立案侦查；如果检察审查委员会认为检察机关不起诉决定不正确的，检察机关应当提起公诉。

我国不少论者都反对人大对个案进行监督，担心地方人大不适当地干预司法，插手司法机关正常办案，这是无可非议的。笔者认为，人大对个案监督混乱的根源还是在于没有统一的规范和标准可言，仅仅是将地方人大个别领导、个别同志的主观意志强加于司法

① 参见［日］松尾浩也：《日本刑事诉讼法（上卷）》，丁相顺译，中国人民大学出版社 2005 年版，第 153 页。

机关，对此，当然需要大力反对和坚决抵制。但是从另一角度来看，人大对检察机关进行监督是符合我国宪法、检察院组织法等相关规定的，如果能够充分利用人大监督这一既有体制来解决检察机关“谁来监督监督者”的逻辑困惑，不失为符合我国现实国情的理性做法，检察审查委员会的功效恰恰在此。如果能够对检察审查委员会从人员组成、议事范围、议事程序等多个方面予以有效的规范，当前人大个案监督的实践弊端是基本可以避免的。且相较检察机关目前通行的人民监督员制度，检察审查委员会制度的组织形式更为中立和权威，其对检察机关所进行的监督也更具有公信力。至于检察审查委员会制度的设立是否会干预司法独立，其实西方意义上的司法独立在中国本来就不存在，“中国特色”的司法独立也承认人大监督的法律地位和效力，以检察审查委员会制度来监督检察机关的司法行为、保证其裁量决定和适当作出真正实现“政治体制上正确、法律地位上明确、司法实践中可行”。

参考文献

一、专著中的文献

1. Edward W. Cleary, *McCormick's Handbook of the Law of Evidence*, second edition, West Publishing, 1972.

2. European Committee on Crime Problems, *Report on Decriminalisation*, Strasbourg, le 19 Mars 1980.

3. Herbert L. Packer, *The Limits of the Criminal Sanction*, Stanford University Press, 1968.

4. P. Devlin, *The Enforcement of Morals*, London 1965.

5. Peter Murphy, *Murphy on Evidence*, seventh edition, Blackstone Press, 2000.

6. 《春秋繁露·精华》。

7. 《礼记·经解》。

8. 《论语·子路》。

9. 《孟子·公孙丑上》。

10. 《孟子·梁惠王上》

11. 《荀子·劝学》。

12. 《左传·昭公二十年》。

13. （东汉）班固：《汉书》（简体字本），（唐）颜师古注，中华书局1999年版。

14. （唐）长孙无忌等：《唐律疏议》，刘俊文点校，中华书局1983年版。

15. ［法］卡斯东·斯特法尼等著：《法国刑法总论精义》，罗结珍译，中国政法大学出版社1998年版。

16. ［法］米海依尔·戴尔玛斯-马蒂：《刑事政策的主要体系》，卢建平译，法律出版社 2000 年版。

17. ［法］米海依尔·戴尔玛斯-马蒂：《刑事政策的主要体系》，卢建平译，法律出版社 2000 年版。

18. ［德］约阿希姆·赫尔曼：《德国刑事诉讼法典》中译本引言，《德国刑事诉讼法典》，李昌珂译，中国政法大学出版社 1995 年版。

19. ［德］汉斯·海因里希·耶塞克等著：《德国刑法教科书》，徐久生译，中国法制出版社 2001 年版。

20. ［德］卡尔·拉伦茨：《法学方法论》，陈爱娥译，商务印书馆 2003 年版。

21. ［德］康德：《道德形而上学原理》，苗力田译，上海人民出版社 1986 年版。

22. ［德］马克思、恩格斯：《马克思恩格斯全集》（第 4 卷），人民出版社 1995 年版。

23. ［德］威廉·冯·洪堡：《论国家的作用》（中译本），林荣远、冯兴元译，中国社会科学出版社 1998 年版。

24. ［德］乌尔里希·贝克等：《自由与资本主义》，路国林译，浙江人民出版社 2001 年版。

25. ［美］Authur Best：《证据法入门——美国证据法评释及实例解说》，蔡秋明、蔡兆诚、郭乃嘉译，台湾元照出版公司 2002 年版。

26. ［美］E. 博登海默：《法理学、法律哲学与法律方法》，邓正来译，中国政法大学出版社 2004 年版。

27. ［美］埃尔曼：《比较法律文化》，三联书店 1990 年版。

28. ［美］胡萨克：《刑法哲学》，中国人民公安大学出版社 1994 年版。

29. ［美］霍姆斯：《普通法》，冉昊、姚中秋译，中国政法大学出版社 2006 年版。

30. ［美］理查德·昆尼、约翰·威尔德曼：《新犯罪学》，陈兴良等译，中国国际广播出版社1987年版。

31. ［美］罗纳德·J. 艾伦、理查德·B. 库恩斯、埃莉诺·斯威夫特：《证据法——文本、问题和案例》（第3版），张保生、王进喜、赵滢译，满运龙校，高等教育出版社2006年版。

32. ［美］罗斯科·庞德：《通过法律的社会控制》，沈宗灵译，商务印书馆1984年版。

33. ［美］迈克尔·D. 贝勒斯：《法律的原则——一个规范的分析》，张文显等译，中国大百科全书出版社1996年版。

34. ［美］诺内特、塞尔兹尼克：《转变中的法律与社会》，张志铭译，中国政法大学出版社1994年版。

35. ［美］尤劳：《政治行为论》，台湾商务印书馆1978年版。

36. ［美］约翰·W. 斯特龙主编：《麦考密克论证据》（第5版），汤唯建等译，中国政法大学出版社2004年版。

37. ［美］约翰·罗尔斯：《正义论》，何怀宏、何包钢、廖申白译，中国社会科学出版社1988年版。

38. ［日］大沼保昭：《人权、国家与文明》，王志安译，三联书店2003年版。

39. ［日］大谷实：《刑事政策学》，黎宏译，法律出版社2000年版。

40. ［日］大谷实：《刑事政策学》，黎宏译，中国人民大学出版社2009年版。

41. ［日］大塚仁：《犯罪论的基本问题》，冯军译，中国政法大学出版社1993年版。

42. ［日］菊田幸一：《犯罪学》，海沫等译，群众出版社1989年版。

43. ［日］棚濑孝雄：《纠纷的解决与审判制度》，王亚新译，中国政法大学出版社2004年版。

44. ［日］松尾浩也：《日本刑事诉讼法（上卷）》，丁相顺译，中国人民大学出版社 2005 年版。

45. ［日］西原春夫著：《刑法的根基与哲学》，顾肖荣等译，上海三联书店 1991 年版。

46. ［意］切萨雷·贝卡利亚著：《论犯罪与刑罚》，黄风译，北京大学出版社 2008 年版。

47. ［意］杜里奥·帕多瓦尼：《意大利刑法学原理》，陈忠林译，法律出版社 1998 年版。

48. ［意］菲利：《犯罪社会学》，郭建安译，中国人民公安大学出版社 2004 年版。

49. ［英］J. C. 史密斯、B. 霍根：《英国刑法》，李贵方等译，法律出版社 2000 年版。

50. ［英］鲍桑葵著：《关于国家的哲学理论》（第 2 版），汪淑钧译，商务印书馆 1996 年版。

51. ［英］洛克：《政府论（下篇）》，叶启芳、瞿菊农译，商务印书馆 1964 年版。

52. ［英］史蒂文·卢克斯著：《个人主义》，阎克文译，江苏人民出版社 2001 年版。

53. ［英］约翰·斯普莱克：《英国刑事诉讼程序》，徐美君、杨立涛译，中国人民大学出版社 2006 年版。

54. 包雯等：《21 世纪刑罚价值取向研究》，知识产权出版社 2006 年版。

55. 陈界融：《美国联邦证据规则（2004）译析》，中国人民公安大学出版社 2005 年 4 月版。

56. 陈瑞华：《刑事审判原理论》，北京大学出版社 1997 年版。

57. 陈云龙：《检察基础理论前沿问题研究》，中国检察出版社 2006 年版。

58. 陈兴良：《刑法哲学（上）》，中国政法大学出版社 2009 年版。

59. 陈兴良：《刑法的价值构造》，中国人民大学出版社 1998

年版。

60. 储槐植：《刑事一体化》，法律出版社 2004 年版。

61. 高忠智：《美国证据法新解——相关性证据及其排除规则》，法律出版社 2004 年版。

62. 何秉松：《刑法教科书》，中国法制出版社 1997 年版。

63. 《简明不列颠百科全书》第 6 卷，中国大百科全书出版社 1986 年版。

64. 李心鉴：《刑事诉讼构造论》，中国政法大学出版社 1992 年版。

65. 梁根林：《刑事法网：扩张与限缩》，法律出版社 2005 年版。

66. 梁根林：《刑事政策：立场与范畴》，法律出版社 2005 年版。

67. 梁根林：《刑事制裁：方式与选择》，法律出版社 2006 年版。

68. 梁治平：《寻求自然秩序中的和谐》，中国政法大学出版社 1997 年版。

69. 林山田：《犯罪问题与刑事司法》，台湾商务印书馆股份有限公司 1982 年版。

70. 林山田：《刑法的革新》，台湾学林文化事业有限公司 2001 年版。

71. 林山田：《刑事程序法》，台湾五南图书出版有限公司 1998 年版。

72. 林山田：《刑罚学》，台湾商务印书馆股份有限公司 1983 年版。

73. 林钰雄：《刑事诉讼法》（上册、总论编），中国人民大学出版社 2005 年版。

74. 刘金国、舒国滢：《法理学》，中国政法大学出版社 1999 年版。

75. 马克昌：《近代西方刑法学说史略》，中国检察出版社 1996 年版。

76. 《美国模范刑法典及其评注》，刘仁文等译，法律出版社 2005 年版。

77. 沈德咏：《中国特色社会主义司法制度论纲》，人民法院出版社 2009 年版。

78. 宋英辉：《刑事诉讼原理》，法律出版社 2003 年版。

79. 苏俊雄：《刑法总论（Ⅰ）》，台湾大地印刷厂股份有限公司 1998 年版。

80. 苏力：《送法下乡——中国基层司法制度研究》，中国政法大学出版社 2002 年版。

81. 吴宗宪：《西方犯罪学》（第 2 版），法律出版社 2006 年版。

82. 夏勇：《人权概念起源》，中国政法大学出版社 1992 年版。

83. 邢志人：《犯罪预备研究》，中国检察出版社 2001 年版。

84. 徐国栋：《诚实信用原则研究》，中国人民大学出版社 2002 年版。

85. 许春金：《犯罪学》，台湾警察大学印行 2003 年版。

86. 严励等：《中国刑事政策原理》，法律出版社 2011 年版。

87. 张晋藩：《中国法律的传统与现代转型》，法律出版社 1997 年版。

88. 张明楷：《法益初论》，中国政法大学出版社 2003 年版。

89. 张明楷：《刑法的基础理念》，中国检察出版社 1995 年版。

90. 张文显：《二十世纪西方法哲学思潮研究》，法律出版社 1996 年版。

91. 赵秉志：《刑法新探索》，群众出版社 1993 年版。

92. 郑伟：《重罪轻罪研究》，中国政法大学出版社 1998 年版。

93. 中央编译局：《列宁全集》第 55 卷，人民出版社 1990 年版。

94. 周敦厚：《证据法论》，台湾五南图书出版公司 1999 年版。

95. 周振想：《刑法学教程》，中国人民公安大学出版社 1997 年版。

96. 卓泽渊：《法的价值论》（第 2 版），法律出版社 2006 年版。

二、期刊中的文献

1. Dworkin, *Lord Delvin and the Enforcement of Morals*, 75 Yale L J. 986, 1966.

2. 卞建林：《论我国审前羁押制度之完善》，载《法学家》2012 年第 3 期。

3. 卞建林：《我国刑事强制措施的功能回归与制度完善》，载《中国法学》2011 年第 6 期。

4. 卞建林、李晶：《宽严相济刑事政策下的公诉制度改革若干问题》，载《人民检察》2009 年第 11 期。

5. 陈彬：《由救助走向补偿——论刑事被害人救济路径的选择》，载《中国法学》2009 年第 2 期。

6. 陈光中：《刑事诉讼法再修改之基本理念——兼及若干基本原则之修改》，载《政法论坛》2004 年第 3 期。

7. 陈光中、葛琳：《刑事和解初探》，载《中国法学》2006 年第 5 期。

8. 陈雄飞、张军：《非犯罪化思潮及其对我国刑事政策的意义》，载《广西政法管理干部学院学报》2006 年第 2 期。

9. 成懿萍：《刑事不起诉率偏低之实证分析——以某地 2003-2010 年刑事不起诉案件为分析对象》，载《中国刑事法杂志》2011 年第 8 期。

10. 储槐植：《严而不厉：为刑法修订设计政策思想》，载《北京大学学报》（哲学社会科学版），1989 年第 6 期。

11. 储槐植：《再说刑事一体化》，载《法学》2004 年第 3 期。

12. 储槐植、汪永乐：《再论我国刑法中犯罪概念的定量因素》，载《法学研究》2000 年第 2 期。

13. 樊崇义：《人文精神与刑事诉讼法的修改》，载《政法论坛》2004 年第 3 期。

14. 樊崇义：《“以审判为中心”与“分工负责、互相配合、互相制约”关系论》，载《法学杂志》2015 年第 11 期。

15. 冯天瑜：《略论中西人文精神》，载《中国社会科学》1997 年第 1 期。

16. 高铭暄、陈兴良：《挑战与机遇：面对市场经济的刑法学研究》，载《中国法学》1993 年第 6 期。

17. 顾永忠：《1997—2008 年我国刑事诉讼整体运行情况的考察分析——以程序分流为视角》，载《人民检察》2010 年第 8 期。

18. 顾永忠、刘莹：《论撤回公诉的司法误区与立法重构》，载《法律科学》2007 年第 2 期。

19. 广东省东莞市中级人民法院课题组：《论建立统一的刑事被害人司法救济制度》，载《法律适用》2010 年第 1 期。

20. 广州市人民检察院课题组：《关于撤诉案件和无罪判决案件的调查报告》，载《中国刑事法杂志》2003 年第 5 期。

21. 郭小亮：《论我国非犯罪化的司法路径》，载《西南政法大学学报》2009 年第 3 期。

22. 黄风：《论意大利的非刑事化立法》，载《外国法学研究》1987 年第 4 期。

23. 黄京平：《宽严相济刑事政策的时代含义及实现方式》，载《法学杂志》2006 年第 4 期。

24. 洪修平：《论儒学的人文精神及其现代意义》，载《中国社会科学》2000 年第 6 期。

25. 季卫东：《程序比较论》，载《比较法研究》1993 年第 1 期。

26. 贾学胜、梁玉霞：《论刑事程序法上的非犯罪化》，载《求索》2008 年第 5 期。

27. 敬大力：《资本主义社会道德堕落的新阶段——非犯罪化》，载《吉林大学社会科学学报》1984 年第 3 期。

28. 黎宏、王龙：《论非犯罪化》，载《中南政法学院学报》1991 年第 2 期。

29. 李可：《原则和规则的若干问题》，载《法学研究》2001 年第 5 期。

30. 李卫红、王勐：《未成年人司法转处对刑事司法裁判权的侵入与阻断》，载《中国青年政治学院学报》2008 年第 4 期。

31. 李文健：《刑事诉讼效率论——基于效益价值的法经济学分析（上）》，载《政法论坛》1997 年第 5 期。

32. 李习彬、李亚：《共赢思维——当代领导思维新模式》，载《中国行政管理》2001 年第 8 期。

33. 李小明、辛军：《“严打”刑事政策与国际上的“非刑事化趋势”》，载《湖北警官学院学报》2003 年第 3 期。

34. 梁根林：《论犯罪化及其限制》，载《中外法学》1998 年第 3 期。

35. 梁根林：《非刑罚化——当代刑法改革的主题》，载《现代法学》2000 年第 6 期。

36. 梁根林：《死刑案件被刑事和解的十大证伪》，载《法学》2010 年第 4 期。

37. 刘仁文：《关于调整我国刑法结构的思考》，载《法商研究》2007 年第 5 期。

38. 刘仁文：《我国刑罚的不经济及其改进》，载《河北法学》2007 年第 9 期。

39. 刘守芬、韩永初：《非犯罪化、非刑罚化之理性分析——报应刑刑事政策视角的观察》，载《现代法学》2004 年第 3 期。

40. 龙宗智、李常青：《论司法独立与司法受制》，载《法学》1998 年第 12 期。

41. 卢建平、叶良芳:《重罪轻罪的划分及其意义》，载《法学杂志》2005 年第 5 期。

42. 马克昌:《宽严相济刑事政策刍议》，载《人民检察》2006 年第 10 期。

43. 马克昌:《宽严相济刑事政策的演进》，载《法学家》2008 年第 5 期。

44. 马克昌:《刑罚适用失当及其对策》，载《人民司法》2002 年第 10 期。

45. 毛国芳:《试析我国刑法的结构》，载《政治与法律》1989 年第 5 期。

46. 聂洪勇:《分工负责、互相配合、互相制约原则的检讨与重构》，载《法律适用》2007 年第 1 期。

47. 沈德咏、汪少华:《刑法修改与非犯罪化问题研究》，载《中国律师》1996 年第 10 期。

48. 宋英辉等:《我国刑事和解实证分析》，载《中国法学》2008 年第 5 期。

49. 苏彩霞:《刑法国际化视野下的我国刑法理念更新》，载《中国法学》2005 年第 2 期。

50. 孙国祥:《论非刑罚化的理论基础及其途径》，载《法学论坛》2003 年第 4 期。

51. 孙洪坤:《论刑事诉讼理念的现代化》，载《安徽大学学报（哲学社会科学版）》2007 年第 3 期。

52. 孙文红:《刑事政策体系中的司法处遇》，载《国家检察官学院学报》2005 年第 6 期。

53. 汤啸天等:《犯罪被害人》，甘肃人民出版社 1998 年版。

54. 唐磊:《效率与效益：刑事庭前准备程序的法理分析》，载《四川大学学报（哲学社会科学版）》2003 年第 4 期。

55. 童颜:《美国刑法中的重罪与轻罪》，载《现代法学》1984 年第 1 期。

56. 万毅:《刑事不起诉制度改革若干问题研究》,载《政法论坛》2004 年第 6 期。

57. 万毅、林喜芬: 《从“无理”的判决到判决书“说理”——判决书说理制度的正当性分析》,载《法学论坛》2004 年第 5 期。

58. 汪建成、杨微波:《论犯罪问题非犯罪化处理的程序机制》,载《山东警察学院学报》2006 年第 3 期。

59. 王超:《分工负责、互相配合、互相制约原则之反思——以程序正义为视角》,载《法商研究》2005 年第 2 期。

60. 王守安:《谈诉讼裁量——以刑事诉讼为视角》,载《河南社会科学》2011 年第 2 期。

61. 王文华:《论刑法中重罪与轻罪的划分》,载《法学评论》2010 年第 2 期。

62. 吴宗宪:《犯罪标定理论述评》,载《比较法研究》1988 年第 1 期。

63. 徐益初:《论我国刑事诉讼中的几个辩证关系——兼论完善我国刑事诉讼原则的问题》,载《中国法学》1990 年第 1 期。

64. 闫雨、黄华生:《和谐社会轻罪刑事政策的完善》,载《辽宁大学学报》(哲学社会科学版) 2011 年第 1 期。

65. 尹丽华:《检察机关自由裁量权及其被害人救济之管见》,载《中国刑事法杂志》2004 年第 1 期。

66. 游伟、谢锡美:《非犯罪化思想的现实背景和理论基础》,载《犯罪研究》2002 年第 3 期。

67. 游伟、谢锡美:《非犯罪化思想及其借鉴》,载《江苏警官学院学报》2003 年第 2 期。

68. 游伟:《重刑化的弊端与我国刑罚模式的选择》载《华东政法学院学报》2003 年第 2 期。

69. 张军:《非犯罪化思潮与我国刑事政策路径选择》,载《江苏警官学院学报》2005 年第 5 期。

70. 张明楷：《司法上的犯罪化与非犯罪化》，载《法学家》2008 年第 4 期。

71. 张明楷：《刑事立法的发展方向》，载《中国法学》2006 年第 4 期。

72. 张晓玲：《刑事诉讼中的“程序分流”》，载《政法论坛》2003 年第 2 期。

73. 钊作俊、刘蓓蕾：《犯罪化与非犯罪化论纲》，载《中国刑事法杂志》2005 年第 5 期。

74. 赵秉志等：《中国刑法修改若干问题研究》，载《法学研究》第 18 卷第 5 期。

75. 赵可等：《一个被轻视的社会群体——犯罪被害人》，甘肃出版社 2002 年版。

76. 郑丽萍：《犯罪化和非犯罪化并趋——中国刑法现代化的应然趋势》，载《中国刑事法杂志》2011 年第 11 期。

77. 周长军：《刑事司法裁量权的控约机制研究》，载《河北法学》2005 年第 10 期。

三、论文集与学位论文

1. ［美］埃米利·希尔弗曼：《美国刑事赔偿制度（上）》，刘孝敏译，载高铭暄、赵秉志：《刑法论丛》（第 10 卷），法律出版社 2006 年版。

2. ［英］尼古拉·裴多菲尔德：《量刑与公正——关于刑罚理论及量刑法的一篇英文报告》，载中国政法大学刑事法律研究中心等：《中英量刑问题比较研究》，中国政法大学出版社 2001 年版。

3. 甘添贵：《犯罪化与刑事政策》，载《罪与刑》，台湾五南图书出版公司 1998 年版。

4. 姜涛：《刑事程序分流研究》，中国政法大学 2004 年博士学位论文。

5. 焦宝乾：《德沃金的司法自由裁量权理论与中国实践》，载张文显、李步云：《法理学论丛》第3卷，法律出版社2002年版。

6. 李晶：《美国联邦品格证据规则研究——兼论我国品格证据规则的构建》，中国政法大学2009年硕士学位论文。

7. 卢建平：《社会防卫思想》，载陈兴良：《刑法论丛》（第1卷），中国政法大学出版社1998年版。

8. 马克昌、李希慧：《完善刑法典两个问题的思考》，载马克昌、丁慕英主编：《刑法的修改与完善》，人民法院出版社1995年版。

9. 王勇：《轻刑化：中国刑法发展之路》，载赵秉志主编：《中国刑法的运用与完善》，法律出版社1989年版。

10. 杨明：《程序法出罪功能研究》，吉林大学2010年博士学位论文。

11. 许前飞：《论司法公正与效率的法治基础》，载曹建明主编：《公正与效率的法理研究》，人民法院出版社2002年版。

12. 赵秉志：《刑法总论中的争议问题研究》，载游伟主编：《华东刑事司法评论》（第7卷），法律出版社2004年版。

四、报刊与网络资料

1. 《2010年最高人民法院工作报告》，载《人民日报》2011年3月19日第2版。

2. 《2010年最高人民检察院工作报告》，载《人民日报》2011年3月19日第2版。

3. 《2011年最高人民法院工作报告》，载《人民日报》2011年3月20日第2版。

4. 《2011年最高人民检察院工作报告》，载《人民日报》2011年3月20日第2版。

5. 李恩树：《刑事被害人救助工作“落地”两年，地方司法机关执行给力》，载《法制日报》2011年2月10日第5版。

6. 宋英辉：《宽严相济：贯穿于刑事诉讼全过程》，载《检察日报》2007年4月27日第3版。

7. 赵刚：《沙坪坝社会调查“社区”做》，载《人民法院报》2010年10月18日第5版。

8.《刑事案件被害人的民事赔偿范围探析》，资料地址：http://www.chinacourt.org/article/detail/2015/06/id/1658322.shtml。

9.《北京市一中院出台刑事和解新规并非“用钱赎刑”》，资料地址：http://www.chinanews.com/gn/news/2009/07-27/1792436.shtml。

10.《不想被劳教反要求究刑责　小偷为坐牢打官司胜诉》，资料地址：http://www.china.com.cn/law/txt/2007-08/23/content_8733164.htm。

11.《定罪量刑参考未成年被告人的品格证据　乐清法院全国首推“社会调查员”》，资料地址：http://news.sohu.com/20070322/n248893344.shtml。

12.《东丰县院推出和解不批捕不起诉制度》，资料地址：http://www.bffzb.com/old/classshow.asp? id=843。

13.《皇家检察官准则》，资料地址：http://www.cps.gov.uk/publications/docs/code2010traditional_chinese.pdf。

14.《检察机关适用不起诉的调查分析》，资料地址：http://www.xj.yfw.com.cn/shownews.asp? id=57700。

15.《莲都区人大常委会执法检查组关于区公安机关实施〈刑事诉讼法〉情况的报告》，资料地址：http://www.ldqrd.gov.cn/Html/dysc/95411.html。

16.《罗干在全国政法工作会议上的讲话》，资料地址：http://www.e-gov.org.cn/ziliaoku/news001/200702/48718.html。

17.《娄底公捕公判争议》，资料地址：http://focus.news.163.com/10/0721/09/6C40140J00011SM9.html。

18.《宁波北仑检察院出台规则确保附条件不起诉案件质量》，资料地址：http://news.jcrb.com/jiancha/jcdt/201006/t20100629_

379929.html。

19. 《破案率与社会长治久安》，资料地址：http://theory.gmw.cn/2011-10/28/content_2870660.htm。

20. 《如何面对30%的破案率?》，资料地址：http://news.xinhuanet.com/comments/2004-06/15/content_1525680.htm。

21. 《山东临沂人民检察院试行“刑转民”新机制》，资料地址：http://news.sohu.com/20060714/n244254288.shtml。

22. 《随州市公安机关2009年度执法质量考评情况的通报》，资料地址：http://www.hbzffz.gov.cn/hbfzb/preViewTextInfo.do? Id=4467&tId=2。

23. 《完善基层公诉工作考评机制之构想》，资料地址：http://www.fz-china.com.cn/fz-china/law.php? m=newsdetail&news_id=57397。

24. 《未成年犯罪嫌疑人品格调查制度初探》，资料地址：http://legal.scol.com.cn/2010/11/19/2010111904924402.667.htm。

25. 《为罪行和滥用权力行为受害者取得公理的基本原则宣言》，资料地址：http://www.unodc.org/pdf/compendium/compendium_2006_zh_part_03_02.pdf。

后 记

十多年前，我独自来到北京开始异乡求学之路，当初在公交车上常因听不准售票员的京味报站而惴惴不安，现如今竟也能有意无意地冒出一两句还算正宗的京腔京调，时间带给人的显然不只是苍老，还有一些积淀。当然，大凡求学问道者，真正希冀和需要积淀的当为知识和学识，每每想起这些都诚惶诚恐，不过这倒能让我保持“靡不有初，鲜克有终”的警醒，谨记“不忘初心，久久为功，方得始终”。既是致谢，言归正传，一路走来需要感谢的人确实有很多。

感谢恩师卞建林教授和师母陈琴老师！恩师为人严谨，待人宽和，博人以文，约人以礼。您的学识学生仰之弥高，您的教诲学生终身受益，您的厚爱学生永存感激。无论是攻读硕士、博士期间，还是入职以来，恩师和师母对我和家人都关爱有加、照顾备至，使我一直都沐浴着亲情的温暖和长辈的慈爱。所有这些，学生都铭记于心。

感谢曾经教授和帮助过我的老师以及对本书进行过指导和校正的专家！包括但不限于：陈光中先生、樊崇义教授、胡云腾教授、宋英辉教授、王敏远教授、杨宇冠教授、顾永忠教授、高伟佳老师、刘根菊教授、刘玫教授、刘万奇教授、刘广三教授。你们传道授业、教人继志的风采，让我真切地领悟到“教之以事而喻诸德”的真谛，此诚为我学习生涯中难以忘怀的回忆。

感谢我的家人！如果没有你们的付出与给养，没有你们的包容和支持，我二十余年持之以恒的求学之路恐怕很难坚持下去。看到你们面容逐渐沧桑却依旧奔波劳碌，想起昔日学友如今大都担起家庭重担，心痛羞愧之余常思亲恩当报。还有我的妻子和女儿，你们的絮叨永远是我生活中的色彩，你们的陪伴永远是我前行的动力。纵然一本拙著难以如军功章那般荣耀，但我还是想在这里陈明，它的问世有你们一半的功劳。

感谢所有与我相识的同门、同学和同事！正因为有你们，我在北京的岁月才更加温馨和多彩，我对北京的记忆才更加立体和生动。

李　晶

2016 年 5 月于北京景泰